Bankrechtliche Vereinigung –
Wissenschaftliche Gesellschaft für Bankrecht e.V.

Arbeiten und Materialien zum Bank- und Finanz-,
Börsen- und Kapitalmarktrecht

BrV

Band 1

Verbraucherkreditrecht, AGB-Gesetz und Kreditwirtschaft

Bankrechtstag 1990

Herausgegeben

von

Walther Hadding
o. Professor
Universität Mainz

Klaus J. Hopt
o. Professor
Universität München

CIP-Kurztitel der Deutschen Bibliothek

Verbraucherkreditrecht, AGB-Gesetz und Kreditwirtschaft

Bankrechtstag 1990. Walther Hadding und Klaus J. Hopt, Hrsg.
– Frankfurt am Main: Wertpapier-Mitteilungen, 1991
(Bankrechtliche Vereinigung; Bd. 1)
ISBN 3-921696-50-X

NE: Hadding, Walther [Hrsg.]; Bankrechtstag <1990, Frankfurt, Main>; Bankrechtliche Vereinigung: Bankrechtliche Vereinigung

Druck: Central-Druck Trost GmbH & Co., Heusenstamm

Printed in Germany

ISBN 3-921 696-50-X

Vorwort

Die Bankrechtliche Vereinigung – Wissenschaftliche Gesellschaft für Bankrecht e.V. wurde im Herbst 1989 als gemeinnütziger Verein mit Sitz in Frankfurt am Main gegründet. Sie fördert die wissenschaftliche Behandlung aller das Bankrecht betreffenden Fragen. Nach der Satzung verfolgt sie dieses Ziel, indem sie unter anderem Juristen aller Berufsrichtungen miteinander ins Gespräch bringt, um im Rahmen von Vortragsveranstaltungen und in sonstiger Weise einen Gedankenaustausch über nationale und internationale bankrechtliche Fragen zu ermöglichen und auf diesem Wege bankrechtliche Veröffentlichungen zu fördern.

Der Anstoß zur Gründung der Bankrechtlichen Vereinigung kam gleichzeitig aus der Wissenschaft, der Anwalt- und Richterschaft und der Bankpraxis. Dem lag die Erkenntnis zugrunde, daß das Bankrecht von einer Domäne weniger spezialisierter Praktiker zu einem zentralen Rechtsgebiet in Wissenschaft, Rechtsprechung und Bankpraxis geworden ist, das inzwischen vielfältige Anstöße zurück in das allgemeine Privatrecht gibt. Ein solches Rechtsgebiet bedarf eines Forums, das Gelegenheit gibt, wissenschaftlich unabhängig und über spezialisierte, geschlossene Gruppierungen hinaus den Kontakt zwischen den verschiedenen mit Bankrecht befaßten Berufsgruppen und dabei vor allem zwischen Wissenschaft und Praxis zu fördern. Dem entspricht auch die zwischen diesen Berufsgruppen ausgewogene Zusammensetzung des Vorstands und des Kuratoriums der Bankrechtlichen Vereinigung.

Die Bankrechtliche Vereinigung veranstaltete am 22. Juni 1990 in den Räumen der Deutschen Bundesbank in Frankfurt am Main zusammen mit ihrer ersten Mitgliederversammlung den „Bankrechtstag 1990", eine Veranstaltung, die alle zwei Jahre die Mitglieder der Vereinigung zusammenführen und sich zu wichtigen bankrechtlichen Fragen an die Öffentlichkeit wenden soll. Das Interesse an dieser Veranstaltung überstieg mit über 200 Teilnehmern alle Erwartungen. Der Bankrechtstag 1990 befaßte sich in seinen zwei Abteilungen mit zwei Themenkreisen, die ebenso aktuell und praktisch wichtig wie theoretisch schwierig und umstritten sind: dem damals noch nicht verabschiedeten, in der Zwischenzeit zum 1. Januar 1991 in Kraft getretenen Verbraucherkreditgesetz und dem Verhältnis AGB-Gesetz und Kreditwirtschaft.

Im vorliegenden Fall werden entsprechend dem Auftrag der Mitgliederversammlung zu jedem dieser beiden Themenkreise die drei Referate und die Beiträge der Podiumsdiskussionsteilnehmer vorgelegt. Sie sind für die Drucklegung überarbeitet und geben ein ausgewogenes Bild der Fragen, Schwierigkeiten und Sorgen, welche die Wissenschaft, die Richter- und Rechtsanwaltschaft und vor allem auch die Bankpraxis mit dem neuen Verbraucherkreditrecht und mit den Auswirkungen des AGB-Gesetzes auf die Kreditwirtschaft haben. Zur Erleichterung der Arbeit sind im Anhang die

EG-Richtlinie vom 22. Dezember 1986 über den Verbraucherkredit und das Verbraucherkreditgesetz vom 17. Dezember 1990 abgedruckt. Der Transparenz soll die ebenfalls abgedruckte Liste der Vorstands- und Kuratoriumsmitglieder der Bankrechtlichen Vereinigung dienen. Der Bankrechtlichen Vereinigung gehören zwischenzeitig 458 Mitglieder an.

Mainz und München
im Februar 1991

Hadding, Hopt

Inhalt

Abteilung AGB-Gesetz und Kreditwirtschaft

Anhang

Zum Bankrechtstag 1990 der Bankrechtlichen Vereinigung*

Prof. Dr. Walter Odersky,
Präsident des Bundesgerichtshofes, Karlsruhe

Im vergangenen Jahr wurde die „Bankrechtliche Vereinigung e.V. – Wissenschaftliche Gesellschaft für Bankrecht" mit Sitz in Frankfurt a. M. ins Leben gerufen. Der Verein fördert satzungsgemäß die wissenschaftliche Behandlung aller das Bankrecht betreffenden Fragen und verfolgt dabei das Ziel, Juristen aller Berufsrichtungen untereinander ins Gespräch zu bringen, einen Gedankenaustausch über nationale und internationale bankrechtliche Fragen zu ermöglichen und auf diese Weise auch bankrechtliche Veröffentlichungen zu fördern. Die neue Vereinigung, die mittlerweile über 200 Mitglieder aus Wissenschaft, Wirtschaft, Anwaltschaft, Justiz und Verwaltung umfaßt, tritt in Kürze erstmals mit einer besonderen Aktivität in den Blickpunkt der Öffentlichkeit: Am 22. Juni 1990 richtet sie in den Räumen der Deutschen Bundesbank in Frankfurt den „Bankrechtstag 1990" aus, ein eintägiges Symposium mit Vorträgen und Diskussionen zu den ausgewählten Themenkreisen „Verbraucherkreditrecht" und „AGB-Gesetz und Kreditwirtschaft". Nach den Vorstellungen der Gesellschaft soll ein derartiger besonderer Bankrechtstag künftig zu einer festen Institution – wie man sie schon aus anderen Rechtsgebieten kennt – werden, weitere spezielle Vortragsveranstaltungen sollen folgen.

Die Gründung der bankrechtlichen Vereinigung ist ebenso zu begrüßen wie die Einrichtung eines „Bankrechtstages". Damit wird an bekannte Vorbilder aus anderen Bereichen des Rechts (z. B. Deutscher Notartag, Karlsruher Forum, Strafverteidiger-Frühjahrssymposium) angeknüpft, eine bestehende Lücke geschlossen. Das weite Feld des Bankrechts erschöpft sich bekanntlich nicht im „Recht der Banken" im Sinne der Regelung ihrer Rechtsgrundlagen und staatlichen Beaufsichtigung, sondern umfaßt insbesondere den Bankvertrag, das Kreditsicherungs-, das Wertpapier- und das Börsenrecht. War es noch vor etwa 10 Jahren die Domäne weniger spezialisierter Praktiker, so stellt es heute ein zentrales Rechtsgebiet in Wissenschaft, Rechtsprechung und Bankpraxis dar. Der ungewöhnliche Aufschwung dieser Materie wird auch in der höchstrichterlichen Rechtsprechung des Bundesgerichtshofes schon dadurch sichtbar, daß das Bank-, Börsen- und Wertpapierrecht seit Mitte 1988 dem seinerzeit neu gegründeten XI. Zivilsenat als Schwerpunkt zugewiesen und daß seit 1. Januar 1990 auch das Darlehensrecht dort angesiedelt wurde. Zugenommen hat in den letzten Jahren auch die Zahl der wirtschaftlich bedeutsamen Entscheidungen auf diesen Rechtsgebieten. Erinnert sei nur an die Urteile des Bundesgerichtshofes zum Transparenzgebot bei bestimmten Hypothekenzins- und Wertstellungsklauseln sowie an die jüngste Entscheidung zur Richtwertfunktion eines bestimmten absoluten Zinsunterschiedes bei der Beurteilung der Sittenwidrigkeit von Ratenkreditverträgen, weil diese Entscheidungen wegen ihrer besonderen Auswirkungen auf die Massengeschäfte des Marktes für Finanzdienstleistungen nicht nur in der Fachwelt, sondern in der Öffentlichkeit allgemein Beachtung gefunden haben. Die damit angesprochenen Themenkreise „AGB-Gesetz in der Kreditwirtschaft" und „Konsumentenkreditrecht" sind unter dem immer häufiger verwendeten schlagwortartigen Oberbegriff des „Verbraucherschutzes" aktueller denn je: Ständig ergeben sich für die Kautelarjuristen der Kreditwirtschaft wie für die bankrechtliche Rechtsprechung neue Fragen und Herausforderungen im Zusammenhang mit Allgemeinen und Besonderen Geschäftsbedingungen, wie etwa die im Zuge der Börsengesetznovelle umfassend neu konzipierten „Sonderbedingungen für Börsentermingeschäfte" oder eine in Kürze erneut auf dem „höchstrichterlichen Prüfstand" stehende Hypothekenzinsklausel belegen. Im Rechtsausschuß des Deutschen Bundestages steht zur Zeit der Entwurf eines Verbraucherkreditgesetzes zur Debatte, durch den eine entsprechende EG-Richtlinie zur Sicherstellung eines angemessenen Verbraucherschutzes bei Kreditverträgen zwischen gewerblichen Kreditgebern und Verbrauchern sowie zur Förderung der Errichtung eines gemeinsamen Verbraucherkreditmarktes in nationales Recht umgesetzt werden soll.

Wir befinden uns auf diesen wie auch auf anderen Gebieten des Bankrechts nicht nur auf dem schwierigen Weg zur Verwirklichung des europäischen Bankenbinnenmarktes bis Ende 1992, sondern wir werden dabei – in der unmittelbar bevorstehenden Wirtschafts- und Währungsunion mit der DDR im Zuge der Zusammenführung der beiden deutschen Staaten – unversehens zu einem Testfall für eine gesamteuropäische Integration.

Daß der Bankrechtstag 1990 mit seiner Verbraucherschutz-Thematik eine derartige – auch gesamtdeutsche – Aktualität erhalten würde, war sicher bei seiner Planung und Vorbereitung nicht vorhersehbar. In diesem Überraschungsmoment liegen aber auch ein besonderer Reiz und die Chance eines guten Gelingen einer derartigen Veranstaltung. Beides ist dem Bankrechtstag 1990 zu wünschen.

*Aus WM 1990, Heft 24.

Grußworte

Ekkehard Bauer,
Bundesbankdirektor,
Leiter der Hauptabteilung Recht der Deutschen Bundesbank,
Frankfurt am Main

Meine Damen und Herren!

Im Auftrag des Direktoriums der Deutschen Bundesbank begrüße ich Sie herzlich zum 1. Deutschen Bankrechtstag. Die Bundesbank freut sich, daß sie Gastgeber dieser Veranstaltung sein darf. Wir haben in den letzten Wochen und Monaten wieder einmal erfahren, welche Rolle das Recht und eine solide Rechtsordnung für das gesellschaftliche Leben und die Wirtschaft eines Landes spielen. Eine der größten Untaten des alten SED-Regimes in die DDR war es doch, ein ganzes Volk 40 Jahre lang rechtlos zu machen und das Recht offen mit Füßen zu treten. Das ging so weit, daß man nicht einmal mehr das eigene selbstgesetzte Recht achtete, obwohl man doch die Macht hatte, dieses Recht nach den Wünschen der Partei zu gestalten. Tragen wir also das unsere dazu bei, unser Recht und das Rechtsbewußtsein in der Bevölkerung zu pflegen.
Herr Präsident *Pöhl* läßt der Versammlung einen Gruß entbieten. Er wäre gerne selbst zu einem Begrüßungswort gekommen, bittet aber um Verständnis dafür, daß er in diesen Tagen nicht überall sein kann. Wir stehen kurz vor der Einführung der D-Mark in der DDR. Das bedeutet nicht nur die Vorbereitung des Staatsvertrages, der inzwischen abgeschlossen und ratifiziert ist, das bedeutet für die Deutsche Bundesbank auch den Aufbau einer Organisation mit einer vorläufigen Verwaltungsstelle und 15 Filialen in der DDR, die ab 1. Juli 1990 ihre Geschäftstätigkeit aufnehmen müssen. Das bedeutet weiter, 25 Milliarden D-Mark in barem Gelde in die DDR zu transportieren, dort sicher zu verwahren und ab dem Stichtag zu verteilen. Das bedeutet schließlich, Mitarbeiter in die DDR zu schicken, die ab 1. Juli dort das Notenbankgeschäft betreiben. Daneben laufen schon die Vorbereitungen für die deutsche Einheit, die ja auch bald verwirklicht werden soll. Schließlich gehen in Europa – von vielen unbemerkt – die Vorbereitungen für die weiteren Stufen der Währungsunion und für die Errichtung einer Europäischen Zentralbank weiter. Im Dezember 1990 soll bereits eine Regierungskonferenz eingesetzt werden, die mit der Ausarbeitung der Vertragsgrundlagen für die europäische Währungsunion betraut werden soll. Wir Deutschen müssen aufpassen, daß wir in all unserer Begeisterung für die deutsche Einheit nicht diese wichtigen europäischen Entwicklungen verpassen.

Ein Wort der Entschuldigung für die Räumlichkeiten: Als Herr Professor *Hadding* das erste Mal vorfühlte, ob diese Tagung bei uns stattfinden könne, sprach er von 70 bis maximal 100 Teilnehmern. Wir konnten ihm für eine solche Teilnehmerzahl gerne unseren Vortragssaal zusagen, der komfortabler eingerichtet ist als diese Turnhalle. Dann gingen die Teilnehmerzahlen ständig in die Höhe. Es war die Rede von 120, 180 und nunmehr von über 200 Teilnehmern. Was tun? Ein glücklicher Zufall kam uns zu Hilfe. Gestern fand in dieser Turnhalle die jährliche Personalversammlung der Bundesbank statt. Wir konnten Stühle und Mikrophone stehenlassen. Deshalb müssen Sie jetzt mit der Turnhalle vorliebnehmen, in der sonst nach anstrengender geistiger Arbeit Ausgleichssport getrieben wird.
Vielleicht geht diese erste Konferenz einmal unter dem Namen *„Turnhallenkonferenz"* in die Geschichte Ihrer Vereinigung ein. Ich gratuliere Ihnen zu der unerwartet großen Beteiligung und wünsche der „Turnhallenkonferenz" einen vollen Erfolg und Ihnen allen eine angenehme Zeit als Gäste der Deutschen Bundesbank.

Herbert Schimansky,
Vorsitzender Richter am Bundesgerichtshof, Karlsruhe

Meine sehr verehrten Damen, meine Herren!

Lassen Sie mich damit beginnen, den Gründern der Bankrechtlichen Vereinigung meine Glückwünsche - und diejenigen des XI. Zivilsenats des Bundesgerichtshofes - zu ihrer Idee auszusprechen. Betrachtet man die Lawine von Beitrittserklärungen, die die Bekanntgabe ausgelöst hat, stellt sich einem unwillkürlich die Frage, warum sie erst so spät darauf gekommen sind. Andererseits zeigt die Wahl des heutigen Tages für die Eröffnungsveranstaltung natürlich ein äußerst geschicktes Timing - weist sie doch unmißverständlich auf die gesamtdeutsche Dimension der vor der Bankrechtlichen Vereinigung liegenden Aufgaben hin.

Der beeindruckende Erfolg des Unternehmens zeigt vor allem eines: ein ausgeprägtes Bedürfnis nach einem Diskussionsforum für Wissenschaft, Rechtsprechung und Praxis. Die Bedeutung, die wir Richter einem solchen Gedankenaustausch beimessen, mögen Sie daran erkennen, daß der XI. Senat heute hier mit acht Teilnehmern vertreten ist.

Wer sich gegenwärtig wissenschaftlich mit bankrechtlichen Fragen befassen will, hat es wesentlich leichter als noch vor 10 oder gar 20 Jahren. An Beiträgen ist kein Mangel. Man findet zu fast allen auftauchenden Problemen eine breite Palette einschlägiger Veröffentlichungen auf hohem Niveau. Man weiß häufig nicht, was man mehr bewundern soll: den Scharfsinn, die juristische Phantasie oder die Formulierungskunst ihrer Verfasser. Aber für den erdgebundenen Rechtsanwender ist die Freiheit weit weniger grenzenlos als über den Wolken. Er befindet sich in der Rolle des Seemanns. Er kann auf die Wissenschaft nicht verzichten, weil nur sie ihm die Methoden verschafft, mit denen er seinen Standort und seinen Kurs bestimmen kann. Er ist dankbar für jede neue Erkenntnis, die ihm die Navigation erleichtert. Aber die raffiniertesten Hilfsmittel auf diesem Gebiet nützen ihm nichts, wenn er nicht weiß, ob er an dem lege artis bestimmten Ort genug Wasser unter dem Kiel hat und ob er den Kurs, der ihn nach seinen Berechnungen direkt ans Ziel bringt, auch steuern darf, ohne unterwegs auf einer Sandbank oder auf einem Riff zu landen. Ohne die zu Papier geronnenen Kenntnisse der Ortskundigen, also ohne genaue Seekarten nach dem neuesten Stand wird er sich nicht auf den Weg machen.

Auf den Richter übertragen bedeutet das: Natürlich muß er wissenschaftlich sauber arbeiten. Aber er muß auch wissen, worüber er entscheidet, er muß nicht nur den ihm unterbreiteten Sachverhalt ausschöpfen, sondern auch die bankmäßige Abwicklung verstehen, ihre Zwecke, die Fehlerquellen und die sich daraus ergebenden Risiken kennen. Diese Kenntnisse kann er sich nur durch den Kontakt zu den Praktikern verschaffen. Gedankenaustausch mit Praktikern kann aber nicht bedeuten, daß man nur die eine Seite hört. Die Diskussion muß auch die Fachleute *vor* dem Bankschalter einbeziehen. Deshalb habe ich mich besonders gefreut, als ich im Programm für die heutige Veranstaltung las, daß wenigstens an einer der beiden Podiumsdiskussionen ein Vertreter der Verbraucher teilnimmt. Ich halte das für einen guten Weg, der auch bei künftigen Veranstaltungen nicht verlassen werden sollte.

Ich wünsche der Bankrechtlichen Vereinigung den Erfolg, den sie verdient, und der heutigen Veranstaltung einen reibungslosen, harmonischen Verlauf.

Professor Dr. Theodor Heinsius,
Chefsyndikus der Dresdner Bank AG, Frankfurt a. M.

Meine sehr geehrten Damen und Herren!

Wer sich früher mit Fragen des Bankrechts auseinanderzusetzen hatte, dem blieb nahezu allein die Zuflucht zum „Bankgeschäftlichen Formularbuch" von *Schütz*[1], wo in drangvoll fürchterlicher Enge alles Material aus Praxis, Rechtsprechung und Lehre zusammengetragen war. Heute hat sich in der Bundesrepublik Deutschland eine eigene Disziplin „Bankrecht" etabliert, deren Existenz sich vor allem in den Standardwerken von *Canaris* „Bankvertragsrecht"[2] und von *Hopt-Mülbert* „Kreditrecht"[3] sowie in zahlreichen Monographien und einer Fülle von Rechtsprechung dokumentiert. Vor dem Hintergrund dieser Entwicklung stellt die Gründung der „Bankrechtlichen Vereinigung" einen wichtigen Markstein dar, der nicht nur den Abschluß einer Entwicklung kennzeichnet, sondern vor allem auch in die Zukunft gerichtet ist. Ihre Anwesenheit und Ihr Interesse an der heutigen Veranstaltung, meine Damen und Herren, belegt dies auf sehr eindrucksvolle Weise.
Die Bankrechtliche Vereinigung hat ein anspruchsvolles Programm vorgegeben und hierfür zugleich Referenten und Diskussionsteilnehmer gewinnen können, die im Verbraucherkreditrecht und im AGB-Recht besonders ausgewiesen sind. Beides wird der Bedeutung gerecht, die der Thematik aus der Sicht der Kreditwirtschaft, der Verbraucher, der Rechtswissenschaft und der Rechtsprechung heute beigemessen wird. Der Gesetzgeber wiederum legt derzeit letzte Hand an den Entwurf eines Verbraucherkreditgesetzes[4] an, während in diesen Tagen von der EG-Kommission der Vorschlag kam, eine Richtlinie über unfaire Klauseln in Verträgen über Waren- und Dienstleistungen vorzulegen, die auch Auswirkungen auf das Verhältnis der Kreditinstitute zu ihren Kunden haben kann.
Lassen Sie mich aber zurückkommen auf die aktuelle Rechtsentwicklung und hervorheben, daß die Themen dieser Veranstaltung in der praktischen Arbeit der Bankjuristen heute einen breiten Raum einnehmen und eine nahezu tägliche Herausforderung darstellen. Gerade Allgemeine Geschäftsbedingungen, die insbesondere auch in Formularform zum Einsatz kommen, bilden nämlich die Schnittstelle der Beziehungen zwischen Bank und Kunde. Die Veranstalter haben daher eine glückliche Hand bewiesen, gleich am ersten Bankrechtstag ein Thema in den Mittelpunkt zu rücken, das ange-

1 Bankgeschäftliches Formularbuch, zuletzt 18. Ausgabe, Köln 1965: fortgesetzt: Bankrecht und Bankpraxis (BuB), Köln 1979 ff (Loseblatt).
2 *Canaris*, Bankvertragsrecht, 1. Teil, 3. Aufl., Berlin 1988, im übrigen 2. Bearbeitung, Berlin 1981.
3 *Hopt-Mülbert*, Kreditrecht, Berlin 1989; dazu *Heinsius*, KTS 1990, 147; *Werner*, ZBB 1990, 236.
4 Jetzt VerbrKrG vom 17.12.1990, BGBl., S. 2840.

sichts der neueren Rechtsprechung zum Transparenzgebot nicht nur besondere Aktualität aufweist, sondern auch ein breites Forum aus sehr unterschiedlichen Interessenkreisen anspricht.
Meine Damen und Herren, das AGB-Gesetz dient in erster Linie dem Schutz des Vertragspartners des Verwenders Allgemeiner Geschäftbedingungen. Die nach § 9 AGB-Gesetz vorzunehmende Inhaltskontrolle hat nun durch die Rechtsprechung des Bundesgerichtshofs zum Transparenzgebot eine neue Dimension erlangt. Meines Erachtens sind damit gleichzeitig die Anforderungen, einen besonders verantwortungsbewußten Umgang mit dem profunden Instrumentarium der Angemessenheitskontrolle zu pflegen, noch verstärkt worden.
Sieht man einmal von Fällen ab, bei denen es auf der Hand liegt, daß der AGB-Verwender durch intransparente Gestaltung von Bedingungen etwas verschleiern möchte, scheint die Rechtsprechung dem AGB-Verwender nunmehr bei der Formulierung von Klauseln eine Rolle zugewiesen zu haben, die selbst der Gesetzgeber im Hinblick auf die Verständlichkeit von Gesetzen in nunmehr schon langer Tradition bisher kaum erfüllen konnte. Obwohl inzwischen zur Problematik der Tilgungsverrechnungsklauseln umfangreiche instanzgerichtliche Rechtsprechung mit einem - wie ich meine - sogar gewissen Übergewicht zugunsten der Kreditwirtschaft ergangen ist, bleibt daher dringend zu wünschen, daß der Bundesgerichtshof bei nächster Gelegenheit die Anforderungen an eine transparente Klauselgestaltung weiter konkretisiert und insbesondere auch von der Lehre praxisgerechte Kriterien herausgearbeitet werden[5].
Seitens der Kreditwirtschaft wird man dies gewiß dankbar aufgreifen. Die Bereitschaft, im Verbraucherinteresse für noch mehr Verständlichkeit in Formularen und in den Allgemeinen Geschäftsbedingungen zu sorgen, ist gewiß vorhanden. Da eine Vielzahl von Bedingungen wegen der schlichten Wiedergabe der Rechtslage ohnedies nur deklaratorische Bedeutung hat, ist man dem Transparenzgedanken schon in der Vergangenheit gerecht geworden. Für den Verwender Allgemeiner Geschäftsbedingungen ist es auf der anderen Seite aber wenig ermutigend, sich auf diese Weise dem Kontrollrisiko des AGB-Gesetzes auszusetzen.
Denn leider gibt es immer wieder Fälle, in denen noch so sorgfältig gewählte Formulierungen am Ende doch nicht der vom Gericht als erforderlich angesehenen Klarheit entsprechen. Bei abstrakter Kontrolle wird ja bekanntermaßen nicht danach gefragt, ob der Verwender mit einer Klausel - und sei es auch nur eine Information - auch im Kundeninteresse gehandelt hat. Hier wäre deshalb die Frage zu stellen, ob die Rechtsprechung zum Verbot der geltungserhaltenden Reduktion unwirksamer Klauseln den Ansätzen zur Herbeiführung von mehr Transparenz möglicherweise sogar entgegensteht.

---

5 Siehe inzwischen Urteil des BGH vom 10.07.1990 - XI ZR 275/89 - WM 1990, 1367, das dem Kautelarjuristen letztlich jedoch auch nicht einen Weg durch das Dickicht zeigt.

Da ich nicht nur Vertreter der Kreditwirtschaft bin, sondern wie jeder von Ihnen gleichzeitig auch Verbraucher, darf ich mir den Hinweis darauf erlauben, daß überzogene Anforderungen an die Verständlichkeit von Bedingungen dem Verbraucher in unserer modernen aufgeklärten Gesellschaft auch eine unwürdige Rolle zuweisen können. Die hiermit angesprochene Frage nach dem mündigen Bürger hat darüber hinaus insbesondere beim Thema Verbraucherkredit seine Bedeutung, wobei ich mich hier auf das Stichwort vom modernen Schuldturm beschränken muß. Wie Sie alle wissen, ist diese Problematik Gegenstand mehrerer Verfassungsbeschwerden.
Bei allem Respekt und Verständis für die wichtige Funktion, die Verbraucherschutzverbände in unserer Gesellschaft einnehmen, möchte ich an diese Adresse jedoch meine Bitte richten, bei der Verfolgung legitimer Ziele nicht nur den möglichen rechtlichen Erfolg, sondern auch dessen notwendige wirtschaftliche Konsequenzen im Auge zu behalten. Ich bin mir nicht sicher, ob alle Bankkunden etwa darüber glücklich sind, daß infolge einer Umsetzung des Wertstellungsurteils für die Überweisung des Kaufpreises einer Segeljacht von DM 1.000.000,-- in der Regel das gleiche Entgelt berechnet wird wie für die Überweisung eines Verwarnungsgeldes von DM 10,--. Immerhin konnte der früher am Transaktionswert anknüpfende Wertstellungsgewinn insoweit einen Ausgleich herbeiführen, während Kunden mit geringwertigen Buchungsvorgängen jetzt vergleichsweise höher belastet werden als zuvor.
Wenig Nutzen wird nach meinem Dafürhalten der Verbraucher ferner haben, wenn er nach einer ins Auge gefaßten EG-Richtlinie[6] einen Baufinanzierungskredit jederzeit vor der vereinbarten Fälligkeit zurückzahlen dürfte. Mangels zu erwartender Festzinszusagen kommen auf ihn unüberschaubare Finanzierungsrisiken zu.
In allen diesen Fällen wäre es sowohl für die Verbraucherseite als auch für die Kreditwirtschaft von beiderseitigem Nutzen, in einen frühzeitigen Dialog einzutreten. Außerhalb rechtspolitischer Diskussionen können wiederum förmliche Abmahnungen und die Anrufung der Gerichte ohne Not interessengerechte Lösungswege verbauen.
Dies sind nur einige mir wichtig erscheinende Überlegungen, die ich zu Beginn dieser Veranstaltung ansprechen wollte. Das Forum für eine Diskussion und einen Dialog ist vorhanden. Ich bin mir sicher, daß das Thema Allgemeine Geschäftsbedingungen oder Verbraucherkreditrecht – insbesondere nach Inkrafttreten des Verbraucherkreditgesetzes – bei einem späteren Bankrechtstag erneut auf der Tagesordnung stehen wird. Den Veranstaltern wünsche ich ein gutes Gelingen und auch für die Zukunft gleichen Zuspruch und gleiches Interesse, damit eine Fortsetzung dieser wichtigen Arbeit gewährleistet ist.

6 Glücklicherweise wird dieser Regelungsinhalt derzeit nicht mehr weiterverfolgt.

Abteilung: Verbraucherkreditrecht

Leitung: Professor Dr. Walther Hadding, Universität Mainz

Verbraucherkreditrecht in der Entwicklung

Professor Dr. Walther Hadding,
Direktor des Instituts für internationales Recht des Spar-, Giro- und Kreditwesens, Mainz

Inhaltsübersicht

I. *Aktuelle Situation und Regelungsanlässe*

Wenn es meine Aufgabe ist, Ihnen das „Verbraucherkreditrecht in der Entwicklung" vorzustellen, so befürchten Sie bitte nicht einen ausführlichen rechtshistorischen Abriß[1]. Vielmehr soll die aktuelle Situation mit ihren Regelungsanlässen vor Augen geführt und zu einigen in diesem Zusammenhang wichtigen Problembereichen Stellung genommen werden.
Am 1. 6. 1990 fand im Rechtsausschuß des Deutschen Bundestags eine öffentliche Anhörung zu dem „Entwurf eines Gesetzes über Verbraucherkredite, zur Änderung der Zivilprozeßordnung und anderer Gesetze" statt. Erörtert wurde ein Katalog von 31 Fragen zu dem Gesetzentwurf der Bundesregierung vom Juli 1989 mit der Stellungnahme des Bundesrates vom 22.

1 Vgl. näher zur geschichtlichen Entwicklung in Deutschland: *Hadding*, Welche Maßnahmen empfehlen sich zum Schutz des Verbrauchers auf dem Gebiet des Konsumentenkredits? Gutachten zum 53. Deutschen Juristentag, München, 1980, S. 33 ff.

9. 1989 und der Gegenäußerung der Bundesregierung[2]. Unmittelbar veranlaßt war das Gesetzesvorhaben durch die Richtlinie des Rates der Europäischen Gemeinschaften vom 22. 12. 1986 zur Angleichung der Rechts- und Verwaltungsvorschriften der Mitgliedstaaten über den Verbraucherkredit[3]. Diese EG-Richtlinie geht auf einen Vorschlag der Kommission schon aus dem Jahr 1979[4] zurück. Der Richtlinie war spätestens am 1. 1. 1990 nachzukommen (Art. 16 Abs. 1 der Richtlinie). Die Bundesrepublik Deutschland befand sich also schon im Verzug. Es war auch nicht völlig gewiß, ob angesichts der drängenden Probleme der deutschen Wiedervereinigung das Verbraucherkreditgesetz noch in der vergangenen Legislaturperiode beschlossen wird. Inzwischen ist das Verbraucherkreditgesetz vom 30. 10. 1990 ergangen, im BGBl. I vom 17. 12. 1990, S. 2840 ff., verkündet worden und – mit für die Kreditwirtschaft eigentlich unzumutbar kurzer Übergangsfrist – schon am 1. 1. 1991 in Kraft getreten[5]. Nur die Justiz hat hinsichtlich der Änderungen der ZPO eine Übergangsfrist bis zum 1. 1. 1992 (vgl. Art. 10 Abs. 2 VerbrKrG).

In der Sache geht es um eine Reihe von Regelungen in erster Linie zum „Verbraucherkredit", wie die inzwischen eingebürgerte Bezeichnung des früher sogenannten „Konsumentenkredits" lautet. Sieht man einmal von der gebotenen Umsetzung der EG-Richtlinie ab, so liegen die Anlässe, die in der Tat eine spezifische gesetzliche Regelung des „Verbraucherkredits" nahelegen, auf unterschiedlichen Ebenen:

1. Zunächst: Die Kreditversorgung breiter Bevölkerungskreise zu privaten Konsumzwecken hat ein erhebliches Ausmaß angenommen. In der amtlichen Kreditnehmerstatistik der Deutschen Bundesbank entsprechen dem Verbraucherkredit der bankmäßigen Kreditgeber in etwa die gesondert ausgewiesenen Kredite an „Privatpersonen (wirtschaftlich unselbständige und sonstige)" ohne Kredite für den Wohnungsbau. Hiernach hat der Verbraucherkredit in der Bundesrepublik Deutschland in den vergangenen zwanzig Jahren eine stetige Aufwärtsentwicklung genommen. Von knapp 30 Milliarden DM im Jahr 1970 vervierfachte sich in den folgenden zehn Jahren das Volumen des Verbraucherkredits und erreichte im Jahr 1980 fast 130 Milliarden DM[8]. Seitdem ist nach dem Monatsbericht der Deutschen Bundesbank vom Mai des Jahres 1990[7] das Volumen des bankmäßigen Verbraucherkredits weiterhin angestiegen, und zwar auf nahezu 240 Milliarden DM

2 Regierungsentwurf, Stellungnahme und Gegenäußerung sind abgedruckt in der Bundestags-Drucksache 11/5462 vom 25.10.1989.

3 87/102/EWG; abgedruckt im Amtsblatt der EG Nr. L 42/48–53 vom 12.2.1987 mit Änderungsrichtlinie vom 22. 2. 1990, Amtsblatt Nr. L 61/14; siehe unten Anhang I.

4 Amtsblatt Nr. C 80 vom 27. 3. 1979, S. 4, und Nr. C 183 vom 10. 7. 1984, S. 4.

5 Siehe unten Anhang II. Erste Erläuterungen bei *Putzo*, Nachtrag zu Palandt, BGB, 50. Aufl., München 1991; *Vortmann*, Verbraucherkreditgesetz, 1991; *Seibert*, Handbuch zum Verbraucherkreditgesetz, 1991.

6 Vgl. im einzelnen die Angaben im DJT-Gutachten (Fn. 1), S. 9 ff.

7 42. Jahrgang Nr. 5, S. 27.

im vergangenen Jahr 1989. Die Bundesbank spricht in diesem Zusammenhang von einem „bisher nicht gekannten Ausmaß". Für das Jahr 1990 hat man Neuausleihungen von Verbraucherkrediten in dem Rekordumfang von möglicherweise 30 Milliarden DM erwartet. Allein schon die mit diesem Umfang für weite Bevölkerungskreise verbundene wirtschaftliche Tragweite unterstreicht die soziale Wichtigkeit der maßgeblichen rechtlichen Regelungen. Das alt-ehrwürdige Abzahlungsgesetz von 1894 und andere gesetzliche Vorschriften zu einzelnen Fragen erfaßten bislang nur ausschnitthaft und bezogen auf bestimmte Erscheinungsformen einen verhältnismäßig geringen Teil des Verbraucherkredits. Hinzu tritt weithin die Verlagerung von der Finanzierung, die mit einem bestimmten Erwerbsgeschäft (Kauf, Dienstleistungen) verknüpft ist, zum frei verfügbaren Geldkredit im Zusammenhang mit dem Giroverhältnis („Dispositionskredit"[8], jedenfalls „Kontokorrent-Ratenkredit"[9]). Mit den wenigen Vorschriften des Bürgerlichen Gesetzbuchs zum Darlehen (§§ 607–610 BGB) ist die ein gesetzliches Leitbild prägende Vorgabe zu gering.

2. Ferner: Der Verbraucherkredit mit seiner durch die Praxis entwickelten Ausgestaltung in vielfältigen Erscheinungsformen sollte im Ausgangspunkt innerstaatlich und innerhalb der EG einheitliche rechtliche Rahmenbedingungen vorfinden. Dies entspricht auch der Tatsache, daß es sich bei den einzelnen Erscheinungsformen des Verbraucherkredits auf seiten der Kreditinstitute jeweils um ein „standardisiertes Mengengeschäft" handelt.

3. Schließlich: Für Verbraucherkredite ist es typisch, daß am Kreditvertrag als Kreditgeber ein Kreditinstitut oder jedenfalls eine Person beteiligt ist, die hierbei in Ausübung ihrer gewerblichen oder beruflichen Tätigkeit handelt. Demgegenüber ist als Kreditnehmer eine natürliche Person beteiligt, die den Kredit nach dem Inhalt des Vertrages nicht für ihre gewerbliche oder selbständige berufliche Tätigkeit aufnimmt, sondern zur Daseinsvorsorge im privaten Bereich des Verbrauchs. Bei dieser Sachlage ist erfahrungsgemäß im allgemeinen die Vertragsparität nicht voll gegeben und von einer „gewissen fachlichen Unterlegenheit" – um eine Kennzeichnung von *Hopt*[10] aufzugreifen – des insoweit weniger geschäftserfahrenen Kreditnehmers auszugehen. Dies erfordert – wie schon *Philipp Heck* in seinem Gutachten zum 21. Deutschen Juristentag im Jahr 1891 in Vorbereitung des Abzahlungsgesetzes ausgeführt hat[11] – „wirksame Maßnahmen der Gesetzgebung" im Sinne eines angemessenen Verbraucherschutzes. Die Gefahr der

---

8 Vgl. zu dieser Kreditart nunmehr *Regerbis*, Offene Kreditlinien im standardisierten Mengengeschäft der Kreditinstitute (Schriften zum deutschen und ausländischen Geld-, Bank- und Börsenrecht, Bd. 21), Frankfurt am Main, 1991.

9 Vgl. zu dieser Kreditart *Canaris*, WM 1987, Sonderbeilage Nr. 4.

10 Der Kapitalanlegerschutz im Recht der Banken, München, 1975, S. 9: „fachliche Überforderung".

11 „Wie ist den Mißständen, welche sich bei den Abzahlungsgeschäften herausgestellt haben, entgegenzuwirken?", in: Verhandlungen des 21. Deutschen Juristentags, 1891, Bd. II, S. 131, 155, § 18.

Verführung zu einer die wirtschaftlichen Möglichkeiten übersteigenden Inanspruchnahme von Leistungen wird durch das Angebot von Verbraucherkredit sicherlich erhöht. Denn eine z.B. ratenweise zu tilgende Finanzierung läßt leicht den Eindruck entstehen, daß die finanzielle Belastung weniger drückend sei als der in einem hohen Gesamtbetrag sofort aufzubringende Barpreis. Die Raten oder die Rückführung eines in Anspruch genommenen Dispositionskredits erscheinen meistens als ein verhältnismäßig nur geringer Teilbetrag des für den entsprechenden Zeitraum erwarteten wiederkehrenden Einkommens. Dadurch tritt ein „Verniedlichungseffekt" ein. In welcher Höhe der gegenwärtige Verbrauch sich indessen durch die Inanspruchnahme eines Kredits infolge der Kreditkosten verteuert, wird auch von einem „mündigen Bürger" oft nicht erkannt[12]. Mit der Heranziehung allgemeiner Vorschriften (z. B. § 138 BGB oder auch der PreisangabenVO) ist es hier allein nicht getan.

Es verwundert deshalb nicht, daß in einigen europäischen Nachbarstaaten[13], z. B. Großbritannien (1974), Frankreich (1978), Belgien, Österreich, Schweden, schon seit längerem Verbraucherkreditgesetze mit zum Teil sehr strengen Vorschriften in Kraft sind. Diese Gegebenheit hat sicherlich dazu beigetragen, daß im Ministerrat der Europäischen Gemeinschaften die Verbraucherkredit-Richtlinie dann doch vergleichweise überraschend zustandegekommen ist.

II. *Rechtsentwicklung in der Bundesrepublik Deutschland*

1. Die der EG-Richtlinie vorausgegangene Rechtsentwicklung in der Bundesrepublik Deutschland ist seit dem Ende der sechziger Jahre auf der Ebene gesetzlicher Regelungen durch eine Reihe von einzelnen Ansätzen gekennzeichnet[14]. In den Jahren 1969 und 1974 wurde zunächst das Abzahlungsgesetz ergänzt, in das damals vor allem die Schriftform und die erforderlichen Angaben, insbesondere zum effektiven Jahreszins (§ 1a AbzG), sowie das Widerrufsrecht (§§ 1b, 1d AbzG) Eingang fanden. Das Abzahlungsgesetz ist nunmehr in das Verbraucherkreditgesetz eingearbeitet und nach beinahe einhundertjähriger Geltung in diesem Gesetz aufgegangen.

Der im Jahr 1979 vorgelegte Regierungsentwurf eines Gesetzes über finanzierte Rechtsgeschäfte und über Maklerverträge enthielt in erster Linie eine Regelung des in der Rechtsprechung des Bundesgerichtshofs entwickelten sogenannten Einwendungsdurchgriffs (§ 607a E-BGB). Dem Verbraucher wird es dadurch ermöglicht, dem Kreditgeber, dem er das Darlehen zurück-

12 Vgl. schon DJT-Gutachten (Fn. 1), S. 119 ff.

13 Vgl. näher DJT-Gutachten (Fn. 1) S. 15 f.; *Bräunig*, Der Konsumentenkredit im französischen Recht (Untersuchungen über das Spar-, Giro- und Kreditwesen, Abt. B, Bd. 35), Berlin, 1982.

14 Vgl. auch DJT-Gutachten (Fn. 1), S. 17 f.

zuerstatten hat, unter bestimmten Voraussetzungen auch Einwendungen aus dem finanzierten Erwerbsgeschäft entgegenzuhalten[15]. Der seinerzeit darüber hinaus vorgesehene „Rückforderungsdurchgriff" hinsichtlich schon erbrachter Darlehensrückerstattungsraten, den die Rechtsprechung[16] ablehnt, um den *dritt*finanzierten Erwerber nicht besserzustellen, ist weder in der EG-Richtlinie noch im Verbraucherkreditgesetz enthalten[17]. Der Einwendungsdurchgriff hingegen und die seinerzeit geplanten besonderen Vorschriften über die Darlehensvermittlung (§§ 655–655c E-BGB) sind nunmehr gemäß der EG-Richtlinie im Verbraucherkreditgesetz vorgesehen, und zwar zur Kreditvermittlung durch die weite Begriffsbestimmung des „Kreditvertrags" (§ 1 Abs. 2 VerbrKrG) in einem weiterreichenden Ausmaß als die bloße Darlehensvermittlung (§ 1 Abs. 3 VerbrKrG). Während der genannte Regierungsentwurf eines Gesetzes über finanzierte Rechtsgeschäfte und über Maklerverträge von 1979 nicht Gesetz wurde, fand im Anschluß an die auch in die Öffentlichkeit hineingetragene Diskussion über das Kündigungsrecht nach § 247 BGB im Jahr 1986 die Einfügung des § 609a BGB statt[18]. In Abs. 1 Nr. 2 enthält die Vorschrift ein besonderes Kündigungsrecht für Verbraucher, das nunmehr - wie allgemein die Kündigungsrechte nach § 609a BGB - sachgerecht an die Rückerstattung des Schuldbetrags geknüpft worden ist (Art. 2 VerbrKrG)[19].
Die Rechtsentwicklung in der Bundesrepublik Deutschland hat hiernach - was die Gesetzeslage angeht - mit dem Inkrafttreten eines Verbraucherkreditgesetzes für diesen Bereich einen Kulminationspunkt erreicht. Denn diese sondergesetzliche Regelung erfaßt grundsätzlich sämtliche Erscheinungsformen des Verbraucherkredits. Dies entspricht - dem Verfasser sei dieser Hinweis gestattet - der im Gutachten zum 53. Deutschen Juristentag 1980 in Berlin vorgeschlagenen „großen Lösung"[20], die damals in den Beschlüssen noch mehrheitlich abgelehnt wurde[21]. Das Verbraucherkreditgesetz ist - so noch eine Frage des Rechtsausschusses des Bundestags - *nicht* in das Bürgerliche Gesetzbuch eingearbeitet worden. Es regelt in weiten Teilen ein Sonderrecht für Verbraucher, das in ein Jedermann-Gesetz wie das BGB nicht hineingehört. Zivilrechtliche Vorschriften, die für bestimmte Personengruppen oder wegen Besonderheiten beim Vertragsschluß Abweichungen von den Regelungen des BGB bestimmen, sind seit jeher - systematisch zutreffend und um der Transparenz willen - in Gesetzen außerhalb des

15 Vgl. dazu ausführlich *Hopt/Mülbert*, Kreditrecht, Berlin, 1989, Vorbem. 406 ff. zu §§ 607 ff. BGB; § 607 Rz 380 ff.
16 Vgl. BGHZ 57, 112; BGHZ 66, 165; BGH WM 1979, 550 = NJW 1979, 1597; BGH WM 1980, 159 = NJW 1980, 938; BGH WM 1980, 327 = NJW 1980, 1155; OLG Stuttgart WM 1977, 1924 = NJW 1977, 1244; LG Augsburg NJW 1979, 1704; LG Oldenburg NJW 1975, 172.
17 Vgl. zu dieser Rechtsfolge *Hopt/Mülbert* (Fn. 15), Vorbem. 544 ff. zu §§ 607 ff. BGB.
18 Vgl. dazu *Hopt/Mülbert*, WM 1990, Sonderbeilage Nr. 3.
19 Vgl. den Vorschlag von *Häuser/Welter*, NJW 1987, 17, 21.
20 Vgl. DJT-Gutachten (Fn. 1), S. 89, 346.
21 Vgl. Sitzungsbericht K zum 53. DJT Berlin 1980, München 1980, S. 244, 249.

BGB enthalten. Hierzu zählen das AbzG, das HGB, das AGBG und das HTWG. Hinzu kommt, daß der Regelungskomplex des VerbrKrG sich weder im Allgemeinen Schuldrecht (§§ 241 ff. BGB) noch im Besonderen Schuldrecht (§§ 433 ff. BGB) gesetzestechnisch vernünftig unterbringen ließe.

2. Jenseits der skizzierten Rechtsentwicklung auf der Ebene gesetzlicher Regelungen ist es selbstverständlich nicht zu verkennen, daß die Rechtsprechung, insbesondere der III. Zivilsenat des Bundesgerichtshofs, vor allem im vergangenen Jahrzehnt durchaus ein „Verbraucherkreditrecht" entwickelt hat[22]. Doch hierzu möchte ich Herrn Rechtsanwalt Professor Dr. *Brandner* und Herrn Richter am BGH Dr. *Halstenberg* nicht vorgreifen.

III. *Zum Anwendungsbereich des Verbraucherkreditgesetzes*

Lassen Sie mich vielmehr zu einem Fragenkreis Stellung nehmen, der sich in der rechtspolitischen Diskussion erneut - wie schon beim Deutschen Juristentag 1980 in Berlin[23] - als ein Schwerpunkt herauskristallisiert hat. Es geht um das Problem, wie der Anwendungsbereich eines VerbrKrG sachgerecht zu bestimmen ist. Meines Erachtens gilt es, den typischen Verbraucherkredit als einen sämtliche Erscheinungsformen umfassenden, möglichst einheitlichen, praktikabel abgegrenzten Tatbestand zu umschreiben. Im VerbrKrG geschieht diese Umschreibung entsprechend den Vorgaben der EG-Richtlinie durch gesetzliche Festlegungen einerseits zu den Beteiligten und andererseits zu den Vertragsinhalten. Es wird zu den Beteiligten bestimmt (§ 1 Abs. 1 VerbrKrG), daß

- *„Kreditgeber"* eine Person ist, die in Ausübung ihrer gewerblichen oder beruflichen Tätigkeit einen Kredit gewährt;
- *„Kreditvermittler"* eine Person ist, die in Ausübung ihrer gewerblichen oder beruflichen Tätigkeit einen Kredit vermittelt oder nachweist;
- *„Verbraucher"* eine natürliche Person als Vertragspartner eines Kreditgebers oder Kreditvermittlers ist, es sei denn, daß der Kredit nach dem Inhalt des Vertrages für ihre bereits ausgeübte gewerbliche oder selbständige berufliche Tätigkeit bestimmt ist. Als Verbraucher geschützt werden soll mithin der Kreditnehmer außerhalb seiner gewerblichen oder selbständigen beruflichen Tätigkeit.

Ein *„Kreditvertrag"* ist festgelegt (§ 1 Abs. 2 VerbrKrG) als ein Vertrag, durch den ein Kreditgeber einem Verbraucher einen entgeltlichen Kredit in Form eines Darlehens, eines Zahlungsaufschubs oder einer sonstigen Finanzierungshilfe gewährt oder zu gewähren verspricht.

---

22 Vgl. zusammenfassend *Galke*, DRiZ 1990, 380 ff.

23 Vgl. DJT-Gutachten (Fn. 1), S. 70 ff.; Sitzungsbericht K (Fn. 21), passim.

Mit dieser weiten Begriffsbestimmung des Kreditvertrags werden die vielfältigen Erscheinungsformen des Verbraucherkredits erfaßt, so daß nicht von vornherein ein Ausweichen auf bestimmte Erscheinungsformen möglich ist („große Lösung"). Die (positive) Bestimmung des Verbrauchers entspricht der Rechtsentwicklung in den Mitgliedstaaten der EG und der Abgrenzung, wie sie zuletzt in § 6 HTWG und in § 609a Abs. 1 Nr. 2 BGB gewählt worden ist. Demgegenüber ist die bisherige Art der (negativen) Abgrenzung anhand des Kaufmannsbegriffs (vgl. § 8 AbzG) aufgegeben[24]. Zwar bot § 8 AbzG nach seinem Wortlaut größtmögliche Rechtssicherheit, weil über die Eintragung oder Nichteintragung im Handelsregister nicht gestritten werden kann. Aber es wurde schon nicht danach unterschieden, ob der eingetragene Kaufmann zu privaten oder zu gewerblichen Zwecken handelt (vgl. § 343 HGB). Es war ferner nicht einsichtig, warum einem nicht eingetragenen Minderkaufmann (vgl. § 4 Abs. 1 HGB) oder Sollkaufmann (vgl. § 2 HGB), der ein Abzahlungsgeschäft zu gewerblichen Zwecken abschließt, der Schutz des AbzG zugute kam, einem eingetragenen Kaufmann aber, der kein oder nur ein minderkaufmännisches Handelsgewerbe betreibt (vgl. § 5 HGB) und der ein privates Geschäft abschließt, hingegen nicht. Vollends unverständlich war es, warum die sogenannten freien Berufe, bei denen häufig höhere geschäftliche Kenntnisse erwartet werden dürfen (Steuerberater, Wirtschaftsprüfer) als beispielsweise bei einem durchschnittlichen eingetragenen Einzelhandelskaufmann, dem Schutz des AbzG unterfielen, auch wenn das Abzahlungsgeschäft im konkreten Fall beruflichen Zwecken diente. Unstimmigkeiten können sich künftig allenfalls in Randzonen ergeben, wenn etwa für denselben Fall sowohl das VerbrKrG als auch das AGBG zur Anwendung kommt, das noch an den Begriff des (Nicht)Kaufmanns anknüpft, allerdings schon nach dem privaten oder gewerblichen Bereich differenziert (§ 24 Satz 1 Nr. 1 AGBG).

Eine klare Absage hätte demnach dem Vorschlag des Bundesrats erteilt werden sollen, doch wieder *gewerbliche* Kredite an Personen einzubeziehen, die nicht im Handelsregister eingetragen sind. Wie die Bundesregierung in ihrer Gegenäußerung[25] zutreffend ausgeführt hat, entspricht eine solche Regelung nicht der im geschäftlichen Verkehr in der Tradition des Handelsrechts geübten Praxis, die nur zwischen gewerblichen und nichtgewerblichen Krediten unterscheidet (aus dem Blickwinkel der Kreditinstitute: Privatkundengeschäft gegenüber Firmenkundengeschäft). Die Kreditpraxis ist aber nun erheblich dadurch erschwert worden, daß innerhalb der gewerblichen Kredite wiederum eine Differenzierung je nachdem vorgenommen werden muß, ob der Kreditnehmer im Handelsregister eingetragen ist oder nicht. Investitionskredite sind nämlich als sogenannte Existenzgründungskredite

---

24 Anders noch DJT-Gutachten (Fn. 1), S. 118 f., 131 f.

25 BT-Drucksache 11/5462, S. 41.

teilweise (bis zur Obergrenze von 100.000 DM) dem Verbraucherschutz unterstellt worden. Schließlich ist damit die Parallelität zum Anwendungsbereich des AGBG (vgl. § 24 AGBG) in erbeblichem Ausmaß aufgegeben worden.
Ob es einer ausdrücklichen Vorschrift über die Anwendbarkeit des VerbrKrG auf bestimmte *Leasingverträge* bedarf („wenn die Leasingsache ihrer Substanz nach endgültig auf den Verbraucher übertragen werden soll", so noch § 1 Abs. 2 Satz 2 E-VerbrKrG), war umstritten[26]. Angesichts der allgemeinen und umfassenden Begriffsbestimmung des Kreditvertrags erscheint eine besondere Klarstellung zur Anwendbarkeit des VerbrKrG auf bestimmte Finanzierungsleasingverträge überflüssig und ist in § 1 Abs. 2 VerbrKrG zu Recht nicht mehr enthalten. Nach § 3 Abs. 2 Nr. 1 VerbrKrG finden nunmehr § 4 Abs. 1 Sätze 2 und 3 (erforderliche Angaben im Vertrag), § 6 (Rechtsfolgen von Formmängeln), § 13 Abs. 3 (Wiederansichnehmen als Rücktrittsfiktion) und § 14 (vorzeitige Zahlung) auf Finanzierungsleasingverträge *keine* Anwendung. Die Rechtsprechung wird aufgrund des vorgesehenen Umgehungsverbots (§ 18 Satz 2 VerbrKrG) ohnehin genötigt sein, im einzelnen Fall zu entscheiden, ob bei der konkreten Ausgestaltung des Leasingvertrags mit einem Verbraucher eine Regelung getroffen wurde, die einem Kreditvertrag i.S. von § 1 Abs. 2 VerbrKrG entspricht. Es ist zu berücksichtigen, daß der Leasingvertrag nach der Rechtsprechung im Ausgangspunkt sein Schwergewicht bei mietrechtlichen Elementen hat[27]. Auch zu § 6 AbzG mußte aber die Rechtsprechung über das mietrechtliche Regelbeispiel hinausgehen.

IV. *Auszugrenzende Kredite*

Die EG-Richtlinie über Verbraucherkredit vom 22. 12. 1986 hindert die Mitgliedstaaten ausdrücklich nicht, „weitergehende Vorschriften zum Schutz der Verbraucher aufrechtzuerhalten oder zu erlassen". Immer aber sollten es Vorschriften zum Schutz wirklich der „Verbraucher" in dem definierten Sinne sein. Das macht eine klare Abgrenzung erforderlich, welche Kredite an natürliche Personen außerhalb ihrer gewerblichen oder selbständigen beruflichen Tätigkeit vom Anwendungsbereich ausgenommen sein sollten. Um es bezogen auf die typische Situation und zugleich exemplarisch zu formulieren: Da Verbraucherkredite in aller Regel aufgenommen werden, um die Daseinsvorsorge im Lebensbereich des „Verbrauchs" zu finanzieren, sollte ein Verbraucherkreditgesetz *nicht* auch Kredite erfassen, die für den Erwerb besonders hochwertiger Güter, insbesondere Grundstücke, Woh-

26 Vgl. *Christen*, Mobilienleasing, Abzahlungsgesetz und Verbraucherkreditreform (Europäische Hochschulschriften, Reihe 2, Bd. 997), Frankfurt am Main, 1990.
27 Vgl. *Braxmeier*, WM 1990, 573, 580 ff.

nungseigentum, Luxusgegenstände, ausgereicht oder zur Baufinanzierung oder für die Beteiligung an Vermögensanlagen oder für private spekulative Zwecke aufgenommen werden.

1. Deshalb sollte - wie die EG-Richtlinie (Art. 2 Abs. 1 Buchst. f) es vorsieht - auch im Interesse einheitlicher rechtlicher Rahmenbedingungen in den Mitgliedstaaten der EG eine *betragsmäßige Obergrenze* gelten, die in der Bundesrepublik Deutschland - angelehnt an § 18 KWG - bei 100 000 DM liegen könnte. Eine solche Obergrenze ist nunmehr allein für sogenannte Existenzgründungskredite („wenn der Kredit für die Aufnahme einer gewerblichen oder selbständigen beruflichen Tätigkeit bestimmt ist") im VerbrKrG (§ 3 Abs. 1 Nr. 2) enthalten. Indessen werden hierdurch nur solche Kredite bis zu eben dieser Obergrenze dem VerbrKrG unterstellt, die eigentlich als gewerbliche Kredite *nicht* von einem *Verbraucher*schutz zu erfassen wären.

2. Deshalb hätten ferner - wie die EG-Richtlinie (Art. 2 Abs. 1 Buchst. a) und der ursprüngliche Regierungsentwurf (§ 2 Abs. 1 Nr. 3 E-VerbrKrG) es vorsahen - *grundpfandrechtlich gesicherte Kredite* vom Anwendungsbereich eines Verbraucherkreditgesetzes allgemein ausgenommen bleiben sollen. Dem Unterrichtungsbedürfnis des Kreditnehmers wird hier durch §§ 1, 4 PreisangabenVO hinreichend Rechnung getragen. Dennoch sind „Kreditverträge, nach denen der Kredit von der Sicherung durch ein Grundpfandrecht abhängig gemacht und zu für grundpfandrechtlich abgesicherte Kredite üblichen Bedingungen gewährt wird", grundsätzlich in den Anwendungsbereich des VerbrKrG einbezogen worden[28]. Nur die §§ 7 (Widerrufsrecht), 9 (verbundene Geschäfte) und 11 bis 13 (Verzugszinsen, Anrechnung von Teilleistungen; Gesamtfälligstellung bei Teilzahlungskrediten; Rücktritt des Kreditgebers) sollen keine Anwendung finden (§ 3 Abs. 2 Nr. 2 VerbrKrG).

Die beiden soeben gekennzeichneten, an sich erforderlichen Ausgrenzungen von Krediten aus einem Verbraucherkreditgesetz, das diese Bezeichnung verdient, seien kurz erläutert: Die EG-Richtlinie[29] nennt für Verbraucherkredite allgemein eine *Obergrenze* von 20 000 Ecu, also etwa 40 000 bis 50 000 DM. Das mag für deutsche Verhältnisse zu niedrig sein, um sämtliche typischen Verbraucherkredite zu erfassen. Ab einer gewissen betragsmäßigen Grenze spricht jedoch eine Vermutung dafür, daß das Kreditgeschäft nicht mehr dem Bereich der Daseinsvorsorge mit dem Ziel des „Verbrauchs" zugerechnet werden kann. Es ist nicht zu besorgen, daß eine betragsmäßig festgelegte Grenze den sich ändernden wirtschaftlichen Verhältnissen nicht dauerhaft gerecht werden könnte. In der Präambel der EG-Richtlinie wird angeregt, daß die vorgesehenen Beträge unter Berücksichtigung der wirtschaftlichen und monetären Entwicklung regelmäßig über-

28 Dies ist verfehlt (vgl. auch *Huff*, FAZ v. 22.2.1991, Nr. 45/S. 15).
29 Vgl. Art. 2 Abs. 2 Buchst. f.

prüft und gegebenenfalls angepaßt werden sollten. Was private Kredite für spekulative Zwecke oder für die Beteiligung an steuersparenden Vermögensanlagen angeht, die nicht selten in größerer Höhe aufgenommen werden, hat auch der Bundesgerichtshof[30] die Schutzwürdigkeit von Kreditnehmern im Rahmen von § 56 GewO verneint.
Durch *grundpfandrechtlich gesicherte Kredite* werden im privaten Bereich in aller Regel Immobiliengeschäfte finanziert. Solche Realkreditgeschäfte wird man nicht als typische Verbrauchergeschäfte qualifizieren können. *E. von Hippel*[31], dem sicherlich nicht mangelndes Engagement für Verbraucherschutz nachgesagt werden kann, versteht unter einem Verbraucher eine Person, der Waren - also bewegliche Sachen (vgl. § 1 Abs. 2 Nr. 1 HGB) - geliefert werden. Der Einräumung eines grundpfandrechtlich gesicherten Kredits gehen überdies lange Beratungs- und Überlegungsphasen nach eingehender Information voraus. Auch deshalb erscheint es - entgegen dem Vorschlag des Bundesrates[32] und der Zustimmung der Bundesregierung[33] *nicht* angebracht, dem Kreditnehmer auch hier einen typischen Verbraucherschutz einzuräumen. In der Praxis wird nunmehr das Realkreditgeschäft, z. B. auch für die Bausparkassen, zum Nachteil der Privatkunden behindert.

V. *Keine Aufnahme anderweitiger öffentlich-rechtlicher Regelungen*

Eine weitere These geht dahin: keine Aufnahme anderweitiger *öffentlich-rechtlicher Regelungen* in das VerbrKrG selbst. In der öffentlichen Anhörung vor dem Rechtsausschuß des Bundestags am 1. 6. 1990 waren Bestrebungen erkennbar geworden, das VerbrKrG dazu zu benutzen, im „Huckepackverfahren" eine Reihe sozialpolitischer oder sonstiger Anliegen zur Geltung zu bringen. Demgegenüber ist zu betonen, daß in ein zivilrechtliches Verbraucherkreditgesetz weder sachlich noch systematisch öffentlich-rechtliche Regelungen aufgenommen werden sollten, die betreffen:
- eine Absicherung der Schuldnerberatungsstellen,
- ein gewerberechtliches Verbot der „Schuldenregulierung",
- ein Verbraucherinsolvenzverfahren,
- eine Verarbeitung personenbezogener Daten von Kreditnehmern.

Selbst wenn das VerbrKrG als ein sogenanntes Artikel-Gesetz ergangen ist, war es sachlich zutreffend, öffentlich-rechtliche Regelungen, die unter Umständen mit „Verbraucherkredit" gar nichts zu tun haben müssen, *nicht* aus diesem Anlaß ohne hinreichende Vorbereitung „aufzusatteln". Dazu sei nur auf die Probleme eines Verbraucherinsolvenzverfahrens hingewiesen. Ob

30 Vgl. BGHZ 93, 264 = WM 1985, 221, 222 = WuB I E 1. - 7.85 (*Wolff*) = NJW 1985, 1020.
31 Verbraucherschutz, 3. Aufl. 1986, S. 3 Fn. 1.
32 Stellungnahme, BT-Dr. 11/5462, S. 35.
33 Gegenäußerung, BT-Dr. 11/5462, S. 41.

ein Verbraucherinsolvenzverfahren eingeführt werden sollte, bedarf sorgfältiger Überlegungen im sachlichen Zusammenhang mit einer Insolvenzrechtsreform[34]. Der Regelungsgehalt muß mit dem allgemeinen Insolvenzrecht abgestimmt bleiben. Eine Integration entsprechender Vorschriften über ein Verbraucherinsolvenzverfahren in das VerbrKrG wäre systemwidrig und schon deshalb nicht sinnvoll, weil eine Verbraucherinsolvenz aus völlig anderen Gründen als einer Kreditaufnahme eintreten kann. Auch eine gesetzliche Absicherung der Schuldnerberatung oder eine gewerberechtliche Vorschrift zur „Schuldenregulierung" - wenn man ihr überhaupt nähertritt - gehört in das Problemfeld einer Regelung zur Verbraucherinsolvenz.

VI. *Regelungen zur Mitschuldübernahme oder Bürgschaft naher Angehöriger?*

In der öffentlichen Anhörung des Rechtsausschusses des Bundestags am 1. 6. 1990 ist zum Inhalt des geplanten VerbrKrG schließlich die Frage erörtert worden, ob besondere Vorschriften über die Mitschuldübernahme oder die Bürgschaft naher Verwandter in das Gesetz aufgenommen werden sollten. Ich halte dies nicht für erforderlich. Der künftig im VerbrKrG enthaltene Verbraucherschutz kommt einem Mitschuldübernehmer (vgl. §§ 421–427 BGB) als kreditnehmenden „Verbraucher" i. S. dieses Gesetzes ohnehin unmittelbar zugute. Aber auch auf den Bürgen erstreckt sich der Verbraucherschutz infolge der Akzessorietät seiner Verpflichtung im Rahmen der §§ 765 ff. BGB. Der Schutz vor unangemessenen formularmäßigen Abweichungen von diesen Regelungen ist bereits durch das AGBG gewährleistet[35].

Im übrigen hätte beispielsweise ein gesetzlicher Ausschluß der Bürgenhaftung naher Angehöriger des Verbrauchers als Kreditnehmer zur Bewältigung der Problematik des vielberufenen „modernen Schuldturms" nur insoweit beigetragen, als der Kreis derjenigen, die Kredit erhalten, überhaupt eingeschränkt worden wäre. Denn in vielen Fällen wird die Kreditwürdigkeit eines kreditsuchenden Verbrauchers nicht nur an seinen eigenen persönlichen Verhältnissen, sondern an der Leistungsfähigkeit z. B. beider Ehegatten oder eines erwachsenen Kindes oder der Eltern gemessen. Diese nahen Angehörigen haben im übrigen nicht selten eigene Vorteile aus der Kreditaufnahme. Darum erscheint es nicht sachwidrig, wenn sie in die Haftung einbezogen werden. Dies schützt außerdem berechtigterweise den Kreditgeber vor mißbräuchlichen Vermögensverlagerungen vom Kreditnehmer

34 Vgl. den Diskussionsentwurf des BMJ.

35 Der XI. Zivilsenat hat mit Urteil vom 22.1.1991 - XI ZR 111/90 - (WM 1991, 313 = WuB I E 1. - 4. 91 *Hadding)* die Mithaftung naher Angehöriger in einem konkreten Fall für unwirksam gehalten.

auf nahe Angehörige, denen nicht in jedem Fall mit konkursrechtlichen Mitteln beizukommen ist. Der Problematik übermäßiger Verschuldung ist deshalb in diesem Bereich, will man die rechtsgeschäftliche Freiheit nicht in entmündigender Weise aushöhlen[35a], nur durch eine verbesserte Aufklärung der Verbraucher und unter Umständen die Einbeziehung des Bürgen in das geplante Verbraucherinsolvenzverfahren beizukommen.

VII. *Abzahlungsähnliche Geschäfte*

Keiner besonderen Vorschriften im VerbrKrG hätte es auch für die *abzahlungsähnlichen Geschäfte* i. S. des bisherigen § 1 c AbzG bedurft. Der gebotene Verbraucherschutz wird bei diesen Rechtsgeschäften, z. B. über Zeitschriftenabonnements, durch das HTWG und das AGBG sichergestellt. Zudem wird die bisherige Regelung in der Literatur als wenig zweckmäßig eingeschätzt. Es lautet auch zu § 1c AbzG bei *Palandt/Putzo*[36]: „Die Reformbestrebungen haben umständliche gesetzliche Regelungen hervorgebracht, deren praktischer Wert ... bezweifelt werden muß. Die erhöhten Risiken des Abzahlungsverkäufers müssen sich im Preis niederschlagen, der Schutz des Abzahlungskäufers ist überzogen und zudem so kompliziert, daß der Durchschnittskonsument die vorgeschriebenen Belehrungen nicht oder falsch verstehen wird". Die Schriftform wird beim Vertragsschluß ohnehin eingehalten werden[37]. Nunmehr sollen jedoch darüber hinaus das Widerrufsrecht (§ 7 Abs. 1, 2 und 4 VerbrKrG) und die Sondervorschrift über den Versandhandel (§ 8 VerbrKrG) entsprechend gelten (§ 2 VerbrKrG).
Soviel sei zur Rechtsentwicklung und zur aktuellen Situation skizziert, was das Verbraucherkreditgesetz und insbesondere seinen Anwendungsbereich angeht.

VIII. *Inhaltliche Regelungen des Verbraucherkreditgesetzes*

Was nun die inhaltlichen Regelungen im einzelnen betrifft, möchte ich nur darauf hinweisen, daß mit der Schriftform, den erforderlichen Mindestangaben und dem Widerrufsrecht bei den meisten Verbraucherkrediten eine hinreichende Regelung zum Schutz vor nicht überschaubarer und nicht genügend bedachter Kreditaufnahme gegeben ist. Die Formalitäten, die für die bisher üblichen Verbraucherkredite vorgesehen sind, können freilich beim *Dispositionskredit* nicht in gleicher Weise voll durchgeführt werden. Auch der Dispositionskredit wird erfaßt, und zwar wird zwischen dem vorher vereinbarten Dispositionskredit unterschieden, der unglücklicherweise

35aVgl. kritisch zu dem Urteil des BGH (Fn. 35); *Knützel*, ZIP 1991, 493 ff; *Hadding*, WuB I E 1. - 4.91.
36 BGB, 50. Aufl 1991, Einl. 1 c) zu AbzG.
37 Vgl. jetzt § 2 VerbrKrG: § 4 Abs. 1 Satz 1 Abs. 3 VerbrKrG entsprechend.

als Überziehungskredit bezeichnet wird, und dem nur nachträglich geduldeten Überziehungskredit[38]. Ich sehe schon jetzt die instanzgerichtlichen Urteile voraus, die sich mit der Frage befassen werden, ob es ein vereinbarter Überziehungskredit oder nur ein geduldeter Überziehungskredit war. Denn man kann als Angestellter des Kreditinstituts am Schalter leicht sagen, wenn Sie Ihr Konto überziehen, dann werden wir dies dulden. Handelt es sich hier um einen vereinbarten oder einen geduldeten Verbraucherkredit? Da für die Wirksamkeit dieser Kredite bzw. ihre fortdauernde Wirksamkeit in § 5 des VerbrKrG unterschiedliche Regelungen vorgesehen sind, wird die notwendige Unterscheidung sicherlich noch die Gerichte beschäftigen.

Lassen Sie mich nur noch zu einem letzten Punkt etwas ausführen. Bei einem empfangenen Darlehen soll der Widerruf des Verbauchers bei Vertragsschluß ebenso wie die Kündigung des Darlehensschuldners nach § 609a Abs. 1 oder Abs. 2 BGB als nicht erfolgt gelten, wenn der Verbraucher oder der Darlehensnehmer das Darlehen oder den noch geschuldeten Restbetrag nicht binnen zweier Wochen nach Erklärung des Widerrufs (bzw. nach Auszahlung des Darlehens) oder nach Wirksamwerden der Kündigung *zurückzahlt* (§ 7 Abs. 3 VerbrKrG; § 609a Abs. 3 n.F.)[39]. Das ist sachgerecht. Es kommt freilich bei der Kündigung nach § 609a BGB zu einem „Doppelschritt" des Kreditnehmers, nämlich zuerst muß die Kündigung erklärt werden, dann läuft die Zweiwochenfrist, und es muß innerhalb der Zweiwochenfrist zurückgezahlt werden. Erst danach stellt sich heraus, ob die Kündigung wirksam war oder nicht, je nachdem, ob tatsächlich zurückgezahlt worden ist. Entsprechendes gilt für den Widerruf beim Verbraucherkredit. Der fristgerechte Widerruf erweist sich erst nach anschließend fristgerechter Rückzahlung des empfangenen Kredits als wirksam. Um diesen „Doppelschritt" und die damit für die Beteiligten verbundenen Unsicherheiten zu vermeiden, empfiehlt es sich, beide Maßnahmen zusammenzufassen und § 609a Abs. 1 Nr. 2 BGB mit der durch Art. 2 des Verbraucherkreditgesetzes vorgesehenen Ergänzung, also der Rückzahlung als Voraussetzung für das Wirksamsein von Kündigung oder Widerruf, zu einem *Recht des Verbrauchers zur vorzeitigen Erfüllung* auszugestalten. Ein solches Recht ist seinerzeit schon beim Deutschen Juristentag 1980 in der Diskussion gewesen[40]. Dieses Recht hätte in das Verbraucherkreditgesetz aufgenommen werden sollen. Damit wäre, meines Erachtens systemgerecht, zugleich das BGB von § 609a Abs. 1 Nr. 2 als einer singulären Verbraucherschutzvorschrift wieder entlastet worden, die nicht für jedermann gilt.

Selbstverständlich wäre zu vielen weiteren Punkten noch manches auszuführen, aber bitte nehmen Sie das Gesagte als eine erste Einführung in die gegenwärtige Problematik.

---

38 Vgl. § 5 VerbrKrG; siehe zu diesen Kreditarten *Regerbis* (Fn. 8).
39 Vgl. dazu schon bei Fn. 19.
40 Vgl. DJT-Gutachten (Fn. 1), S. 238 ff.

Verbraucherkreditrecht und Bundesgerichtshof

Professor Dr. Hans Erich Brandner,
Rechtsanwalt beim Bundesgerichtshof, Karlsruhe

Inhaltsübersicht

I. *Verbraucherkreditrecht als Aufgabe für den Gesetzgeber*

Vor jetzt 10 Jahren hat *Hadding* in dem eindrucksvollen Juristentags-Gutachten „Welche Maßnahmen empfehlen sich zum Schutz des Verbrauchers auf dem Gebiet des Konsumentenkredits"[1] eine Reihe von rechtspolitischen Empfehlungen vermittelt. Nur zögernd wurden diese Anregungen aufgegriffen. Erst im Gefolge der europarechtlichen Verbraucherkreditrichtlinie[2] hat der Gesetzgeber nach langer, absichtlicher Abstinenz ein neues, gesetzlich ausgeformtes Verbraucherkreditrecht in Gestalt des Gesetzes über Verbraucherkredite (Verbraucherkreditgesetz, VerbrKrG)[3] entwickelt. Dadurch nimmt der Gesetzgeber nicht nur punktuell, sondern gewissermaßen auf breiter Front die Erkenntnis auf, daß innerhalb des Feldes der Kreditverträge der Verbraucherkredit infolge typischer Schutzbedürftigkeit der Kreditnehmer eine Sonderstellung einnimmt und in Fragen der Vergabe, Konditionierung und Abwicklung der Kredite besonderer Regelungen bedarf. Zweck der Europäischen Verbraucherkreditrichtlinie und ihrer Umsetzung in das nationale Recht ist allerdings nicht nur die Sicherstellung eines angemessenen Verbraucherschutzes, sondern auch die Förderung eines gemeinsamen, einheitlichen Wettbewerbsbedingungen unterworfenen Verbraucherkreditmarktes innerhalb der Gemeinschaft[4]. Ein vom Gesetzgeber normiertes Verbraucherkreditrecht wird überdies das politische Ziel im Auge haben, die Folgen einer aus der Vorfinanzierung des Konsums resultierenden

1 Gutachten zum 53. Deutschen Juristentag in Berlin, München 1980.
2 Wie Fn. 3, S. 28, Referent Hadding
3 BGBl. I, S. 2840 ff. vom 17.12.1990; siehe unten Anhang II.
4 So die Präambel zur Richtlinie des Rates der Europäischen Gemeinschaften (Fn. 2).

Hochverschuldung weiter Bevölkerungskreise in noch erträglichen Grenzen zu halten. Welche Brisanz diese letztere Aufgabe aus Anlaß der Eingliederung der früheren DDR in das Gefüge der deutschen Kreditwirtschaft in sich birgt, läßt sich heute noch immer nicht sicher beurteilen[5].

II. *Verhältnis des Verbraucherkreditrechts zur Rechtsprechung*

Gegenüber der Rechtsprechung des BGH ist freilich der Gesetzgeber im Verbraucherkreditrecht ein ausgesprochener Spätentwickler. Unter dem unausweichlichen Druck der zu entscheidenden Fälle, also realer Konfliktsituationen, mußten aus dem geltenden Recht die Leitlinien eines Verbraucherkreditrechts gestaltet werden, das in allen wichtigen Fragen einen hohen, allerdings in Teilaspekten nicht unumstrittenen Entwicklungsstand erreicht hat. In dem Buch von *Schmelz, Kluthe und Bender* über den Verbraucherkredit[6] werden für die Zeit von Mitte 1975 bis April 1989 insgesamt 250 zum Thema ergangene BGH-Entscheidungen aufgezählt. Nimmt man nicht nur die weiteren bis heute verkündeten, sondern auch die vorher namentlich zu Fällen des finanzierten Abzahlungsgeschäfts erlassenen BGH-Urteile hinzu, dann ist die Gesamtzahl noch erheblich höher[7].
Das bevorstehende Aufeinandertreffen einer entwickelten Rechtsprechung und des neuen Verbraucherkreditgesetzes ist nicht unproblematisch. Einerseits ist er erwünscht, wenn der Gesetzgeber sich der Regelung solcher Fragen annimmt, die die Rechtsprechung auf dem Boden des geltenden Rechts nur mit Schwierigkeiten entscheiden kann und bei deren Lösung sie sich ständig auf dem schmalen Grat zwischen Rechtsfortbildung und rechtspolitischer Gestaltung bewegen muß. Andererseits können unerwünschte Konflikte und Zweispurigkeiten zwischen dem Gesetz und dem Stand der Rechtsprechung entstehen. Bekannte Beispiele für eine solche Situation bieten die Reform des GmbH-Rechts im Jahre 1980, insbesondere in Fragen der Eigenkapital ersetzenden Gesellschafterdarlehen[8], und neuerdings das Produkthaftungsrecht[9]. Aus dem Aufeinandertreffen zweier auf unterschiedlichen Ebenen entwickelter Ordnungssysteme können sich erhebliche Unklarheiten und Widersprüche ergeben; die Rechtsprechung sieht sich, selbst in vom Gesetz ungeregelten Punkten, stets mit der Frage konfrontiert, ob ihre Ordnungsvorstellungen und Wertungen sich noch mit denen des Gesetzgebers decken. Um ein Beispiel zu nennen: Das VerbrKrG legt großen Wert darauf, daß die Eigenverantwortung des Kreditnehmers beim Ver-

5 Die anfängliche Befürchtung einer rasanten Schuldenaufnahme durch die in den fünf neuen Bundesländern ansässigen Verbraucher scheint sich nicht bewahrheitet zu haben.
6 *Schmelz/Klute/Bender*, Der Verbraucherkredit, 1989.
7 Im Jahre 1990 sind etwa 20 weitere BGH-Urteile hinzugekommen.
8 Kennzeichnend: BGHZ 90, 370.
9 Nebeneinander des Haftungsrechts gemäß Produkthaftungsgesetz vom 15.12.1989, BGBl. I, S. 2198, und dem BGB-Deliktsrecht; s. *Rolland*, Produkthaftungsrecht, München 1990, S. 15.

tragsschluß gestärkt wird. Durch die für alle Kreditverträge - mit Ausnahme der Überziehungskredite - gebotene Schriftform (§§ 4 bis 6) soll, wie es in der Gesetzesbegründung[10] heißt, der Verbraucher vor der Eingehung eines unüberlegten finanziellen Engagements gewarnt werden. Mit den in den schriftlichen Vertrag aufzunehmenden Angaben über die Kreditkonditionen soll die Möglichkeit eines Vergleichs mit anderen Offerten auf dem Verbraucherkreditmarkt erleichtert werden. Schließlich wird durch das gemäß § 7 des Gesetzes - ohne Vorgabe in der EG-Richtlinie - vorgeschriebene befristete Widerrufsrecht des Kreditnehmers angestrebt, daß dieser sich den Abschluß des Vertrags noch einmal überlegen möge und gegebenenfalls diesen wieder rückgängig machen kann. Solche Schutzinstrumente in der Abschlußphase, mit denen der Kreditnehmer gewissermaßen erst richtig „mündig" gemacht werden soll, führen alsbald zu der grundsätzlichen Frage, ob bei der *Inhaltskontrolle* der Verträge ein Niveau beizubehalten ist, dem ersichtlich die Typik einer verbreiteten potentiellen „Unmündigkeit" auf der Kreditnehmerseite zugrunde liegt. Die Antwort darauf lautet, daß das VerbrKrG dem BGH voraussichtlich keinen Anlaß geben wird, Methode und Niveau der in der Rechtsprechung aus § 138 BGB und dem AGB-Gesetz entwickelten Inhaltskontrolle bei Verbraucherkreditverträgen zu ändern. Das VerbrKrG enthält sich einer Regelung zur Schwelle der Sittenwidrigkeit und überwiegend auch zur zulässigen Gestaltung der Nebenkonditionen des Kreditvertrags. Die für den Vertragsabschluß vorgesehenen Kautelen sind wenig geeignet, die privatautonome Eigenverantwortlichkeit des Kreditnehmers derart zu stärken, daß der Schutz gegen Ausbeutung, Übervorteilung und unangemessene Vertragsgestaltung zurückgeschnitten werden kann. Schriftform und Angaben im Vertrag, namentlich über die Höhe des effektiven Jahrszinses, gehörten schon bisher zum Standard und teilweise, nämlich im (seit dem 1. Januar 1991 außer Kraft getretenen) Abzahlungsgesetz[11], auch zum Bestand der zwingenden gesetzlichen Begehung. Über die verbraucherpolitische Ineffizienz eines Widerrufsrechts besteht weithin Einigkeit[12].

III. *Vom Gesetz nicht geregelte Fragen*

Die Rechtsprechung bleibt also insbesondere in den vom VerbrKrG nicht erfaßten Regelungsbereichen aktuell. Daß der Gesetzgeber sich nicht vorgenommen hat, den Maßstab der Sittenwidrigkeit zu regeln und insbesondere Höchstgrenzen für die Vertragszinsen vorzuschreiben, ist nur zu begrüßen. Gerade auf diesem Gebiet hat der BGH einen hohen Rechtsprechungsstand erreicht, aus dem fallgerechte Ergebnisse besser erzielt werden können als

---

10 BT-Drucks. 11/5462, S. 19.

11 § 1a Abs. 1 AbzG.

12 z.B. *Gilles*, ZRP 1989, 299, 307; ebenso *Schmelz/Klute*, ZIP 1989, 1509, 1517.

aufgrund schematischer Regelungen und Grenzen. Nicht in jeder Hinsicht ist allerdings die Lückenhaftigkeit der gesetzlichen Regelungen zum Thema Verbraucherkreditrecht in gleicher Weise positiv zu beurteilen. Man hätte sich eher einer Normierung in Fragen enthalten können, die schon nach dem bisher geltenden Recht in der Rechtsprechung richtlinienkonform entschieden worden sind, als zu solchen Punkten, die notwendige Bestandteile eines diesen Namen verdienenden Verbraucherkreditrechts bilden und ohne entsprechende gesetzliche Vorschriften offen bleiben, weil sie von den Gerichten nicht gelöst werden können. Dabei ist namentlich an die Organisation einer Schuldnerberatung und eine Regelung für den Fall der Verbraucherinsolvenz zu denken[13].

IV. *Persönlicher Anwendungsbereich des Verbraucherkreditrechts*

In der Rechtsprechung des BGH wurde eine strikte Beschränkung des Kreditnehmerschutzes auf den engen Bereich der Finanzierung des privaten Konsums vermieden. Dadurch konnten gleich oder ähnlich gelagerte Schutzbedürfnisse bei Krediten für gewerbliche oder berufliche Zwecke fallgerecht berücksichtigt werden, insbesondere bei der Bemessung der Sittenwidrigkeitsgrenze, der Inhaltskontrolle der Vertragsbedingungen und auch bei der Zumessung vorvertraglicher Aufklärungs- und Verhaltenspflichten des jeweiligen Kreditgebers. Abweichend hiervon schränkt das VerbrKrG seinen persönlichen Anwendungsbereich dahingehend ein, daß das Gesetz nicht gilt für einen Kredit, der nach dem Inhalt des Vertrags für die gewerbliche oder selbständige berufliche Tätigkeit des Kreditnehmers bestimmt ist (§ 1 Abs. 1). Dem hat bekanntlich der Bundesrat in seiner Stellungnahme zu dem Entwurf widersprochen und vorgeschlagen, die an Minderkaufleute und Kleingewerbebetreibende zu gewerblichen Zwecken ausgereichten Kredite in die Anwendung des Gesetzes einzubeziehen, weil dieser Personenkreis z. B. bei der Kreditaufnahme zum Zwecke einer Existenzgründung generell nicht weniger schutzbedürftig sei als Arbeitnehmer[14]. Diese Anregung des Bundesrats wurde zwar in dieser Form nicht befolgt, hat aber immerhin dazu geführt, daß nach der verabschiedeten Fassung des Gesetzes gemäß § 1 Abs. 1 ein Kredit nur dann nicht unter das VerbrKrG fällt, wenn er für eine *bereits ausgeübte* gewerbliche oder selbständige berufliche Tätigkeit bestimmt ist. Damit hat sich der geregelte persönliche Geltungsbereich des Gesetzes der Rechtsprechung des BGH angenähert, in der in mehreren Fällen Kleingewerbetreibende, namentlich bei Kreditaufnahme im Zusammenhang mit der Gründung einer unternehmerischen Existenz, bei entsprechender Schutzbedürftigkeit verbraucherähnlich in Schutz

13 Dazu *Reifner*, VuR 1989, 315, 321.
14 BT-Drucks. 11/5462, S. 34.

genommen worden sind[15]. Im Grundsatz klammert jedoch das VerbrKrG die Kredite für gewerbliche und berufliche Zwecke aus. Bisher hatte es der Gesetzgeber vermieden, im Zivilrecht ein Sonderrecht für Verbraucher zu etablieren, wenn die Schutzbedürftigkeit gegenüber einseitiger Vertragsgestaltung an der Verbrauchergrenze nicht haltmacht. Das bekannteste Beispiel bietet das AGB-Gesetz, das schließlich Kaufleute jeder Art in seinen Schutzbereich einbezogen hat, wenn auch mit Sondervorschriften zugunsten der Nichtkaufleute[16]. Ohne besonderen Anlaß sollten einen weitergehenden Schutzbedarf abdeckende zivilrechtliche Schutzinstrumente nicht auf Verbraucher oder hier auf die Konsumfinanzierung beschränkt werden[17]. Infolge der Einschränkung des Anwendungsbereichs, die sich das VerbrKrG auferlegt, wird sich wahrscheinlich daneben in Richterrecht zugunsten unerfahrener kleinunternehmerischer Kreditnehmer halten oder herausbilden.

V. *Zur Sittenwidrigkeit von Ratenkreditverträgen*

Die Sittenwidrigkeit von Ratenkrediten ist eines der Themen, die den BGH in den letzten 10 bis 15 Jahren sehr stark belastet haben und bei denen er in meinen Augen seinen Aufgaben vorbildlich gerecht geworden ist. Diese Rechtsprechung hat einen entwickelten Stand erreicht, der weithin akzeptiert wird und mit dem, soweit ich es sehe, auch die Kreditwirtschaft auskommt. Vier der zuletzt ergangenen Urteile mögen erwähnt werden, weil sie zeigen, in welchem Maße eine Feinabstimmung nötig und geleistet worden ist: In dem Fall des Urteils vom 9.11.1989[18] lag der Vertragszins deutlich über der kritischen Marke von 200% des Marktzinses. Die am Schwerpunktzins orientierte Vergleichsmethode wurde in dieser Sache modifiziert im Hinblick darauf, daß es sich um einen in einer Niedrigzinsphase geschlossenen, besonders langfristigen Ratenkreditvertrag ohne Zinsanpassungsklausel handelte, bei dem für den naheliegenden Fall einer Steigerung des allgemeinen Zinsniveaus auf längere Sicht die Gefahr eines nicht kostendeckenden Zinssatzes bestand. Der Fall des Urteils vom 18.1.1990[19] betraf einen ebenfalls in einer Niedrigzinsphase geschlossenen Vertrag mit einem Vertragszins von 116,5% über dem Marktzins und einem Unterschied zwischen dem Marktzins (8,6%) und dem effektiven Jahreszins (18,62%) von weniger als 12%-Punkten. In diesem Fall wurde die Sittenwidrigkeit des Vertrags wegen der zusätzlichen Belastung des Kreditnehmers mit mehreren unange-

15 Dazu *H.-P. Westermann*, ZHR 153 (1989) 123 ff., 126.

16 Näheres z. B. bei *Ulmer/Brandner/Hensen*, 6. Aufl., Köln 1990, § 24 AGBG Rdn. 9 ff.

17 Beim Haustürwiderrufsgesetz ist die Beschränkung des Anwendungsbereiches auf die Verbraucherkundschaft (§ 6) sachgerecht.

18 WM 1990, 57.

19 WM 1990, 421.

messenen Vertragsbedingungen bejaht. In einem weiteren, nunmehr vom XI. Zivilsenat des BGH[20] gesprochenen Urteil vom 13.3.1990[21] wurde ausgeführt, daß bei der Feststellung des auffälligen Mißverhältnisses insbesondere in Hochzinsphasen einem absoluten Zinsunterschied von 12%-Punkten zwischen Vertrags- und Marktzins eine ähnliche Richtwertfunktion zukomme wie einem relativen Unterschied von rund 100%. Es wurde deshalb bei einem relativen Zinsunterschied von nur 76,08% und einem absoluten Unterschied von 12,66%-Punkten die Sittenwidrigkeit des Ratenkreditvertrags im gegebenen Fall ebenfalls bejaht, allerdings unter Mitberücksichtigung einer in den Darlehensbedingungen enthaltenen unangemessenen Verzugsschadensregelung. Zuvor hatte der III. Zivilsenat in einem Urteil vom 25.1.1990[22] noch ausgesprochen, daß wegen eines absoluten Zinsunterschieds von weniger als 12%-Punkten ein auffälliges Mißverhältnis zwischen Leistung und Gegenleistung im allgemeinen nicht angenommen werden könne.

Man mag gegenüber diesen und manchen anderen Urteilen des BGH das Bedenken einer übergroßen, nicht zur gebotenen Rechtssicherheit beitragenden Feindifferenzierung von Fall zu Fall geltend machen können. Die wesentlichen Grundsätze – Vergleich zwischen auf bestimmte Weise berechneten Markt- und Vertragszinsen, Nichtberücksichtigung eines Sondermarktes für Teilzahlungsbanken, Festlegung handgreiflicher, aber nicht starrer Grenzwerte für das Maß zulässiger Überschreitung des Marktzinses, umfassende Berücksichtigung der Einzelumstände – liegen aber fest. Es entspricht der Aufgabe des den Einzelfall entscheidenden Richters, in diesem System von Festpunkten die einzelnen Gesichtspunkte nachvollziehbar abzuwägen und die Sache fallgerecht zu entscheiden. Als Entscheidungsgrundlage auf diesem durch eine abstrakte Norm schwer faßbaren Gebiet eignet sich ein bewegliches System richterrechtlicher Grundsätze weitaus besser als eine gesetzliche Regelung.

VI. *Sonderformen des Verbraucherkredits*

Diese Rechtsprechung des BGH wird auch geeignet sein, auf besondere oder neue Formen des Konsumentenkredits angewendet oder dafür weiterentwickelt zu werden. Belege dafür bieten etwa die BGH-Entscheidungen zur Wirksamkeit und Anpassung bei Kettenkreditverträgen[23] sowie zur Sittenwidrigkeit von mit einer Kapitallebensversicherung verbundenen Kredit-

20 Anfang 1990 ist beim BGH die Zuständigkeit für Darlehensrecht vom III. auf den XI. Zivilsenat übergegangen.

21 WM 1990, 669.

22 WM 1990, 668.

23 BGHZ 99, 333 und WM 1988, 184.

verträgen[24]. Weitere oder neue Formen des Verbraucherkredits werden auch von der Kreditwirtschaft an den BGH-Grundsätzen gemessen werden können. Als nach wie vor problematisch muß allerdings bei der bereicherungsrechtlichen Rückabwicklung eines sittenwidrigen Ratenkreditvertrags die in der Rechtsprechung des BGH festgeschriebene strikte Veweigerung von Bereicherungszinsen für die Möglichkeit der Kapitalnutzung aus § 818 Abs. 2 BGB unter dem Gesichtspunkt des § 817 Satz 2 BGB betrachtet werden. Dagegen haben sich u. a. *Canaris*[25] und im Prinzip auch *Lieb*[26] ausgesprochen. Dieser Gegenstandpunkt hat, ohne daß dies hier näher ausgeführt werden kann, vieles für sich. Das VerbrKrG befaßt sich mit der Frage nicht und enthält in § 6 Regelungen der Frage, welche Zinsen vom Kreditnehmer geschuldet werden, nur für den Fall eines Formmangels des Kreditvertrages.

VII. *Verzugsfolgen*

Die Rechtsprechung des BGH - aber auch die der Instanzgerichte - hat viel Mühe gehabt bei der Feststellung eines Maßstabs für angemessene Verzugszinsregelungen. Im Widerstreit der Alternativen - Vertragszins, Marktzins, Refinanzierungskosten - hat sich der BGH in den Entscheidungen vom 28.4.1988[27] schließlich durchgerungen zu einer Berechnungsart, die auf die marktüblichen Bruttosollzinsen, gemessen nach dem Durchschnittssatz, der sich nach der Zusammensetzung des gesamten Aktivkreditgeschäfts der Bank richtet, zur Zeit des Verzugs aufbaut. Das hat bei der Kreditwirtschaft wenig Beifall gefunden; insbesondere wurde dieser Lösung ein Mangel an Praktikabilität vorgeworfen[28]. Dieser Vorwurf muß allerdings vor dem Hintergrund gesehen werden, daß seinerzeit an den Senat weder diese Praktikabilitätsbedenken noch praktikablere und vertretbare Alternativlösungen herangetragen worden sind. Das Verbraucherkreditgesetz sieht jetzt in § 11 Abs. 1 für den Verzugsschaden eine abstrakte Berechnungsmethode vor, die, wie es in der Gesetzesbegründung heißt, bei den Refinanzierungskosten des Kreditgebers ansetzt und vorschreibt, daß im Verzug des Kreditnehmers grundsätzlich die Verzinsung des geschuldeten Betrags mit 5% über dem jeweiligen Diskontsatz der Deutschen Bundesbank verlangt werden kann. Die Angemessenheit dieser Berechnungsmethode vorausgesetzt, ist die Vorschrift als Entlastung der Rechtsprechung zu begrüßen, weil diese in einer derartigen bankwirtschaftlichen Detailfrage bei der Festlegung eines

24 WM 1988, 364; inzwischen noch BGH WM 1990, 918.

25 WM 1981, 978 ff., 985.

26 MünchKomm., 2. Aufl. § 817 BGB, Rdn. 17; jetzt auch *Hopt-Mülbert*, Kreditrecht, Berlin 1989, § 607 BGB, Rdn. 334.

27 WM 1988, 929 und 1044.

28 Vor allem *Bruchner*, ZHR 153 (1989) 101 ff., 111.

Grundsatzes überfordert sein kann. Von verbraucherorientierter Seite wurde freilich darauf hingewiesen, diese Verzugszinsregelung führe gegenüber der bisherigen Berechnungsart zu einer deutlichen Schlechterstellung der Schuldner[29]. § 11 Abs. 1 VerbrKrG trägt diesem Einwand Rechnung durch die in der entsprechenden Entwurfsvorschrift nicht vorgesehene Maßgabe, daß der Verbraucher für den Einzelfall den Nachweis eines niedrigeren Schadens führen kann, ein Gegenbeweis, der allerdings für den Kreditnehmer nicht einfach zu führen sein dürfte[30]. Der BGH hat in seiner Rechtsprechung den festen und einleuchtenden Grundsatz entwickelt, daß das Kreditinstitut nach Fälligstellung des Restkredits den vereinbarten Vertragszins - unabhängig vom Marktzins - nicht weiter verlangen darf[31]. Der Entwurf wollte in § 11 Abs. 3 mit diesem Grundsatz brechen; das Verbraucherkreditgesetz (§ 12) ist aber auch in diesem Punkt vom Entwurf abgewichen und schreibt für den Fall der Gesamtfälligstellung eines Teilzahlungskredits nicht vor, daß im Verzug der Vertragszins gefordert werden kann.
Ein weiteres Postulat in der Rechtsprechung des BGH besteht darin, daß die Gesamtfälligstellung des Kredits den Verzug mit mindestens zwei vollen Kreditraten voraussetzt[32]. Warum das zum Nachteil der Kreditnehmer geändert und dadurch die Kündigung des Vertrags im Falle des Zahlungsverzugs erleichtert wurde (vgl. § 12 Abs. 1 Nr. 1 VerbrKrG), ist nicht ohne weiteres verständlich. Zwiespältig ausfallen muß auch eine Stellungnahme zu den Vorschriften über die Anrechnung von Teilleistungen gemäß § 11 Abs. 2 und 3 VerbrKrG. Die Anrechnung von Teilleistungen in Abweichung von § 367 Abs. 1 BGB „zuletzt auf die Zinsen" ist im Sinne der Schutzzwecke eines Verbraucherkreditgesetzes gewiß zu begrüßen; die Rechtsprechung hätte von sich aus eine solche Abweichung von der gesetzlichen Regelung kaum vollziehen können. Kritischer zu würdigen ist § 11 Abs. 2 VerbrKrG, der im Verzug die Erhebung von Zinseszinsen rechtfertigen kann[33]. Das wäre höchst unerwünscht, wenn es zu den Zielen des Gesetzes gehört, die Auftürmung von Schulden bei in Rückstand geratenen Kreditnehmern zu mäßigen.

VIII. *Einwendungsdurchgriff bei finanzierten Geschäften*

Noch eine kurze Bemerkung zu § 9 VerbrKrG, der Vorschrift, mit der der sogenannte Einwendungsdurchgriff bei verbundenen drittfinanzierten Geschäften etabliert worden ist. Auch in diesem Punkt ist vom BGH in lang-

29 S. VuR 1990,138.
30 Die Vorschrift lehnt sich ersichtlich an § 11 Nr. 5b AGBG an.
31 Umfängliche Nachweise bei *Hopt/Mülbert* (Fn. 26), § 608 BGB Rdn. 48 ff.
32 BGHZ 95, 362.
33 *Schmelz/Klute* (Fn. 12), S. 1521.

jähriger Rechtsprechung ein tragfähiges System mit praktikablen Abgrenzungen entwickelt worden. Das Gesetz beabsichtigt im wesentlichen die Festschreibung der Rechtsprechung mit einer weiteren Auflockerung in der Frage der sogenannten Subsidiarität des Einwendungsdurchgriffs gegenüber dem Kreditgeber[34]. Soweit ich es sehe, wird die gesetzliche Regelung die Ergebnisse der Rechtsprechung weder verbessern noch verschlechtern. Soweit neuerdings eine erhebliche Verschlechterung gegenüber dem bisherigen Rechtszustand behauptet wurde, bedarf dies noch einer genauen Überpüfung[35].

IX. *Verhaltenspflichten der Kreditgeber*

Bei der Zumessung von verbraucherspezifischen Verhaltenspflichten der Kreditinstitute bei der Kreditvergabe war und ist die Rechtsprechung zurückhaltend. Dieser Fragenkomplex war Gegenstand einer im Januar 1989 in Bad Homburg geführten bankrechtlichen Diskussion, deren Ergebnisse veröffentlicht sind[36]. Ich selbst habe damals für Fälle sicher vorhersehbarer Überschuldung bei der Kreditbeantragung eine Kreditverweigerungspflicht des Kreditinstituts in Betracht gezogen mit der Folge einer Schadensersatzverpflichtung für den Fall der Verletzung, die auf eine Freistellung des Verbrauchers hinauslaufen kann[37]. Es ist fraglich, ob sich diese Ansicht durchsetzt; der BGH hat dazu bisher wenig Neigung erkennen lassen[38]. Mit Recht ist gesagt worden, daß letztlich nur die Restschuldbefreiung aufgrund einer gesetzlichen Regelung der Verbraucherinsolvenz weiterführen dürfte[39]. Die Notwendigkeit einer solchen Regelung wird international und auch von unserem mit der Reform des Insolvenzrechts beschäftigten Gesetzgeber grundsätzlich anerkannt. Über ihre Ausgestaltung gehen allerdings die Vorstellungen weit auseinander. Der BGH, dem Grundsatz folgend, daß die Rechtsfortbildung sich in besonderem Maße zurückhalten muß, solange der Gesetzgeber sich mit einer Materie beschäftigt, wird und kann zu dem Thema vorläufig nichts beitragen. Um so mehr ist das Petitum zu wiederholen, daß das Verbraucherkreditgesetz dringend der Ergänzung durch gesetzliche Vorschriften für den Fall der Verbraucherinsolvenz bedarf.

---

34 So die Begründung des Regierungsentwurfs BT-Drucks. 11/5462, S. 24.

35 Vgl. auch *Reinking/Nießen*, ZIP 1991, 79, 84.

36 ZHR 153 (1989) 123 ff.; mit Beiträgen von *H. P. Westermann*, *Brandner* und *von Rottenburg*.

37 A.a.O. S. 158.

38 S. aber neuerdings das Urteil vom 22.1.1991 – XI ZR 111/90, WM 1991, 313, zur Nichtigkeit einer Mitverpflichtungserklärung einer vermögenslosen Ehefrau.

39 Dazu *Wenzel*, VuR 1990, 121.

Verbraucherkreditrecht und Kreditwirtschaft*

Wilhelm Schlaus,
Chefsyndikus der Deutschen Bank AG, Frankfurt a. M.

Dr. Franz von Rottenburg,
Syndikus der Deutschen Bank AG, Frankfurt a. M.

Inhaltsübersicht

I. *Funktion des Verbraucherkreditrechts für die Kreditwirtschaft*

Verbraucherkreditrecht ist *Verbraucherschutzrecht*. Sein Ziel ist der Schutz der Verbraucher vor den Gefahren einer ungezügelten Kreditaufnahme, vor undurchschaubaren Vertragsgestaltungen und vor unangemessenen Vertragsinhalten. Es schränkt die Kreditwirtschaft in ihren Betätigungsmöglichkeiten und in der Freiheit der Vertragsgestaltung ein. Verfassungsrechtlich findet das Verbraucherkreditrecht seine Grundlage im Sozialstaatsgebot des Art. 20 GG und in Art. 1 GG[1].

Nicht verkannt werden darf aber auch die wettbewerbsfördernde Funktion des Verbraucherkreditrechts, das durch seine Regeln zum Formzwang, zur Preisangabe und zu darüber hinausgehender Transparenz die Wettbewerber zwingt, ihre Angebote gleichförmig, also vergleichbar zu gestalten[2]. Inso-

---

* Am 1.1.1991 ist das VerbrKrG vom 17. 12. 1990, BGBl. I 2840 in Kraft getreten; siehe Anhang II. Innerhalb seines Regelungsbereiches gelten die nachfolgenden Ausführungen nur noch für „Altfälle" (Art. 6 VerbrKrG). Eine kritische Auseinandersetzung mit den Mängeln des Gesetzes bleibt einer Vertiefung vorbehalten. Wichtige höchstrichterliche Entscheidungen, die seither ergangen oder bekannt geworden sind, wurden nachträglich eingearbeitet.

1 Zur Notwendigkeit, die Privatautonomie mit dem Mittel des Gesetzes einzuschränken, um einen Ausgleich der Kräfte und der Marktverhältnisse herbeizuführen, BVerfG NJW 1990, 1469, 1470.

2 Diesem Zweck dient bereits § 4 der PreisangVO v. 14.3.1985, BGBl. I, S. 580. Noch weitergehend steht dieser Zweck im Vordergrund der §§ 4 und 5 VerbrKrG.

weit kann das Verbraucherkreditrecht auch für das Kreditgewerbe als Ganzes und den funktionierenden Wettbewerb zwischen den einzelnen Kreditinstituten positiv wirken.

II. *Wirtschaftliche Bedeutung des Verbraucherkredits*

Das Erfordernis eines Verbraucherkreditrechts als Schutzrecht folgt aus der Bedeutung, die der Verbraucherkredit, d. h. der an natürliche Personen außerhalb ihrer gewerblichen oder beruflichen Tätigkeit von gewerblichen Kreditgebern gewährte Kredit, in unserer Wirtschaft erlangt hat. Der Verbraucherkredit als Konsumentenkredit wird als „Stütze der Konjunktur" in seiner Kaufkraft schöpfenden Bedeutung allgemein anerkannt[3]. Der Abschlußbericht der GP-Forschungsgruppe zur Überschuldungssituation und Schuldnerberatung in der Bundesrepublik Deutschland und Berlin (West)[4] kommt zu einer Gesamtsumme an von Privaten im Jahre 1988 aufgenommenen Dispositions-, Raten- und Rahmenkrediten von rd. 66 Mrd. DM, und man schätzt, daß jährlich etwa 8% der Bevölkerung ab 14 Jahre, d. h. rd. 6 Mio. Menschen einen Raten- oder Rahmenkredit neu aufnehmen, während etwa 17% der Bevölkerung oder 8,5 Mio. Personen jährlich Kredite abzahlen. Nicht enthalten sind in diesen Zahlen die Kreditkarten, die trotz ihres Namens nicht stets echten Kreditcharakter haben, weil sie – wenn auch mit gewissem zeitlichem Abstand – zu einer Belastung der Bankkonten führen. Sie haben gerade in den Jahren 1989 und 1990 erheblich an Bedeutung gewonnen[5]. Es wird erwartet, daß dieses zu einer entsprechenden Zunahme der Verschuldensproblematik führen wird[6].

III. *Gesetzgebung und Rechtsprechung zum Verbraucherkreditrecht*

Die Expansion des Verbraucherkredits hat zu Fehlentwicklungen geführt, die ein Eingreifen von Rechtsprechung und Gesetzgeber verlangten, insbesondere um die Schuldner vor übereilten Kreditaufnahmen und damit vor Überschuldung zu bewahren. An speziellen Schutzgesetzen aus neuerer Zeit sind vor allem das Gesetz zur Regelung von Preisangaben[7] und die Preis-

---

3 vgl. *Beier-Jacob,* Der Konsumentenkredit in der Bundesrepublik Deutschland, Frankfurt a. Main, 1987, Teil I, Kap. 1, 4, S. 57. *Holzscheck-Hörmann-Daviter,* Praxis des Konsumentenkredits, Köln 1982, Bd. II, S. 288 f. *v. Rottenburg,* ZHR 153 (1989), 162, 163 f.

4 Erstellt im Auftrag des Bundesministers für Jugend, Familie, Frauen und Gesundheit und des Bundesministers für Justiz und von diesen freigegeben, vorgesehen zur Publizierung in der Schriftreihe des Bundesministers für Familien und Senioren.

5 Forschungsbericht B V, S. 107 ff.

6 aaO, S. 111.

7 vom 3.12.1984 BGBl. I 1429.

angabenverordnung[8], das Haustürwiderrufsgesetz[9] und als einschneidendstes das Verbraucherkreditgesetz[10] zu nennen.
Aus der umfangreichen Rechtsprechung ist auf die Judikatur des BGH zur Unwirksamkeit von Haustürgeschäften nach §§ 55, 56 GewO[11], auf die zahlreichen Entscheidungen zur Sittenwidrigkeit von Kreditverträgen[12], die Entscheidungen des BGH vom 29.4.88 zum Verzugsschaden[13], vom 24.11.88 und 10.7.1990 zur Zinsberechnung von Anniutätendarlehen[14], vom 1.6.89 und 29.5.1990 zum Zinscharakter des Disagios[15] und vom 22.6.89 zur Unwirksamkeit von Lohn- und Gehaltsabtretungsklauseln[16] in Verbraucherkreditverträgen hinzuweisen.
Der *verbraucherschützende* Charakter der BGH-Rechtsprechung unter Vernachlässigung aller rechtsdogmatischen Überlegungen wird bei seiner Rechtsprechung zu §§ 55, 56 GewO besonders deutlich, wenn das Gericht bei „normalen" Krediten an Verbraucher einen Verstoß gegen diese Bestimmungen mit der Nichtigkeitsfolge belegt, aber bei Steuersparmodellen einen entsprechenden Schutz versagt, weil sich hier die Kreditnehmer rechtlich hätten beraten lassen können[17].

1. *Sittenwidrigkeit und Schwerpunktzins*

In der Frage nach der *Sittenwidrigkeit* eines Vertrages nach § 138 BGB betont der BGH[18] zwar immer wieder, daß nicht allein die Höhe des effektiven

8 vom 14.3.1985, BGBl. I 580; dazu *Steppeler-Astfalk*, Preisrecht- und Preisangaben in der Kreditwirtschaft, Köln 1986.

9 Gesetz über den Widerruf von Haustürgeschäften und ähnlichen Geschäften vo 16.1.86, BGBl. I 122; dazu *Klauss-Ose*, Verbraucherkreditgeschäfte, 2. Auflage Herne, Berlin, 1988, S. 41 ff insbes. 51 m.w.N.; *Schlaus*, ZHR 151 (1987) 180; *Knauth*, WM 1986, 509; *Gilles*, NJW 1986, 1131; *Ulmer*, WRP 1986, 445.

10 17.12.1990, BGBl. I 2840; dazu *Seibert*, Handbuch zum Verbraucherkreditgesetz, Köln 1991. *Vortmann*, Verbraucherkreditgesetz, Stuttgart, Köln, Berlin 1991.

11 BGHZ 71, 358 = WM 1978, 875 = NJW 1978, 1970; BGH, WM 1978, 1154 = NJW 1978, 2144; WM 1979, 550 = NJW 1979, 1597; WM 1979, 429 = NJW 1979, 1563; WM 1979, 1035 = NJW 1979, 2092; WM 1980, 620 = NJW 1980, 1514; WM 1980, 860 = NJW 1980, 2076; WM 1982, 1429 = NJW 1983, 868; jüngst nur für Mitantragsteller BGH WM 1991, 331; auch *Oehm*, Das Darlehen im Reisegewerbe, Frankfurt 1985.

12 *Scholz*, Ratenkreditverträge, München, 1983, S. 189 ff; BGHZ 80, 153 = WM 1981, 353; BGHZ 99, 33 = WM 1987, 339; BGH, WM 1979, 225 = NJW 1979, 805 ff.; WM 1979, 966 = NJW 1979, 2089; WM 1980, 892 = NJW 1980, 2074; WM 1980, 981 = NJW 1980, 2076 ; WM 1982, 921 = NJW 1982, 2433; WM 1986, 1017 = NJW 1986, 2568 = WuB I E2b.-7.86 *Fischer*; WM 1987, 1354 = NJW 1988, 896 = WuB I E2b.-3.88 *Münstermann*; WM 1987, 463; WM 1988, 184 = WuB I E2b.-8.88 *Münstermann*; OLG Frankfurt WM 1988, 16 = WuB I E2b.-6.88 *Münstermann*.

13 BGH WM 1988, 929 u. 1044 = NJW 1988, 1967 u. 1971 = WuB I E1.-12.88 *Bruchner*; Anm. *Bruchner*, WM 1988, 1292.

14 BGHZ 106, 42 = WM 1988, 1780 = NJW 1989, 222 = WuB I E4.-2.89 *Canaris*; dazu *Bruchner* WM 1988, 1873 ff.

15 BGH, WM 1989, 1011; WM 1990, 1150 = NJW RR 1989, 947 = LM § 246 BGB, Nr. 2.

16 BGHZ 108, 98 = WM 1989, 1086 = WuB I F4.-4.89 *Bruchner* = ZIP, 1989, 986 = NJW 1989, 2383 Anm. *Steppeler*, WM 1989, 1913.

17 WM 1985, 221 = NJW 1985, 1020 = WuB I E1.-7.85 *Wolff*.

18 Vgl. Fn. 12.

Jahreszinses maßgebend ist. Bei Überschreitung des Schwerpunktzinses aus der Statistik der Deutschen Bundesbank um zwischen 90% und 100%[19] oder bei einem Zinssatz, der den Schwerpunktzinssatz um 12 Prozentpunkte[20] überschreitet, ist jedoch nach der BGH-Rechtsprechung von einer Sittenwidrigkeit sogar in Hochzinsperioden auszugehen. Andererseits soll bei in einer Niedrigzinsphase aufgenommenen Krediten ein auffälliges Mißverhältnis zwischen Leistung und Gegenleistung erst bei Überschreitung des Schwerpunktzinses um mehr als 110% bestehen[21]. Wichtig und für Spezialkreditinstitute von entscheidender Bedeutung ist, daß der BGH die vor allem von Scholz[22] vertretene Auffassung von Teilkreditmärkten, für die der Schwerpunktzins nicht gelten solle, stets abgelehnt hat. Für das Kreditgewerbe von Bedeutung ist, daß der BGH bei *rechtskräftig gewordenen Vollstreckungsbescheiden* sogar die Grundsätze der Rechtskraftdurchbrechung gem. § 826 BGb anwendet[23]. Voraussetzung ist allerdings, daß die Bank erkennen konnte, daß bei Geltendmachung im Klageverfahren bereits eine gerichtliche Schlüssigkeitsprüfung zu einer Ablehnung des Klagebegehrens führen mußte. Da es sich hier um Extremfälle handelt und die subjektiven Voraussetzungen des § 826 BGB gegeben sein müssen, dürfte im Ergebnis diese Rechtsprechung hinzunehmen sein. Aus Gründen des Rechtsfriedens zu begrüßen – wenn auch in der rechtsdogmatischen Begründung nicht unumstritten – ist die Anwendung der 4jährigen *Verjährungsfrist* des § 197 BGB auf die Bereicherungsansprüche der Kreditnehmer[24]. Bei den ohne Rechtsgrund gezahlten Beträgen handelte es sich um Zinsen. Auf der anderen Seite hat der BGH bei *Kettenkreditverträgen* nicht etwa im Interesse des Rechtsfriedens eine wirksame Heilung des sittenwidrigen Vorvertrages durch den nicht sittenwidrigen Folgevertrag angenommen, sondern den Folgevertrag insoweit nach § 242 BGB angepaßt, als in dem Folgevertrag eine Ablösung des sittenwidrigen Vorvertrags enthalten war[25]. Allerdings

---

19 BGHZ 104, 102 (105) WM 1988, 645 = NJW 1988, 1659 = WuB I E2b.-14.88 *Münstermann*.

20 BGHZ 110, 336 = NJW 1990, 1595.

21 BGH, WM 1991, 216 = WuB I E2b.-5.91 *Eckert*.

22 Anm. zu BGH, WM 1981, 353 in WM 1981, 539 Anm. zu BGH, WM 1979, 966 in WM 1979, 1247.

23 BGHZ 101, 380 = WM 1987, 1245 = NJW 1987, 3256 = WuB IV A. § 826 BGB 7.87 *Emmerich*; BGH, WM 1990, 391. Extremfall: OLG Hamm, WM 1990, 1104 WuB IV A. § 826 BGB 8.90 *Braun*; vgl. auch *Geißler*, NJW 1987, 166 ff.; *Grunsky*, ZIP 1986, 1361; *Braun*, ZIP 1987, 687.

24 BGHZ 98, 174 = WM 1986, 991 = NJW 1986, 2564 = WuB I E2b.-6.86 *Fischer*; BGH, WM 1986, 1517 = WuB I E2b.-2.87 *Münstermann*; BGH, WM 1987, 101 = WuB I E2b.-4.87 *Münstermann* = ZIP 1987, 288; dazu *Ahrens*, DB 1987, 213; anders jedoch bei Zinsansprüchen wegen falsch berechneter Annuitätendarlehen BGH vom 23.10.1990, WM 1990, 1989; DB 1990, 2415.

25 BGHZ 99, 333 = NJW 1987, 944 = WM 1987, 339 = WuB I E2b.-9.87 *Schwark*; WM 1987, 463 = NJW RR 1987, 679 = ZIP 1987, 504 = WuB I E2b.-6.87 *Westermann*; WM 1987, 1354 = WuB I E2b.-3.88 *Münstermann;* WM 1988, 184.

gilt nach einer Entscheidung des OLG Karlsruhe auch bei der Anpassung die vierjährige Verjährungsfrist wegen der alten Erstattungsansprüche[26].

2. *Verzugsschaden*

Für die Praxis des Kreditgewerbes von besonderer Tragweite ist die Rechtsprechung des BGH zur Berechnung des *Verzugsschadens*[27], wenn der Darlehensnehmer mit einzelnen Raten oder nach Kündigung des Kredits mit der Rückzahlung insgesamt in Verzug ist. Der BGH hat sich hier nicht auf eine Auseinandersetzung mit der umfangreichen Literatur und der Rechtsprechung der Untergerichte eingelassen, sondern ist bewußt völlig eigene Wege gegangen, indem er ab dem Verzug jeden Anspruch auf den Vertragszins verneint hat und dem Kreditinstitut lediglich einen Anspruch auf Ersatz des Verzugsschadens zuerkannt hat. Für dessen Berechnung hat er wiederum zwar einerseits den Schaden nicht auf die reinen Refinanzierungskosten begrenzt, aber andererseits nur den nach dem gesamten Aktivkreditgeschäft der klagenden Bank gewichteten, auf der Grundlage der in der Zinsstatisik der Bundesbank veröffentlichten Zinssätze abstrakt berechneten Durchschnittszinssatz zuerkannt. Diese Rechtsprechung hat für die Praxis zahlreiche Fragen aufgeworfen und zu nicht unerheblichen Unterschieden in dem praktischen Vollzug dieser Entscheidung geführt. Denn die in der Bundesbankstatistik aufgeführten Kredite decken nur einen Teil des Kreditgeschäfts der Banken ab. Dort werden z. B. nur bundesbankfähige Wechsel bis TDM 100 aufgeführt. Gerade diese werden aber von den Banken häufig nur aufgekauft, um sie an die Bundesbank weiterzuverkaufen. Aus diesem Grunde haben sowohl das OLG München[28] als auch in einer neuesten Entscheidung des OLG Hamm[29] die Einbeziehung dieser Position aus der Bundesbankstatistik abgelehnt. Ebenso werden bei den Ratenkrediten nur diejenigen mit Laufzeiten zwischen 24 und 48 Monaten und über Beträge zwischen TDM 5 und 15 erfaßt. Aus einer im Zusammenhang mit dem o.g. Forschungsbericht zur Überschuldung in der Bundesrepublik von der SCHUFA vorgenommenen Erhebung ergibt sich jedoch, daß nur knapp 38,4% der der SCHUFA gemeldeten Konsumentenkredite mit einem Anteil von ca. 40% der Gesamtkreditsumme eine Laufzeit von 24 bis 48 Monaten haben[30]. Sollten nur Kredite mit diesen Laufzeiten bei der Verzugsschadensberechnung berücksichtigt werden? Dann aber wird der Verzugsschaden nicht nach dem gewichteten Durchschnittszinssatz des *gesamten Aktivkreditgeschäfts* der klagenden Bank berechnet, wie es der BGH in seiner Ent-

26 OLG Karlsruhe NJW-RR 1990, 559.
27 Vgl. Fn. 13; rechtshistorisch *Nassall*, WM 1989, 705.
28 OLG München WM 1989, 1244 = WuB I E1.-11.89 *v. Rottenburg*.
29 OLG Hamm ZIP 1990, 640.
30 Forschungsbericht (Fn. 4) Tabelle 8 S. 80.

scheidung vom 29.4.1988 verlangt. In jedem Fall führt diese Rechtsprechung des BGH dazu, daß der derart gewichtete Durchschnittszins in der Regel niedriger ist als der mit den Kreditnehmern, speziell den Konsumentenkreditnehmern vereinbarte Vertragszins. Säumige Schuldner stehen sich also besser als die vertragstreuen Kreditnehmer.
Wegen der geschilderten Unklarheiten und unbilligen Ergebnisse sieht das Verbraucherkreditgesetz bei Ratenverzug eine Schadenspauschalierung von D + 5% vor (§ 11 Abs. 1 VerbrKG). Die Schadenspauschale von D + 5 liegt z. Z. immer noch um fast 2% unter dem Schwerpunktzinssatz nach der Bundesbankstatistik. Anfang der 80er Jahre hatte die Differenz sogar mehr als 5,5% betragen. Da der Diskontsatz dem Ziel einer Steuerung der Währungspolitik dient, kann es zu erheblichen Unterschreitungen des vertraglich vereinbarten Zinssatzes führen, so daß säumige Kreditnehmer belohnt werden. So fragt es sich, ob das Sozialstaatsprinzip zu einer derart weitgehenden Besserstellung der säumigen Kreditnehmer führen muß. Sollte dieses zur Folge haben, daß die Zahl der in Verzug befindlichen Kredite steigt, wäre eine Korrektur des Gesetzes erforderlich. Bei dieser sollte der Gesetzgeber von der Grundforderung ausgehen, daß der Verzugszins nicht niedriger sein darf als der marktübliche Zins für geduldete Überziehungen (gem. § 5 Abs. 2 VerbrKG) im Zeitpunkt des Verzuges. Dabei könnte die Bundesbankstatistik um den marktüblichen Zinssatz für geduldete Kontoüberziehungen erweitert werden. Damit wäre immer noch keineswegs ein voller Ersatz der den Kreditinstituten aus den säumigen Kreditverhältnissen entstehenden Kosten erreicht. Denn es ist eine allgemeine Erkenntnis, daß die nicht erstattungsfähigen (internen) Kosten der Eintreibung eines säumigen Kredits um ein Vielfaches höher sind als die Kosten der Gewährung und Abwicklung eines normal zurückgeführten Kredits. Diese Kosten wären auch bei dieser Regelung von den Kreditinstituten zu tragen und letztendlich im Rahmen des Gesamtgeschäfts auszugleichen.

3. *Überziehungsprovision*

In seiner ersten richtungweisenden Entscheidung zur Verzugsschadensproblematik hat der BGH erklärt, für die Zeit des Verzuges könne sich eine Bank nicht mehr auf eine Vertragszinsvereinbarung stützen. Ob sie dann noch Überziehungszinsen, -gebühren oder -provisionen verlangen könne, sei allein nach den gesetzlichen Regelungen über die Verzugsschadensberechnung zu bestimmen[31]. Diese Rechtsprechung hat der BGH in einer Entscheidung vom 1.6.1989 bestätigt[32]. Hieraus hat die Verbraucher-Zentrale

31 BGH NJW-RR 1986, 205 = WM 1986, 8 (10) = WuB I E1.-5.86 *Emmerich.*
32 BGH WM 1989, 1011 = NJW-RR 1989, 947 = WuB I E4.-6.89 *W. Weber.*

Nordrhein-Westfalen den allgemeinen Schluß gezogen, die *Berechnung von Überziehungsprovisionen* sei generell rechtswidrig[33]. Das LG Düsseldorf[34] ist dem gefolgt. Dabei wird übersehen, daß die Kontoüberziehung im Rahmen des allgemeinen Kontovertragsverhältnisses stattfindet und somit Nr. 14 Abs. 3 der AGB Anwendung findet. Das Kreditinstitut, welches die Kontoüberziehung zuläßt, ist daher im Rahmen seines billigen Ermessens berechtigt, Überziehungsprovision bei nicht abgesprochenen Kontoüberziehungen zu berechnen. Auch das VerbrKG läßt in § 5 Abs. 2 eine „geduldete Überziehung" zu. Richtiger Auffassung nach dürfte es sich hier auch nicht um eine Schadenspauschalierung nach § 11 Nr. 5 AGBG handeln, sondern um eine reine Preisvereinbarung i.S. v. § 8 AGBG, die schon deswegen einer Kontrolle nach den Grundsätzen der § 9 ff. AGBG entzogen ist. Der Auffassung des LG Düsseldorf haben zwischenzeitlich das OLG Hamm[35] und das LG Aachen[36] widersprochen.

4. *Übermäßige Belastung und Aufklärungspflicht der Bank*

Insbesondere von den Instanzgerichten ist immer wieder entweder die *Unwirksamkeit von Verträgen* nach § 138 BGB oder § 310 BGB oder eine *Schadensersatzpflicht* des kreditgebenden Instituts aus culpa in contrahendo wegen Verletzung seiner Aufklärungspflicht festgestellt worden, wenn entweder der Darlehensnehmer selbst oder, noch häufiger, ein mithaftender Bürge oder Mitschuldner wegen angeblicher Unerfahrenheit in eine Übeschuldungssituation geraten war. Dieses hat der BGH vor allem für den Bürgen in einer Entscheidung vom 28.2.1989[37] aber auch für den Mitschuldner in einer Entscheidung vom 16.3.1989[38] abgelehnt. Er hat diese Rechtsprechung in einer Entscheidung vom 16.11.1989[39] bestätigt und klargestellt, daß Veränderungen in der Sphäre der Schuldner von diesen zu tragen sind und die Bank insoweit keine Aufklärungspflicht hat. Es sei insbesondere auch nicht darauf abzustellen, ob jeder einzelne der Mitschuldner allein imstande sei, die Verpflichtungen aus dem Kreditvertrag zu erfüllen. Anders kann die Lage sein, wenn die kreditgebende Bank erkennt, daß der Antragsteller hoffnungslos überschuldet ist, er dieses aber selber nicht erkennt[40], wenn sie al-

---

33 So auch *Kilimann*, NJW 1990, 1154 ff.

34 LG Düsseldorf WM 1990, 1535.

35 OLG Hamm WM 1991, 182 = DB 1991, 381; vgl. auch LG Freiburg ZIP 1991, 579; LG Traunstein WM 1991, 850 = WuB I A.Nr. 14 AGB-Banken 6.91 *Irmen*.

36 LG Aachen WM 1991, 189 = WuB I A.Nr. 14 AGB-Banken 4.91 *Gößmann*.

37 BGH WM 1989, 480 = WuB I F1a.-12.89 *Schröter* = NJW 1989, 1276; auch BGH, 19.1.1989, WM 1989, 245 = NJW 1989, 830.

38 BGH WM 1989, 595 = NJW 1989, 1665 = LM § 138 [Bc] BGB Nr. 59 = WuB I E2b.-11.89 *v. Rottenburg*.

39 BGH WM 1990, 59 = NJW 1990, 1034 = WuB I E1.-5.90 *Emmerich*.

40 BGH WM 1989, 595 = NJW 1989, 1665 = LM § 138 [Be] BGB Nr. 59.

so bewußt eine für den Kreditnehmer aussichtslose Situation geschaffen hat. Dieser Grundgedanke war auch maßgebend für die jüngste Entscheidung des BGH, in welcher die Haftung einer vermögenslosen Ehefrau als Mitantragstellerin verneint wurde[41]. Ebenso kann eine Aufklärungspflicht der Bank sich aus ihrer Sphäre ergeben. So hat der BGH für den Fall der Verbindung eines Festkredites mit einer Lebensversicherung anstelle eines Ratenkredits eine solche Aufklärungspflicht bejaht, weil nur die Bank in dem konkreten Vertrag erkennen konnte, um wieviel teurer die Verbindung von beiden gegenüber dem reinen Ratenkredit war[42]. Diese Rechtsprechung hat der BGH in einem Urteil vom 3.4.1990 bestätigt, in dem er generell bei dieser Finanzierungsform eine Aufklärung über die speziellen Nachteile und Risiken verlangt hat[43]. Ebenso hat der BGH der Bank eine Aufklärungspflicht über die besonderen Nachteile und Risiken des „Idealkredits" auferlegt[44,45]. Diese Rechtsprechung dürfte für die Kreditwirtschaft insgesamt hinnehmbar sein, wenn auch erhöhte Beratungsanforderungen an die Kreditberater zu erwarten sind und die Bank in Beweisschwierigkeiten kommen kann, wenn sie den Nachweis erbringen muß, daß sie ihrer Aufklärungspflicht nachgekommen ist.

5. *Transparenzgebot*

Die Entscheidung des BGH vom 24.11.1988 zur Zinsberechnung bei *Annuitätendarlehen*[46] hat zwar seit Inkrafttreten der Preisangabeverordnung für Neuverträge keine Bedeutung, brachte jedoch den Kreditinstituten für die Beurteilung von Altverträgen erhebliche Anwendungsprobleme. Das Gericht hat lediglich in dem konkreten Fall die Bestimmung, wonach ungeachtet unterjähriger Tilgungsleistungen die Zinsen nach dem Endsaldo des vorangegangenen Jahres zu berechnen sind, für intransparent und gem. § 9 AGBG unwirksam erklärt. Hier haben die Urteilsgründe den Schluß nahegelegt, dass es sich um eine Einzelfallentscheidung handelte und anderslautende AGB-mässige Bestimmungen wirksam sein können, wenn die Klausel über die Tilgungsleistungen und den für die Verzinsung maßgeblichen Saldo in unmittelbarer Abfolge stehen. Dementsprechend hat eine Vielzahl von Instanzgerichten entsprechende Klauselwerke für transparent und wirksam erklärt. Alle Mutmaßungen hierüber sind aber durch die Entscheidung des BGH vom 10.7.1990[47] hinfällig geworden. Offensichtlich verlangt der

41 BGH WM 1991, 313.
42 BGH WM 1989, 665 = WuB I E1.-8.89 *Münstermann*.
43 BGH NJW 1990, 1844 = WM 1990, 918 = WuB I E1.-18.90 *v. Rottenburg*.
44 BGH WM 1991, 179 = WuB I E2b.-4.91 *Kessler*.
45 Zur Bankenhaftung *von Heymann*, Bankenhaftung bei Immobilienanlagen, 5. Aufl., Frankfurt 1991.
46 BGHZ 106, 42 = WM 1988, 1780 = NJW 1989, 222 = WuB I E4.-2.89 *Canaris*; vgl. dazu *Bruchner*, WM 1988, 1873 ff.
47 WM 1990, 1367 = WuB I E4.-12.9 *Westermann*.

BGH in dem letztgenannten Urteil einen ausdrücklichen Hinweis auf die zinssteigernde Wirkung dieser Berechnungsmethode.

6. *Disagio als laufzeitabhängige Vergütung und Zinsersatz*

Gerade bei Annuitätendarlehen wird häufig ein *Disagio* vereinbart, das nach der in der Kreditwirtschaft lange Jahre herrschenden Auffassung als zulässig vereinbartes Entgelt für die Zinsfestschreibung und damit als laufzeit*unabhängige* Vergütung angesehen wurde. Für diese Auffassung konnte sich die Kreditwirtschaft auf eine Entscheidung des BGH vom 2. Juli 1981[48] berufen. In seinem Urteil vom 1.6.1989, das man als Einzelfallentscheidung hätte ansehen können, hat der BGH demgegenüber ein Disagio trotz entgegenstehender (formularmässiger) Vertragsbedingungen als laufzeitabhängigen Zins qualifiziert[49]. In seiner Entscheidung vom 29.5.1990 geht er jedoch über das Urteil von 1989 hinaus[50]. Es besagt im Ergebnis, dass die Qualifizierung des Disagios als laufzeitunabhängiges Entgelt durch AGB schlechthin nicht mehr möglich ist. In der Entscheidung von 1989 hat der BGH übrigens - angesichts der Ausführungen von Karsten Schmidt[51] erstaunlich apodiktisch - die Aussage getroffen, § 248 Abs. 1 BGB verbiete auch die Einbeziehung des Disagios in den zu verzinsenden Betrag. Diese Auffassung bedarf wohl noch einer näheren Diskussion.

7. *Unwirksamkeit unbeschränkter Lohnzession*

Für die Kreditwirtschaft ebenso überraschend war die Entscheidung des BGH vom 22. 6. 1989, mit der er die uneingeschränkte *Lohnabtretung* bei Konsumentenkrediten für unwirksam erklärt hat[52]. Denn auf dieser Sicherheit basierte das überwiegende Konsumentenkreditgeschäft. Die Folge war, daß ein großer Teil der Konsumentenkredite völlig unbesichert sind. Dieser Mangel kann, wenn nicht eine neue, der BGH-Entscheidung entsprechende Lohnzession hereinzuholen ist, nur unter Zuhilfenahme der Gerichte, d.h. durch Erwirkung von Pfändungs- und Überweisungsbeschlüssen aus vollstreckbaren Titeln geheilt werden.

---

48 BGHZ 81, 124 = WM 1981, 839 = NJW 1981, 2181; vgl. auch BGH WM 1985, 686 (687) = WuB I E1.-13.85 *Schröter* u. WM 1986, 156 [157] = WuB I E1.-10.86 *Emmerich*; vgl. Fn. 15.
50 ebenda.
51 *K. Schmidt*, in Staudinger, BGB 12. Aufl., Berlin 1983, § 248 BGB, Rn. 12.
52 Vgl. Fn 16.

IV. *Verbraucherkreditgesetz (VerbrKrG)*

Einen teilweisen Schlußstrich unter die dargestellte Rechtsprechung soll nach der Intention des Gesetzgebers das *Verbraucherkreditgesetz* ziehen. Obgleich der eigentliche Zweck des Gesetzes die Umwandlung der EG-Verbraucherrichtlinie in nationales Recht war, ist der Gesetzgeber über dieses primäre Ziel weit hinausgegangen und hat ein umfangreiches Verbraucherkreditrecht geschaffen, indem er auch bestehende gesetzliche Regelungen - evtl. unter verbraucherschützender Änderung - einbezogen hat. Das Gesetz, auf dessen Regelungen hier nicht im einzelnen eingegangen werden soll[53], hat während des Gesetzgebungsverfahrens erhebliche Änderungen erfahren. Insbesondere wurde sein Geltungsbereich auf Existenzgründungsdarlehen bis DM 100 000,–, alle Finanzierungsleasingverträge und Immobiliarfinanzierungen ausgedehnt. Diese Erweiterungen wurden nach entsprechenden Empfehlungen aus dem Bundesrat von dem Bundestag erst in seiner Sitzung am 30. 10. 1990 aufgenommen und ohne die unbedingt erforderlich gewesene Feinabstimmung „durchgepaukt", mit der Folge, daß das Gesetz nunmehr zahlreiche Ungereimtheiten und Unstimmigkeiten enthält, die dringend einer Klärung durch die Gerichte - wenn nicht sogar einer Korrektur durch den Gesetzgeber bedürfen. Diese zahlreichen Unklarheiten führen zu Risiken im Kreditgewerbe, die von diesem nicht zu tragen sind. Die Folge kann sein, daß die Kreditinstitute entweder aus Gründen des Wettbewerbs diese Risiken eingehen und versuchen, sie über den Preis abzudecken, soweit dieses rechtlich zulässig ist; oder sie vermeiden jedes Risiko unter Inkaufnahme der geschäftlichen Nachteile. Es versteht sich von selbst, daß dieses auch zu Nachteilen für den Verbraucher führen kann.
Wichtigster Mangel des Gesetzes ist, daß entgegen der EG-Richtlinie seine Anwendbarkeit betragsmäßig nach oben nicht beschränkt wurde. Das führt dazu, daß „Verbraucher" im Sinne des Gesetzes von dem Gesetz geschützt werden, auch wenn sie von der Rechtsprechung als nicht schutzbedürftig angesehen werden. Die Konsequenzen dieser Abweichung von der EG-Richtlinie hat der Gesetzgeber offensichtlich in der Eile, mit der noch zu einem sehr späten Zeitpunkt bedeutsame Änderungen zum Regierungsentwurf in das Gesetz eingefügt wurden, nicht erkannt.
Besonders belastend für das Kreditgewerbe war auch, daß zwischen der Verkündung des Gesetzes und seinem Inkrafttreten weniger als zwei Wochen lagen, die wegen des Jahresendes noch in ein für die Erledigung von Zusatzaufgaben sehr ungünstige Zeit fielen. Notwendige Folge war, daß die

53 Dazu neben dem Referenten-Kommentar von *Seibert,* (Fn. 10) und dem Kommentar von *Vortmann* (Fn. 10); *Bülow*, NJW 1991, 129; *Reinking-Nießen*, ZIP 1991, 79; *Scholz*, DB 1991, 215; *Zahn*, DB 1991, 81; *Huff*, WM 1990, 1988; *Braun*, WM 1991, 165; *Münzberg*, WM 1991, 170; *Driessen*, ZgKW 1991, 8; *Slama*, WM 1991, 569; *Martens*, Die Bank 1991, 278; *Grisebach*, Ratgeber zum Verbraucher-Kreditrecht, Planegg/München 1991.

Kreditinstitute bei zahlreichen Zweifelsfragen bewußt Risiken in Kauf nehmen mußten. Ob tatsächlich der Gesetzesbedarf in den neuen Bundesländern dieses erforderte[54], erscheint zumindest nicht zwingend.

54 Begründung zu der vom Bundestag verabschiedeten Fassung (Empfehlung des Rechtsausschusses BT Drucks. 11/8274 S. 22).

Podiumsdiskussion Verbraucherkreditrecht

Leitung: Dr. Thorwald Hellner, Chefsyndikus und stellv. Hauptgeschäftsführer des Bundesverbandes deutscher Banken e.V., Köln

Teilnehmer:
Dr. Gerhard Halstenberg
Richter am Bundesgerichtshof, Karlsruhe

Dr. Günter Hörmann
Arbeitsgemeinschaft der Verbraucherverbände, Bonn

Dr. Franz Joseph Scholz
Bankdirektor a. D., Freiburg

Professor Dr. Harm Peter Westermann
Universität Tübingen

Dr. Gerhard Halstenberg,
Richter am Bundesgerichtshof, Karlsruhe

Ich habe natürlich auch ein Statement vorbereitet. Ich will aber doch vorher - weil ich davon ausgehe, daß das für Sie ohnehin interessanter ist - auf einige der Fragen eingehen, die hier eben angesprochen worden sind, insbesondere von Herrn *Schlaus* „gemäßigt kritisch" gegenüber unserer Rechtsprechung. Dabei muß ich Sie allerdings enttäuschen, wenn Sie glauben, aus meinen Worten den zukünftigen Gang der Rechtsprechung herauslesen zu können.
Zu dem Punkt, der offenbar für die Bankwirtschaft der explosivste ist: Transparenzgebot und Hypothekenzinsberechnung, muß ich mich einer Stellungnahme ganz enthalten, nicht nur, weil es dabei um eines der AGB-Probleme geht, die erst heute nachmittag behandelt werden sollen, sondern vor allem auch deswegen, weil vom XI. Zivilsenat in drei Wochen über eine zweite der zahlreichen verschiedenen Klauselfassungen zu entscheiden sein wird[1]; Sie werden verstehen, daß ich als Mitglied dieses Senats jetzt Zurückhaltung üben muß.

1 WM 1990, 1367 = WuB I E 4. - 12.90 *Westermann*.

Nur einige Worte zum Disagio: Das neue Urteil, das bereits durch die Presse ging und in Kürze in den Fachzeitschriften veröffentlicht werden soll[2], wird darüber Klarheit schaffen, daß AGB-Klauseln, die grundsätzlich und undifferenziert das Disagio zu den Kapitalbeschaffungskosten rechnen und entsprechend behandeln, nach § 9 AGB-Gesetz unwirksam sind und daß ein Disagio im Zweifel als laufzeitabhängiger Zins angesprochen werden muß. Ich kann verstehen, wenn Sie das als Kehrtwendung um 180 Grad gegenüber der Rechtsprechung von 1981 empfinden werden.
Ein dritter Punkt: Herr *Schlaus* hat die Überziehungsprovision angesprochen. Für die Zeit *nach* Verzugseintritt scheint mir eindeutig geklärt zu sein, daß die Überziehungsprovision nicht in den Verzugsschaden hineingenommen werden kann. Ungeklärt ist in der höchstrichterlichen Rechtsprechung die Zeit *vor* Verzugseintritt. Wie diese Frage zu gegebener Zeit zu lösen sein wird, dazu möchte ich mich hier nicht äußern.
Schließlich wäre zu dem neuen Gesetz zum Verbraucherkredit noch viel zu sagen, mehr, als die mir zustehende Zeit erlaubt. Es drängt mich, wenigstens einen Punkt noch anzusprechen, in dem ich früher bereits den Referentenentwurf kritisiert habe: Die Widerrufsregelung des § 7 VerbrKrG halte ich wegen der Einschränkung in Abs. 3, die hier heute als sachgerecht begrüßt worden ist, für ein „Windei". Von einem Widerrufsrecht wird nach den bisherigen Statistiken ohnehin nur in 2% der Fälle Gebrauch gemacht. Nun soll nach § 7 Abs. 3 VerbrKrG der Widerruf auch noch entfallen, wenn jemand nach zwei Wochen das Geld nicht zurückzahlen kann, weil er es ausgegeben hat und sich auch nicht anderweitig wieder besorgen kann. Kredit wird doch aufgenommen, um das Geld sofort auszugeben. Man mag darüber streiten, ob es gerecht ist, daß jemand, der das Geld nicht zurückgeben kann, trotzdem am Vertrag nicht festgehalten werden will. Eindeutig erscheint mir aber, daß dem ganzen Widerrufsrecht durch Abs. 3 noch der Rest an praktischer Bedeutung genommen wird. Das schmerzt mich besonders, wenn das neue Gesetz als Spezialregelung gegenüber dem Haustürwiderrufsgesetz gelten soll; so habe ich den Entwurf bisher verstanden. Das bedeutet nämlich: Auch wenn es nicht nur um das neue allgemeine, jedem zustehende Widerrufsrecht geht, sondern wenn der Widerruf seinen sachlichen Grund in Besonderheiten der Vertragsanbahnung hat – wie beim Haustürwiderrufsgesetz –, soll dem Betroffenen das Widerrufsrecht, das er nach der bisherigen Regelung uneingeschränkt hatte, nunmehr genommen werden, wenn er nicht sogleich das Geld auf den Tisch legen kann. Das ist ein ausgesprochener Rückschritt gegenüber dem, was das Haustürwiderrufsgesetz gebracht hatte. Diese Neuregelung halte ich nicht für sachgerecht.
Ich komme nun zu dem Punkt, zu dem ich an sich sprechen wollte. Es ist der Fragenkreis, der den Bundesgerichtshof im Bereich des Verbraucherkre-

2 WM 1990, 1150 = WuB I E 4. – 9.90 *W. Weber*.

ditrechts bisher am stärksten beschäftigt hat. Er wird durch das neue Gesetz, trotz der Stellungnahme des Bundesrats, nicht geregelt, wird aber seine Bedeutung behalten und in Bezug auf die ehemalige DDR sogar noch steigern: der Bereich der Wirksamkeitskontrolle von Ratenkreditverträgen nach § 138 Abs. 1 BGB mit den Folgeproblemen wie Bereicherungsansprüche, Kettenkreditverträge, Rechtskraftdurchbrechung bei Titeln aus sittenwidrigen Verträgen.

Wenn ich zehn bis zwölf Jahre zurückblicke - das erste BGH-Urteil zum Verbraucherkredit erging im November 1978, ich war damals noch nicht im erkennenden Senat -, dann verstehe ich, was ich neulich in der Besprechung eines der jüngsten Urteile las, den Ausruf nämlich: Wer hätte sich bei Beginn dieser Rechtsprechung 1978 träumen lassen, was daraus entstanden ist! Ich glaube, ich trete meinen älteren Richterkollegen nicht zu nahe, wenn ich sage, auch sie haben damals nicht erwartet oder gar geplant, was sich inzwischen entwickelt hat. Auch der Bundesgerichtshof hat ja in den ersten Jahren versucht, über das Schlüsselwort „Gesamtwürdigung aller subjektiven und objektiven Vertragsumstände" dem Richter die Möglichkeit zu geben, frei von starren Regeln für jeden Einzelfall eine befriedigende Lösung zu finden; so war es in sonstigen Anwendungsfällen des § 138 BGB üblich gewesen in Bereichen, in denen es wirklich nur um einzelne Verträge ging. Was heute vorliegt, ist dagegen ein höchst kompliziertes, sehr differenziertes System von Regeln, Richtwerten, Ausnahmen, Gegenausnahmen, ein System, das zu überschauen und anzuwenden schon erhebliches Spezialwissen erfordert. Diese Entwicklung ist erstaunlich, wenn man sich vergegenwärtigt, daß sie sich ohne jede Mitwirkung des Gesetzgebers, praktisch im gesetzesfreien Raum vollzogen hat. Was wir hatten, waren Generalklauseln, also Leerformeln, die von der Rechtsprechung mit Inhalt gefüllt worden sind: Neben § 138 sind § 242 und § 826 BGB zu nennen, § 242 etwa als Grundlage der Vertragsanpassung bei Kettenkreditverträgen, § 826 für die Rechtskraftdurchbrechung bei Vollstreckungsbefehlen. Generalklauseln, Leerformeln sind gefüllt worden mit einem dichten Regelwerk.

Diese Entwicklung kann ich nicht bedauern; ich war ja selbst an ihr beteiligt. Sie scheint mir notwendig gewesen zu sein. Man kann Konflikte, die in vieltausendfacher Wiederholung aus einem standardisierten Mengengeschäft erwachsen, nicht der Einzelfallentscheidung und nicht dem einzelnen Instanzrichter überlassen. Wenn man dem Gebot der Rechtssicherheit und der gleichmäßigen Rechtsanwendung genügen will, muß man fordern, daß letztlich das Revisionsgericht Vorgaben gibt, die diese Rechtssicherheit und die Gleichmäßigkeit der Rechtsanwendung gewährleisten. Dabei sind vielfach Regelungen notwendig geworden, denen - ich will es vornehm ausdrücken - mehr ein Willensakt als ein Erkenntnisakt zugrunde lag. Primitiver gesagt: Manche Regelungen mögen demjenigen, der davon negativ betroffen ist, willkürlich erscheinen. Das mag unbefriedigend sein, ich halte es aber für unvermeidbar. Als Beispiel: Ich wurde eben in der Pause gefragt, wie wir beim Richtwert für die absolute Zinsüberschreitung auf 12% gekommen seien; bei den 100% als Richtwert für die relative Zinsüberschreitung stellt sich im übrigen die gleiche Frage. Ich kann Ihnen nicht überzeugend begründen, warum die absolute Grenze nicht bei 11,5% oder 13,2% liegt und die relative gerade bei 100%. Wenn man erkennt und anerkennt, daß irgendwo in der Breite der Möglichkeiten eine Grenzziehung erfolgen muß, dann muß man sich - nolens volens - für einen bestimmten Wert entscheiden. Wir als Revisionsrichter sind dankbar für die Möglichkeit, in einem solchen Fall solange zu warten, bis sich in den Instanzen eine communis opinio, jedenfalls annähernd, herausgebildet hat. So haben wir letztlich auch bei den 12% diesen Schritt getan.

Natürlich hätten Regelungen des Gesetzgebers in solchen Punkten mehr Legitimationsgrundlage geschaffen, aber der Gesetzgeber ist - ich glaube: aus gutem Grund - nicht tätig geworden. Im übrigen wäre es dem Gesetzgeber wohl aus verfassungsrechtlichen Gründen auch unmöglich gewesen, für Verträge, die bereits früher abgeschlossen worden waren, vernünftige Regelungen zu finden. Das konnte nur die Rechtsprechung, gestützt auf vorhandene Generalklauseln.

Zum Inhalt unserer Rechtsprechung zu § 138 BGB nur noch einige Worte: Ich lese immer wieder - durchaus mit gewissem Verständnis - die Kritik, der BGH habe einen Zickzackkurs gesteuert. Richtig daran ist, daß wir uns nie generell auf die Seite einer der beteiligten Interessengruppen geschlagen haben. Es wäre sicher leichter gewesen, von vornherein als Richtpunkt ein Höchstmaß an Verbraucherschutz anzupeilen, streitige Fragen also im Zweifel für den Konsumenten zu lösen. Für die Gegenposition gilt das gleiche; dabei lassen sich Bankinteressen oft mit zivilrechtlich geheiligten Begriffen wie Vertragsautonomie und Vertragstreue bedecken. Die Rechtsprechung ist diesen Weg nicht gegangen, sondern hat ständig versucht, einen Ausgleich der Interessen zu finden, einen mittleren Kurs zu steuern.

So finden sich in einzelnen Urteilen Kompromißlösungen, obwohl Extremlösungen manchmal dogmatisch besser zu begründen gewesen wären und größere Klarheit geschaffen hätten. Nehmen Sie als Beispiel § 826 BGB als Grundlage einer beschränkten Rechtskraftdurchbrechung bei Vollstrekkungsbescheiden. Die Lösung, eine volle Überprüfung zu gestatten, also einfach die Rechtskraft beiseite zu schieben, hätte viel für sich gehabt; das Gegenteil - Unantastbarkeit der Rechtskraft - natürlich auch. Wofür wir uns entschieden haben, war ein Mittelkurs, ein Kompromiß, von dem ich nur hoffe, daß die Praxis damit zurecht kommt.

Manchmal wird dieser Mittelkurs auch erst erkennbar, wenn man mehrere Entscheidungen aus einem längeren Zeitraum zusammen sieht. Lassen Sie mich als Beispiel die Frage der Rückwirkung der neuen Rechtsprechung zu § 138 Abs. 1 BGB nennen. Zunächst erging 1983 die damals vom Bankgewerbe viel beklagte und beim Verfassungsgericht angefochtene Entscheidung, nach der die neue Rechtsprechung zur Sittenwidrigkeit auch für Verträge gilt, die bereits früher geschlossen worden waren. Nur an solchen Verträgen ist diese Rechtsprechung doch überhaupt entwickelt worden. Später folgten die Entscheidungen zur Verjährung der Bereicherungsansprüche; dadurch wurden die Folgen der Rückwirkung begrenzt. In ihrem Zusammenwirken ergaben diese Entscheidungen den Interessenausgleich, den wir erstrebten. Ähnliches gilt für die Bestimmung des Verzugsschadens der Banken. Hier hat der BGH einerseits der Beschränkung auf die Refinanzierungskosten eine Absage erteilt, andererseits aber eine Schadensberechnung vorgeschrieben, die, am variablen Marktzins orientiert, zu Verzugszinssätzen führt, die erheblich unter den vorher üblichen liegen.

Die bisher gefundenen Lösungen sind sicher verbesserungsfähig. Von den Problemen, die von der Rechtsprechung noch besser bewältigt werden müssen, lassen Sie mich nur eins nennen, das heute morgen bereits angesprochen worden ist: die Aufnahme von Darlehen, deren Rückzahlung und Verzinsung das Leistungsvermögen des Schuldners eindeutig übersteigen, insbesondere die Mitverpflichtung leistungsschwacher Ehegatten, Kinder, Lebensgefährten des Darlehensnehmers. Ich meine: Hierzu ist, abgesehen von den anhängigen Verfassungsbeschwerden, auch das letzte Wort des Bundesgerichtshofs noch nicht gesprochen.

Andere Verbesserungen müßten vom Gesetzgeber ausgehen. Ich denke etwa an den Verzugszins. Ich gebe durchaus zu, daß die Berechnungsart, die wir aufgrund des geltenden Gesetzes glaubten fordern zu müssen, nicht nur den Banken, sondern auch den Richtern praktische Schwierigkeiten bereiten kann. Deshalb begrüße ich es, wenn der Gesetzgeber hier eingreift. Die im Entwurf des Verbraucherkreditgesetzes vorgesehene Regelung, die den Verzugszins an den Diskontsatz bindet, halte ich für praktikabel. Im Streit ist noch, um wieviel Prozent der Verzugszins über dem Diskontsatz liegen soll. Ich bin froh, daß ich diese Entscheidung nicht zu treffen habe. Hier muß der Gesetzgeber Farbe bekennen, ob er die Interessen der Verbraucher oder der Geldinstitute höher bewerten will.

Dr. Günter Hörmann,
Arbeitsgemeinschaft der Verbraucherverbände, Bonn

Ich freue mich, daß ich als Verbrauchervertreter an diesem Podium zum Verbraucherkreditrecht teilnehmen kann. Nur, wenn ich in diese Turnhalle schaue, und dann feststelle, daß die Mannschaftsstärke der Verbrauchervertreter gegenüber dem Bankenteam sehr unterentwickelt ist, dann kann ich nur hoffen, daß sich dieses im Zuge der Entwicklung der Bankrechtlichen Vereinigung ändern wird und wir zukünftig weiterhin lebhafte Diskussionen haben werden.

Ich möchte beginnen mit der bereits aufgeworfenen Frage: „Besteht überhaupt ein Handlungsbedarf für den Gesetzgeber?" Ich beginne in dieser Juristentagung mit etwas Unjuristischem und zwar mit sozialen und ökonomischen Fragen. Wir müssen feststellen, daß die Verbraucherverschuldung andauert und teilweise stark zunimmt. Es wurde bereits die Zahl von 240 Milliarden ausstehendem Konsumentenkreditvolumen erwähnt. Die Bundesbank hat darauf hingewiesen, daß im letzten Vierteljahr dieses Volumen um 2,4% gestiegen sei. Im Vergleich zum Hypothekenkredit sowie dem gesamten Kreditvolumen war dies ein deutlich stärkerer Anstieg. Nun ist Verbraucherverschuldung, also Konsumentenkreditaufnahme, auch aus meiner Sicht noch kein verbraucherpolitisches Problem. Doch dieses Phänomen trifft mit anhaltend hoher Arbeitslosigkeit und einer steigenden Scheidungsquote zusammen, und wir wissen aus Untersuchungen, daß diese Faktoren zumindest Auslöser von Zahlungsverzug sind und unter Umständen dann auch von Überschuldung. Wenn man vorsichtig annimmt, daß ein Drittel der bundesdeutschen Haushalte Ratenkredite aufgenommen haben und wenn man eine Kündigungsquote von 2 % dieser Kreditverträge zugrunde legt, dann kommt man auf eine Mindestzahl von 200 000 bis 250 000 Haushalten, die mit gekündigten Ratenkrediten leben und daran hängen dann etwa eine halbe Million Menschen. Es ist also ein erheblicher Anteil der Bevölkerung, der von problematischen Konsumentenkreditverträgen betroffen ist. Die Kündigung ist ja deshalb so prekär für die Betroffenen, weil sie derzeit mit der Gesamtfälligstellung des Kredites verbunden ist. Wir sehen die Gesamtfälligstellung von Kreditverträgen aus unserer Praxis der Verbraucherberatung als das Fundament des modernen Schuldturms an. Jedenfalls unter den gegenwärtigen rechtlichen Regelungen; denn ein Verbraucher, der seine Rate nicht mehr zahlen kann, weil er arbeitslos geworden ist, kann natürlich erst recht nicht die gesamte Restschuld zahlen. Auf diese Restschuld werden dann aber sämtliche Verzugsfolgen berechnet.

Es kommt ein zweiter Gesichtspunkt hinzu, nämlich die Entwicklung in der DDR. Schon jetzt sehen wir anhand aktueller Phänomene, daß hier eine erhebliche Kreditverschuldung zu erwarten ist. Dies liegt zum einen an dem Nachholbedarf der DDR-Bürger im Konsum, zum anderen an dem Kaufkraftüberhang, der dort traditionell herrschte und immer noch herrscht, in Form der Sparguthaben, die bald frei werden. Wir beobachten jetzt schon, daß Vorfinanzierungen vorgenommen werden, im Hinblick auf die freiwerdenden Sparguthaben, erste Rate zahlbar am 2. Juli. Die DDR-Bürger nehmen also hier im Westen diese Kredite auf. Zum Dritten ist die Markt- und Kreditunerfahrenheit der DDR-Verbraucher, die eben Festpreise, Angebotsmangel und niedrige Festzinsen gewöhnt sind. Ein freier Personalkredit ist in der DDR nicht vorhanden, was es gibt, ist ein, mit unseren Worten gesprochen, finanziertes Abzahlungsgeschäft, das im Zivilgesetzbuch sehr stark reglementiert war, durch Höchstzinsen, Mindestanzahlung, je nach dem zu finanzierenden Gut und eine strenge Zweckbindung. Die DDR-Bürger müssen sich auf ganz neue Produkte und ganz neue Kreditphänomene umstellen. Schließlich kommt die zu erwartende Arbeitslosigkeit hinzu, selbst nach Aussagen von Bundesminister Haussmann ist hier an Größenordnungen von 2 Millionen zu denken – und es ist eine offensive Marketingstrategie der Kreditinstitute zu erwarten, die natürlich versuchen werden, auch in der DDR langfristige Kundenbindungen zu erreichen. Schließlich möchte ich noch auf einen wichtigen Punkt hinweisen. Wir hatten bis vor kurzem einen weitgehend rechtsfreien Raum. Das Zivilgesetzbuch galt nach dem Staatsvertrag grundsätzlich weiter, aber andererseits auch das Abzahlungsgesetz. Grundsätzlich sind im Staatsvertrag die Preisregulierung aufgehoben und die Vertragsfreiheit verankert. Doch bei genauem Hinschauen stellt man fest, daß die staatliche Preisfestsetzung im Kreditbereich aufrechterhalten werden soll. Man fragt sich, wie soll Konsumentenkreditvergabe in der DDR ablaufen. Die nächste Frage ist, ob die Rechtsprechung des Bundesgerichtshofes dort anwendbar sein wird. Es sind also eine Fülle von Fragen offen und es herrscht große Rechtsunsicherheit, um nicht von einer rechtlichen Grauzone zu sprechen, die zumindest in der Übergangsphase auch uns in der jetzigen Bundesrepublik noch eine Weile beschäftigen wird.

Der dritte Gesichtspunkt, der für einen dringenden Handlungsbedarf spricht, ist darin zu sehen, daß der derzeitige Schutz nicht ausreichend ist. Es ist zwar zuzugestehen, daß die Rechtsprechung des Bundesgerichtshofes durchaus ein ausdifferenziertes System des Kreditnehmerschutzes im Verbraucherkredit enthält, das auch durch Initiative der Verbraucherverbände in Individualverfahren und Verbandsklagen mitgestaltet worden ist. Aber es klaffen doch noch empfindliche Lücken im gesamten Kreditnehmerschutz, die nicht durch die Rechtsprechung auszufüllen sind. Als Beispiel möchte ich den § 367 BGB erwähnen, den aus unserer Sicht fehlenden Kündigungsschutz und die zu niedrig angesetzten Kündigungshürden. Die Kündigungsklauseln sind natürlich von der Rechtsprechung auch jetzt schon am Maßstab des AGB-Gesetzes zu messen, aber hier sind Grenzen gesetzt. Wir meinen, daß hier im Gesetzgebungsverfahren unbedingt angesetzt werden sollte. Ein weiteres Beispiel ist die Verbraucherinsolvenz, die ja schon in

Angriff genommen worden ist, aber auch dieses Problem kann von der Rechtsprechung nicht erledigt werden. Hier bedarf es gesetzgeberischen Handelns. Ein vierter Bereich ist der Schutz der Bürgen und der mitunterzeichnenden Familienangehörigen bei Kreditverträgen, hier bedarf es auch gesetzlicher Eingriffe. Das jetzt ergangene Verbraucherkreditgesetz schließt meines Erachtens die Schutzlücken nicht. Es zielt zunächst einmal darauf ab, was den wichtigen Bereich des notleidenden Kredits angeht, daß die Folgen des Zahlungsverzugs und der Gesamtfälligstellung gemildert werden. Richtig wäre dagegen, die Gesamtfälligstellung des Kreditvertrages zu verhindern oder zu verzögern, d.h. also, beide Seiten möglichst lange in der Kreditbeziehung zu halten. Das Gesetz setzt dagegen die Kündigungshürden gegenüber dem Abzahlungsgesetz herunter. Die Sollvorschrift für das Gespräch zwischen Kreditgeber und Kreditnehmer ist als lex imperfecta unseres Erachtens nicht praktikabel. Ein spezifischer Kündigungsschutz ist nicht vorgesehen. Wir meinen, daß ein Kündigungsschutz denkbar wäre, etwa in der Form eines Widerspruchsrechtes des Kreditnehmers bei unverschuldeten Notlagen, wie Arbeitslosigkeit, Krankheit, mit der anschließenden Pflicht zur Vorlage eines Zahlungsplans für den Kreditnehmer, über dessen Angemessenheit dann das Gericht zu entscheiden hätte. Das wäre also unter dem Stichwort richterliche Vertragshilfe zu fassen. So etwas ist nicht aus der Luft gegriffen, sondern in Frankreich ist es so bereits vorgesehen. Wichtig ist also aus meiner Sicht: die Aufrechterhaltung des Kreditverhältnisses sollte Vorrang vor der Beendigung und Zerstörung dieser Beziehung haben. Dann ist noch der Aspekt Verzugsschaden angesprochen worden. Die Methode, die im Entwurf vorgesehen ist, halten wir für gut und praktikabel, nur der Umfang bedeutet eine deutliche Verschlechterung gegenüber der derzeitigen Rechtslage. Dies liegt an mehreren Elementen. Zum Ersten daran, daß derzeit nach der BGH-Rechtsprechung, wenn die Darlegungslast vom Kreditgeber nicht erfüllt ist, er auf dem gesetzlichen Zinssatz von 4% sitzen bleibt. Das ist durch die Neuregelung nicht mehr der Fall.

Zweitens, der Zuschlag von 5% zum Diskontsatz ist zu großzügig bemessen. Auch in der Begründung zum Regierungsentwurf wird der Zuschlag ausdrücklich als „großzügig" bezeichnet. Drittens, der Vertragszins kann vom Kreditgeber für fast die gesamte Laufzeit berechnet werden, derzeit nur für die Eigenkündigungsfrist des Kreditnehmers. Schließlich werden derzeit Zinseszinsen im Ratenkredit und damit im quantitativ größten Bereich des Konsumentenkredits nicht erhoben. Das VerbrKrG bietet hier geradezu einen Anreiz, erstmals Zinseszinsen zu erheben, auch wenn sie auf 4% begrenzt werden. Diese Elemente führen, zusammengenommen, auch unter Berücksichtigung der grundsätzlich zu begrüßenden Veränderung des § 367 BGB, dazu, daß der Kreditnehmer nach dem VerbrKrG nach Kündigung meistens mit stärkeren Restschulden dastehen würde als nach der derzeitigen Rechtslage. Wir haben dazu verschiedene Musterfälle durchgerechnet.

In einem Musterfall, der von der Verbraucherzentrale Nordrhein-Westfalen errechnet worden ist, ergab sich z. B., daß nach dem Verbraucherkreditgesetzentwurf die Restschulden 88 000,– DM betrugen, nachdem der Verbraucher acht Jahre 200,– DM regelmäßig gezahlt hatte. Nach der BGH-Rechtsprechung betrugen die Restschulden nur 66 000,– DM. Das sind sehr deutliche Unterschiede. Auch eine Musterberechnung des Instituts für Finanzdienstleistungen, die auf der Anhörung des Rechtsausschusses des Bundestages vorgestellt wurde, bestätigte diese Ergebnisse. Dort handelte es sich um einen kleineren Kredit und die Restschulden lagen bei 14 000,– DM nach dem Entwurf des VerbrKrG und 11 000,– DM nach BGH.

Dr. Franz Josef Scholz,
Bankdirektor a.D., Freiburg

Nicht weil es meinen besonderen Neigungen entspricht, sondern weil ich von den Veranstaltern darum gebeten wurde, möchte ich eingangs meiner Darlegungen auf die Behandlung der Kreditvermittlung im VerbrKrG kurz eingehen. Eigentlich muß man sich ja wundern, daß das Thema „Kreditvermittlung" in der Diskussion und in der Praxis immer noch eine so große Rolle spielt, und die Kreditwirtschaft muß sich fragen, was sie - trotz aller Bemühungen, die „Schwellenangst" abzubauen - hier versäumt hat oder immer noch versäumt, sind es doch nicht nur dubiose und überschuldete, sondern auch durchaus kreditwürdige und zahlungsfähige Kunden, die trotz höherer Kosten nicht den unmittelbaren Weg zur Bank, sondern zum Kreditvermittler gehen, wenn sie einen Kredit benötigen, und das auch nicht nur beim ersten Mal, sondern auch bei Wiederholungskrediten, wenn sie den Kontakt zu einer Bank oder Sparkasse schon haben und von dieser meist auch entsprechend umworben werden; dieselbe Frage kann man natürlich auch an die Aufklärungsarbeit der Verbraucherzentralen u. ä. Stellen richten. Dabei handelt es sich längst nicht mehr nur um ein Problem einer Institutsgruppe, etwa der Ratenkreditbanken, sondern - wie die Praxis und gelegentliche Veröffentlichungen und Urteile belegen[1] - der ganzen am Konsumentenkreditgeschäft beteiligten Kreditwirtschaft.

I. Ziel des VerbrKrG insoweit ist es, im Zusammenhang mit der Kreditvermittlung zutage getretene Mißstände einzudämmen, die sich in erster Linie in einer überhöhten Kostenbelastung für die Kreditsuchenden niederschlagen, insbesondere im Zusammenhang mit der - nicht selten vom Kreditvermittler angeregten - Umschuldung oder „Schuldenzusammenfassung" (die in bestimmten Fällen, vernünftig gehandhabt, durchaus auch für den Kreditnehmer sinnvoll sein kann, häufig aber nur zur Beschleunigung des sog. „Umschuldungskarussells" und zusätzlichen Provisionseinnahmen des Vermittlers beiträgt). Ob das Gesetz das bringt, was man sich von ihm erhofft, scheint mir keinesfalls sicher; ich habe selbst in der Vergangenheit an anderer Stelle wiederholt auf die mit der Kreditvermittlung verbundenen Probleme kritisch hingewiesen und auch entsprechende Vorschläge unterbreitet[2].

1 Vgl. z. B. *Kessler*, Probleme des Konsumentenkredits, Frankfurt 1985, insbes. S. 62 f., *Mackenthun*, Kreditvermittlung als Absatzweg der Kreditinstitute für Konsumentenkredite, Berlin 1985; Untersuchung der Stiftung Warentest in „test" 1985, H. 8, S. 27; *Zwanzig*, BB 1980, 1281; LG Frankfurt, BB 1985, 954; *Holzscheck-Hörmann-Daviter*, Praxis des Konsumentenkredits, Köln 1982, geben den Preisaufschlag durch Einschaltung von Kreditvermittlern bei Universalbanken mit 6,15%-Punkten, bei den Teilzahlungsbanken mit 4,95%-Punkten an (S. 116).

2 Z. B. in MDR 1977, 887; MDR 1981, 361; MDR 1982, 711; MDR 1989, 1054; „ORDO - Jahrbuch für die Ordnung von Wirtschaft und Gesellschaft", 32 (1981) 185 (192); Referat beim 53. Dt. Juristentag 1980 in Berlin (Sitzungsbericht K, München 1980, S. 35 ff., insbes. K 72 ff.).

Bei der gesetzlichen Neuregelung des Kreditvermittlungsvertrages geht es im wesentlichen um folgende Punkte (§§ 15–17 VerbrKrG):

1. Der Vermittlungsvertrag einschließlich Honorarvereinbarung muß zwingend in Schriftform abgeschlossen werden (was allerdings meist heute schon der Fall ist, insoweit also keine Verbesserung bringt), die Vergütung ist in einem %-Satz des Darlehensbetrages anzugeben; hat der Vermittler auch mit der Bank eine – auf den einzelnen Vertrag bezogene – Vergütung vereinbart, ist auch diese anzugeben. Das Vermittlerhonorar braucht also weder in absoluten DM-Beträgen genannt noch in seiner Auswirkung auf den effektiven Jahreszins ausgedrückt zu werden (was beides wohl aussagekräftiger wäre als ein %-Satz des Darlehens).

2. Die Vermittlungsvergütung wird streng erfolgsabhängig gestaltet: Es genügt nicht, daß die Bank das Darlehen zugesagt hat, weil die Auszahlung dann z. B. immer noch am Fehlen der verlangten Sicherheiten o. ä. scheitern kann; die Vergütung ist erst verdient und fällig, wenn das Darlehen ausgezahlt ist. Es fehlt aber eine Bestimmung, die sicherstellt, daß insbesondere bei Kreditaufstockungen das Vermittlerhonorar nur auf den neu bzw. zusätzlich dem Kunden zufließenden Betrag erhoben werden darf, weil auch nur insoweit eine neue Vermittlungsleistung erbracht wurde. Nebenentgelte dürfen nicht vereinbart werden – außer für „erforderliche Auslagen", sicher ein dehnbarer Begriff, der Anlaß zu Auseinandersetzungen bietet, wenn man beispielsweise daran denkt, daß vorgetragen wird, der Kreditinteressent habe einen Hausbesuch des Vermittlers gewünscht: Was kostet dies? War er „erforderlich"?

3. Die wirtschaftlich am ehesten greifende Bestimmung enthält § 16 Satz 2 VerbrKrG, der vorsieht, daß bei Umschuldungen mit Wissen des Kreditvermittlers ein Vergütungsanspruch nur entsteht, wenn sich der (ggf. anfängliche) effektive Jahreszins dadurch nicht erhöht; „bei der Berechnung des effektiven Jahreszinses für den abzulösenden Kredit bleiben etwaige Vermittlungskosten außer Betracht". In diesem letzten Halbsatz scheint mir – absichtlich? – ein Rechtsproblem versteckt zu sein, indem nämlich Ungleiches miteinander verglichen werden soll: Effektivzins beim abzulösenden Kredit, berechnet nach der PAngVO, aber entgegen dieser ohne Vermittlungskosten, Effektivzins beim Neukredit nach PAngVO berechnet, aber diesesmal verordnungsgemäß einschließlich Vermittlungskosten. Im praktischen Ergebnis wird durch die fiktive „Verbilligung" des abzulösenden Kredits der Neukredit, selbst in Zeiten gleichbleibender, ja selbst sinkender Zinssätze, immer teurer als der Altkredit, ein gewolltes Ergebnis, um Umschuldungen überhaupt zu verhindern, die man nicht einfach verbieten kann? Ich vermag nicht zu beurteilen, ob die Kreditvermittler mit ihrer angekündigten Verfassungsklage gegen diese sie bzw. ihre Tätigkeit diskriminierende Bestimmung Erfolg haben werden. Erfahrungsgemäß pflegen vermittelte Umschuldungskredite (abgesehen von nachhaltigen Zinssenkungsperioden) stets teurer zu sein als die Vorkredite, so daß es dieser eigenartigen Vergleichsbe-

rechnung nicht bedürfte, um zum selben Ergebnis zu gelangen. Abgesehen davon kann - selbst nach Meinung des in diesem Punkt doch sicher besonders kritischen BGH[3]) - auch eine gewisse Zinserhöhung durch den mit der Umschuldung verbundenen Entlastungseffekt (spürbare Ratenreduzierung) u. U. gerechtfertigt sein.

II. Lassen Sie mich noch einige Worte zu weiteren Themen sagen, die heute überhaupt noch nicht oder nur am Rande erörtert wurden[4]:

1. In § 7 Abs. 1 VerbrKrG ist ein allgemeines Widerrufsrecht für alle Verbraucherkredite mit Ausnahme der Überziehungskredite vorgesehen; läßt sich der Kreditnehmer nach Bewilligung das Darlehen sofort auszahlen oder verfügt er über den Kreditbetrag mittels Scheck, Überweisung oder sonstwie, gilt ein Widerruf als nicht erfolgt, wenn das Darlehen nicht binnen zweier Wochen zurückgezahlt ist (§ 7 Abs. 3 VerbrKrG). Dies ist eine sachgerechte Lösung, an der man unbedingt festhalten sollte. Allerdings hatte die von Herrn *Hadding* erwähnte Anhörung im Rechtsausschuß des Bundestages gezeigt, daß Bestrebungen bestanden, diese Bestimmung zu streichen, weil man sagte, wenn der Darlehensnehmer das Darlehen erst einmal hat, gibt er es natürlich auch gleich aus und begibt sich somit praktisch des Widerrufsrechts. Das aber soll nicht eintreten, vielmehr soll er auch widerrufen können, wenn er das Darlehen nicht mehr binnen 14 Tagen zurückzahlen kann.

Die Streichung wäre ein Vorschlag gewesen, der in höchstem Maße an Treuwidrigkeit gegrenzt hätte[5]: Angesichts sowohl der Rechtsprechung des BGH zum Verzugsschaden im Kreditgeschäft[6] wie auch der in § 11 VerbrKrG vorgesehenen Regelung könnte sich der Kreditnehmer damit von Anfang an einen wesentlich verbilligteren Kredit verschaffen. Wollte die Kreditwirtschaft sich hiergegen sichern und generell die Widerrufsfrist (+ Postlaufzeit!) abwarten, würde dies bedeuten, daß 98% der Kreditnehmer entsprechend lange auf ihr Darlehen warten müßten nur deswegen, weil möglicherweise 2% der Kreditnehmer[7] widerrufen könnten.

2. Zu den sog. „Verbundenen Geschäften": Was hierzu in § 9 geregelt ist, deckt sich zwar in vielem mit der bisherigen Rechtsprechung. Allerdings wird - im Gegensatz zum BGH - auch nach der Begründung ausdrücklich

3 Urteil vom 20. 2. 90, WM 1990, 534; zum Gesamtkomplex vgl. *Busch*, Umschuldung sittenwidriger Ratenkredite, Frankfurt 1990.

4 Ausführliche Stellungnahme des Referenten zum Entwurf des Verbraucherkreditgesetzes, MDR 1989, 1054 sowie zur EG-Verbraucherkreditrichtlinie unter Berücksichtigung des geltenden deutschen Rechts, MDR 1988, 730.

5 Vgl. Urteil zum analogen Sachverhalt LG Hamburg, WM 1986, 1504; OLG Düsseldorf, WM 1987, 599.

6 WM 1988, 929 und 1988, 1044.

7 So hoch ist etwa nach einem Erfahrungsbericht der Bundesregierung zur seinerzeitigen Novellierung des AbzG die Widerrufsquote bei (gewöhnlichen und finanzierten) Abzahlungsgeschäften (außer bei Zeitschriftenabonnements).

auf die Subsidiarität des Einwendungsdurchgriffs verzichtet, an der der BGH – trotz aller Modifikationen im Einzelfall – stets festgehalten hat. Bundesrichter *Halstenberg* hat dies in einem Aufsatz vor zwei Jahren ausdrücklich hervorgehoben[8]. Der Grundsatz der Subsidiarität sollte angesichts der Risiken, die hier nun in vermehrtem Umfang auf den Kreditgeber abgewälzt werden, beibehalten werden, insbesondere wenn man bedenkt, unter welch engen und umfangreichen Kautelen (additiv, nicht alternativ) die EG-Verbraucherkreditrichtlinie in ihrem Art. 11 Abs. 2 überhaupt die Einführung des Einwendungsdurchgriffs zwingend vorgeschrieben hat.
Ein weiteres Monitum an den Gesetzgeber: Die Definition des „verbundenen Geschäfts" in § 9 Abs. 1 VerbrKrG entspricht zwar der Definition des BGH, „wenn der Kredit der Finanzierung des Kaufpreises dient und beide Verträge als wirtschaftliche Einheit anzusehen sind", sie ist aber in ihrer Abgrenzung ebenso verschwommen und wenig präzise wie diese. Als Kreditgeber möchte man aber wegen der weitreichenden Konsequenzen vor Abschluß eines Geschäfts exakt wissen, wann dieses unter die Vorschrift fällt und wann nicht; diese Sicherheit ist angesichts der umfangreichen, noch immer andauernden Auseinandersetzungen in Literatur und Rechtsprechung nicht gegeben, auch der BGH hat sich zu einer erschöpfenden Aufzählung entsprechender Kriterien bisher nicht in der Lage gesehen[9]. Der Gesetzgeber ging überdies von falschen Voraussetzungen aus, wenn in der Begründung behauptet wird, Schwerpunkt der „verbunden Geschäfte" seien die früheren sog. B-Geschäfte mit Einreichervertrag zwischen Bank und Verkäufer, in dem eine Vereinbarung über die Risikotragung aus dem Einwendungsdurchgriff getroffen werden könnte. Diese Abwicklungsgestaltung gibt es jedoch nur noch ausnahmsweise, da – wie sicher auch Herr Dr. *Halstenberg* bestätigen kann – die Entwicklung darüber vielfach hinweggegangen ist. Der Gesetzgeber hätte im Interesse der Klarheit deshalb die Voraussetzungen und Grenzen des „verbundenen Geschäfts" besser eindeutiger definiert, wobei es beispielsweise genügt hätte, in § 9 Abs. 1 VerbrKrG das Wort „insbesondere" im 2. Satz zu streichen, wenn man wirklich nur oder in erster Linie die Vertragsform des B-Geschäfts hätte treffen bzw. erfassen wollen.
Schließlich sei in diesem Zusammenhang noch auf das Fehlen einer rechtlich klaren Anspruchsgrundlage für die finanziellen Ausgleichsansprüche des Kreditinstituts gegenüber dem Warenverkäufer beim Widerruf des verbundenen Geschäfts und seiner Rückabwicklung nach § 9 Abs. 2 VerbrKrG hingewiesen.
3. Weiters möchte ich die Frage des Verzugsschadens erwähnen, über den von anderen Referenten schon einiges gesagt wurde und wozu Herr *Hör-*

8 WM Sonderbeilage Nr. 4/1988 zu WM Nr. 21/1988, S. 14.
9 Vgl. zuletzt die Entscheidung vom 15. 5. 90, WM 1990, 1234, in der sich allerdings möglicherweise eine Grenze bzw. vielleicht sogar Lockerung der bisher eher auf ein „verbundenes Geschäft" hinauslaufenden Tendenz anzudeuten scheint.

mann, wenn ich das vorwegnehmen darf, sicher seine Berechnungen vorlegen wird, aus denen sich ergeben soll, daß die künftige gesetzliche Regelung für den Verbraucher ungünstiger sein soll als die jetzige Rechtslage[10]. In Wirklichkeit ist die in § 11 VerbrKrG angepeilte Regelung für die Kreditgeber wesentlich ungünstiger als die bisherige Rechtsprechung des BGH zum Verzugsschaden - ungeachtet ihrer mangelhaften Praktikabilität. Man muß nämlich, was in der Diskussion häufig „übersehen" wird, beachten, daß die einschneidenden Belastungen, die auf die Kreditwirtschaft zukommen, nicht nur darin bestehen, daß in § 11 Abs. 1 VerbrKrG der pauschalierte Verzugszinssatz auf maximal 5%-Punkte über dem Bundesbankdiskontsatz begrenzt wird; vielmehr wird in § 11 Abs. 2 VerbrKrG die Verzinsungsmöglichkeit der Zinsrückstände, die der BGH zutreffenderweise ebenfalls mit dem als allgemeinem Verzugsschaden vorgesehenen Durchschnittssatz zugestanden hat, auf 4% p.a. reduziert und daß schließlich die Umkehr der Verrechnungsfolge in § 11 Abs. 3 VerbrKrG gegenüber § 367 Abs. 1 BGB ebenfalls zu ganz erheblichen Mindereinnahmen für die Kreditgeber führt, die letztlich von den vertragstreuen Kunden z.G. der säumigen Kunden aufzubringen sind. Man muß also alle drei Faktoren zusammensehen, um das ganze Ausmaß der Belastungen der Kreditgeber zu erkennen.
Schließlich ist noch darauf aufmerksam zu machen, daß die Kreditgeber durch diesen § 11 VerbrKrG in höchst unterschiedlichem Maße belastet werden: Ein Institut, das sich vielleicht mit einem Anteil von 10, 20 oder 30% seines Geschäftsvolumens im Verbraucherkredit betätigt, kann diese Mindereinnahme möglicherweise relativ leicht „wegstecken" und anderweitig einholen; für eine Bank aber, die 80, 90% oder mehr ihres Kreditvolumens in Konsumentenkrediten herausgelegt hat und deren Geschäft somit zum größten Teil von der Neuregelung tangiert wird, sieht diese gesetzliche Preisvorschrift im Ergebnis schon kritischer aus und könnte ein Faktor zur Erhöhung der Normalkonditionen werden.
Die komplizierten Regelungen des § 11 VerbrKrG müssen aber auch im Zusammenhang mit den in Art. 6 des Gesetzes vom 17. Dezember 1990 vorgesehenen Änderungen und Anpassungen des Mahnverfahrens betrachtet werden. Dessen Anliegen, die Titulierung sittenwidriger Ansprüche zu verhindern, ist zu begrüßen, nur fragt man sich - und es ist mir, auch in Gesprächen mit ZPO-Experten, noch nicht gelungen, Klarheit darüber zu be-

10 In einer Fensehdiskussion über den Entwurf des Verbraucherkreditgesetzes in SWF III am 17. 9. 90 wies der Vertreter des BJM (*Seibert*) gegen die auch hier von der Vertreterin der Verbraucherzentrale Hamburg (*Castello*) vorgetragene Behauptung darauf hin, daß diese auf Berechnungen von Prof. *Reifner* zurückgehenden Ergebnisse von Voraussetzungen über die bisherige Rechtslage ausgingen, „die nur in der Studierstube von Prof. *Reifner* gegeben, aber weit entfernt sind von der derzeitigen rechtlichen und tatsächlichen Situation in der ganzen Bundesrepublik"; *Reifner* nähme irrtümlich an, daß derzeit keine Berechtigung für eine Zinseszinsberechnung gegeben sei, was jedoch sowohl nach BGB wie der BGH-Rechtsprechung zum Verzugsschaden unzutreffend ist.

kommen –, wie alle verschiedenen Ansprüche und deren Verrechnungsweise, die § 11 vorsieht, in einem Mahnbescheids- und Klageantrag so klar und eindeutig formuliert werden können, daß Rechtspfleger, Richter und später Gerichtsvollzieher, Arbeitgeber u. a. Drittschuldner die Dinge praktikabel handhaben können, weil man aufgrund der Gesetzeskonstruktion ja nicht ohne weiteres weiß, aus welchen Beträgen welche Zinsen – zum Teil unterschiedliche Zinssätze aus unterschiedlichen Beträgen in denselben oder sich überlappenden Zeiträumen – wie lange zu berechnen sind[11]. Die Konsequenzen der mangelnden Harmonisierung zwischen § 11 VerbrKrG und Art. 6 des Gesetzes vom 17. Dezember 1990 (insbesondere der Ergänzung des § 690 I Nr. 3 ZPO) sind nicht hinreichend überdacht und müßten im Hinblick auf Angemessenheit und Praktikabilität der in § 11 VerbrKrG vorgenommenen Neuregelung überprüft werden.
Einige Regelungen des VerbrKrG erweisen sich nicht nur als wenig angemessen i. S. eines billigen Interessenausgleichs, sondern auch als höchst unpraktikabel und darüber hinaus als Quelle vielfältiger Auseinandersetzungen (was letzteres ja angesichts der Komplexheit und der ständigen Fortentwicklung der Materie des Konsumentenkredits schon bisher in diesem Bereich der Fall war).

11 Inzwischen hat dankenswerterweise *Braun* in einem umfangreichen Beitrag, WM 1990, 1359, die Schwierigkeiten und Konsequenzen, auch die z. T. etwas abstrus anmutenden Ergebnisse und Wege aufgezeigt, zu denen die vorgesehenen Neuregelungen führen. Vgl. neuerdings auch *Braun,* WM 1991, 165 und *Münzberg,* WM 1991, 170.

Professor Dr. Harm Peter Westermann,
Universität Tübingen

Daß ich bei alphabetischem Aufruf als erster an die Reihe komme, ist mir zum letzten Mal bei meiner mündlichen Abiturprüfung - seligen Angedenkens - passiert. Nun habe ich mich bei der Vorbereitung dieses Gesprächs gefragt, was tust ausgerechnet Du da oben auf dem Podium? Wenn ich in den Saal sehe und dort die ungeheuere bankrechtliche Kapazität wahrnehme, die sich auch in - wahrscheinlich tonnenweise - geschriebenem Papier über Fragen des Bankrechts niederschlägt, so sitze ich hier oben sicher nur aufgrund ganz willkürlicher Entscheidungen. Welches ist die Ursache, die zu meiner Plazierung hier oben geführt hat?
Nun, einen Vers kann ich mir immerhin darauf machen. Ich habe bis vor kurzer Zeit noch die Verantwortung getragen für eine Kommentierung des Abzahlungsgesetzes, das ja nun, da das Verbraucherkreditgesetz vor der Tür steht, demnächst verschwinden soll. Ich kann daher hier so etwas wie einen Abgesang auf diese meine Arbeit liefern und ein wenig Bilanz ziehen. Ich habe im übrigen auch die §§ 607 ff. BGB kommentiert, von denen Herr *Hadding* heute morgen gesagt hat, sie seien eigentlich ein wenig dürftig, nicht die Kommentierung - diese sowieso -, aber das Gesetz, und das ist ja in der Tat nicht ganz von der Hand zu weisen.
Damit komme ich zu einem ersten sachlichen Gesichtspunkt, nämlich der Feststellung, daß die bürgerlich-rechtlichen Fragen, die bisher in den Erläuterungen zu den §§ 607 ff. BGB behandelt wurden, in Zukunft stark in das Verbraucherkreditgesetz abwandern werden. Dabei ist mit einer Entwicklung zu rechnen, wie wir sie bis zu einem gewissen Grade, wenn auch nicht annähernd in dieser Intensität, auch beim Abzahlungsgesetz gehabt haben. Ich verweise insoweit auf die Untersuchungen von *Benöhr*, und auch Herr *Hadding* hat heute morgen die Arbeiten zum Abzahlungsgesetz von Philipp Heck erwähnt. Danach verstand sich das Abzahlungsgesetz als ganz bewußtes Gegengewicht gegen das im BGB niedergelegte marktwirtschaftlich-liberale Denken mit seiner starken Bindung an geschlossene Verträge. Das Abzahlungsgesetz sollte deswegen und aus diesem Grunde nicht ins BGB aufgenommen werden, weil man davon grundlegende systematische Einbrüche befürchtet hat. Wir wissen, daß § 6 Abzahlungsgesetz eine Wirkung weit außerhalb des eigentlichen Abzahlungskaufs entfaltet hat und daß die neueren Reformen des Abzahlungsrechts, wie die jüngste sich daran anschließende Geschichte gezeigt hat, auch keineswegs auf den Abzahlungskauf beschränkt geblieben sind. Vor einer ganz ähnlichen Fragestellung stehen wir möglicherweise jetzt beim Verbraucherkreditgesetz, das das Abzahlungsgesetz in sich aufnehmen wird. Ist das Verbraucherkreditgesetz vielleicht in absehbarer Zeit eine Art Neben-BGB? Herr *Hadding* erwähnte die Bestrebungen, vom Verbraucherkreditgesetz aus öffentlich-rechtliche Regelungen

mit einzubeziehen. Das wird sich in der Tat nicht ganz vermeiden lassen. Zudem wird in der Richtlinie vorgeschrieben, daß eine Beratungsstelle geschaffen werden soll. Somit wird diese Einrichtung auch dem deutschen Verbraucherkreditrecht wahrscheinlich nicht erspart bleiben.

Schon darin ist die Richtung auf eine Sondergesetzlichkeit angelegt. Wie sich derzeit Sondergesetzlichkeiten entwickeln, kann man an der Inhaltskontrolle im AGB-Recht studieren. Für Richter, die mit Banken-AGB und überhaupt mit AGB zu tun haben, wird sich wahrscheinlich bezüglich ihres Handwerkszeugs der Merkspruch einbürgern: Man geht nicht mehr ohne Lineal, d. h. man braucht einen Maßstab, an dem man abmessen kann, wie weit im jeweils geprüften Formularvertrag die eine Regelung von der anderen räumlich entfernt ist, damit das Ganze auch transparent ist. Hier entstehen gewisse, sagen wir, Selbstverständnisse („Vorverständnis" ist vielleicht ein etwas mißbrauchter Ausdruck) von der Funktion der Rechtsgewährung auf diesem speziellen Markt, die auch für die Anwendung des allgemeinen Bürgerlichen Rechts, wie ich glaube, nicht übersehen werden dürfen. Bei der Entwicklung des Sonderrechts des Verbraucherkredits, soweit es abzahlungsrechtlich nicht kodifiziert war und einfach mit dem Regeln des BGB erfaßt werden mußte, hat m. E. eine ganz große Rolle die Vorstellung gespielt, die Banken informierten ihre Kundschaft nicht richtig und neigten dazu, sie hierdurch zu übervorteilen, so daß ein starkes Bedürfnis bestehe, kompensatorisch oder zumindest – durch Haftungssanktionen oder das Unwirksamkeitsurteil – erzieherisch tätig zu werden. Von daher, so scheint mir, müssen und können gewisse Sonderentwicklungen der Verbraucherkreditrechtsprechung verstanden werden.

Somit stellt sich für mich jetzt die große Frage – sie geht etwas in die Richtung dessen, was Herr *Brandner* heute gesagt hat –, ob man wirklich sagen kann, daß nach der Einführung des Verbraucherkreditgesetzes in der jetzt vorgeschlagenen Form oder bei einer geringfügig abgewandelten Fassung auf dem Markt alles in Ordnung ist. Wir haben dann intensive Informationspflichten, einen Zwang zum schriftlichen Vertragsschluß mit doch allerlei Hürden, die überschritten werden müssen bis zu einem gültigen Vertrag. Ist das dann wirklich ein entscheidender Schritt nach vorn, oder bedarf es einer unverändert kritischen Inhaltskontrolle durch die Gerichte? Herr *Hadding* hat heute davon gesprochen, es handle sic hum einen Kulminationspunkt der Entwicklung, mit dem dann der Markt für Konsumentenkredite bereinigt ist; dann geschieht aber, wie ich gerade angedeutet habe, so etwas wie ein Aufbruch zu neuen Ufern, ein Gesetz, aus dessen Sinn heraus – *Steindorff* spricht von der Politik des Gesetzes – sich ein Sonderprivatrecht entwickelt, das unter etwas anderen Gesetzmäßigkeiten steht als das BGB. Ob dies allerdings wirklich so sein wird, wird sich erst in absehbarer Zeit herausstellen, nämlich dann, wenn die vom Verbraucherkreditgesetz jetzt verständlicherweise nicht in Angriff genommenen Detailfragen anstehen, wenn wir z. B. entscheiden müssen über den Einwendungsdurchgriff beim isolierten Darlehen, jedenfalls soweit es sich um einen Verbraucherkredit handelt. Der Versuch des Gesetzes, den Verbund von Kauf und Darlehen zu einer wirtschaftlichen Einheit zu formulieren, ist ja nicht so ausgefallen (und wahrscheinlich auch gar nicht so auszudrücken), daß nicht auch das isolierte Darlehen in den Einzugsbereich der Regeln über den Einwendungsdurchgriff gelangen könnte. Es wird sich dann zeigen, ob wir eines Tages von einem Sondergebiet „Verbraucherkredit" sprechen können, in dem wir zum Einwendungsdurchgriff so und so entscheiden können. Es ist für mich auch nicht ausgemacht, wie man es in Zukunft mit einem Einwendungsrückgriff halten wird. Herr Schlaus erwähnte das Problem der Abtretungsklauseln; insoweit könnte man demnächst eine Entscheidung dahin erwarten, daß diese Frage in Verbraucherverträgen anders zu beurteilen sei als in anderen Verträgen. Dies ist ein Teil dessen, was ich unter den Bedenken gegen die Entwicklung einer Sondergesetzlichkeit ansprechen möchte.

Es ist auch ein weiterer Schritt denkbar: Strahlt die Sonderregelung möglicherweise nicht doch aus auf die sonstigen Darlehensverträge? Herr *Hadding* und Herr *Schlaus* gehen davon aus, daß es sinnvoll sei, Höchstgrenzen für die Anwendbarkeit dieser Regel zu setzen. Ich habe mich ein wenig gewundert, daß die Grenze bei 100.000 DM liegen soll, denn, wie man in Westfalen sagt: manch einem ist das sein Ganzes. Dabei wird deutlich, daß auch ganz erhebliche Rechtsgeschäfte möglicherweise unter die Sondergesetzlichkeit fallen können, und dann ist es in der Tat - ich glaube, Herr *Brandner* hat das bereits erwähnt - kaum noch auszuschließen, daß man dem kleinen Gewerbetreibenden doch auch die Segnungen derselben Denkweise und derselben Rechtsinstitute zuteil werden lassen will. Ich glaube also, daß wir uns darauf einrichten müssen, daß vom Verbraucherkreditgesetz erhebliche Ausstrahlungen auf die Anwendung von BGB-Vorschriften ausgehen werden. Das ist natürlich keine Seltenheit, wir haben es mit Vorschriften des Arbeitsrechts und des Wirtschaftsrechts ebenfalls schon erlebt.

Zu den Einzelheiten des Verbraucherkreditgesetzes möchte ich neben diesen methodischen Hauptpunkten nicht mehr viel sagen. Man kann, wie es Herr *Hadding* getan hat, über den persönlichen Einzugsbereich sowie über den Anwendungsbereich in sachlicher Hinsicht sicher noch das eine oder andere ausführen. Mir ist aufgefallen, daß hier entgegen § 609 a BGB die Selbständigkeit der beruflichen und gewerblichen Tätigkeit hervorgehoben wird, so daß derjenige, der im Rahmen seiner beruflichen Tätigkeit einen Kredit aufnimmt, ohne Selbständiger zu sein, schon unter das Gesetz fallen würde. Entscheiden müßten wir sicher in absehbarer Zeit, etwa mit Blick auf die Bürger aus der früheren DDR, was mit denjenigen geschehen soll, die Verträge schließen, um Selbständige zu werden, also die künftig Selbständigen. Ein weiterer Punkt, der mir aufgefallen ist - aber da spricht jetzt der Hochschullehrer des Zivilrechts aus mir -: Ich freue mich schon auf die Hausarbeiten und Klausuren, die wir erfinden werden, wenn die jetzt vorgesehene Änderung des § 609a Abs. 2 BGB ins Gesetz hineingelangt. Es hat bisher noch niemand wirklich schlüssig feststellen können, wann nun ein Abzahlungsgeschäft, das unter § 1a und § 1b Abzahlungsgesetz fällt, wirklich zustandegekommen ist. Wenn ich mir jetzt einen Fall vorstelle, in dem der Verbraucher beim Abschluß des Vertrages noch gesund war, bei Widerruf geisteskrank und bei der Rückzahlung dann wieder gesund, dann können Sie sich ungefähr vorstellen, was in diesem Bereich des herkömmlichen Bürgerlichen Rechts auf uns zukommt.

Abteilung:
AGB-Gesetz und Kreditwirtschaft

Leitung: Professor Dr. Dr. Klaus J. Hopt, Universität München

AGB-Gesetz und Kreditwirtschaft

– Rechtliche und wirtschaftliche Leitlinien –

Professor Dr. Manfred Wolf,
Universität Frankfurt am Main

Inhaltsübersicht

Das Thema AGB-Gesetz und Kreditwirtschaft konfrontiert die bereits jahrhundertealte Kreditwirtschaft mit einem Gesetz, das mit seinen 13 Jahren gerade das Kindesalter zu verlassen beginnt. Die Verknüpfung beider durch das Wörtchen „und" läßt aber gleichzeitig die Beziehung beider zueinander offen. Ist es das Verhältnis einer harmonischen Beziehung oder ist es ein von feindlichen Gegensätzen geprägtes Verhältnis wie zwischen David und Goliath, wobei der David „AGB-Gesetz" den Riesen „Kreditwirtschaft" zu Fall bringt? Der Sache nach geht es um die Frage, ob die mit der AGB-Kontrolle verbundenen Beschränkungen der Vertragsfreiheit die Kreditwirtschaft so sehr einengen, daß diese ihre Funktionen nicht mehr sachgerecht wahrnehmen kann.

I. *Verstärkte Verantwortung aufgrund verstärkter Richtermacht*

Seit Inkrafttreten des AGB-Gesetzes stellt § 23 unzweifelhaft fest, daß die an Treu und Glauben orientierte AGB-Kontrolle grndsätzlich für alle schuld- und sachenrechtlichen Verträge und damit auch für Kredit- und Sicherungsverträge gilt. Dadurch ist das zuvor auf § 138 BGB gestützte richterliche Kontrollinstrumentarium schärfer und umfassender geworden. Es kommt nicht mehr, wie bei der Sittenwidrigkeitskontrolle[1], auf eine schwerwiegende Interessenbeeinträchtigung und eine verwerfliche Gesinnung an. Vielmehr genügt die einfache, objektiv unangemessene Benachteiligung des Vertragspartners (§ 9 Abs. 1 AGB-Gesetz[2]). Die damit gegebenen Eingriffsmöglichkeiten sind von der Rechtsprechung zum Teil selbstbewußt genutzt worden. Daneben hat sich die Rechtsprechung mit dem Transparenzgebot eine zusätzliche Generalklausel geschaffen, mit der sie die Kreditwirtschaft im Annuitätenurteil[3] wie im Wertstellungsurteil[4] unvorbereitet getroffen hat und gleichzeitig in ihren Dispositionsmöglichkeiten in einem bisher nicht für möglich gehaltenen Ausmaß beschränkt hat.
Betrachtet man die Inhaltskontrolle des AGB-Gesetzes aus wirtschaftlicher Sicht, so ist die Rechtsprechung zu beachtlichen marktlenkenden und ressourcensteuernden Eingriffen in der Lage. Die Gerichte und insbesondere der Bundesgerichtshof werden dadurch zu einem maßgeblichen Einflußfaktor und Gestalter des Marktgeschehens, ohne daß sie ihrerseits den Marktgesetzen unterliegen. Dieser Zuwachs an Steuerungs- und Lenkungsmacht bringt zugleich ein Mehr an Verantwortung mit sich. Dies gilt auch dann, wenn man erkennt, daß das AGB-Gesetz und die daraus abgeleitete Rich-

1 *Serick*, Eigentumsvorbehalt und Sicherungsübertragung, Bd. IV, Heidelberg 1976, S. 371 ff.
2 Zum Vergleich von § 138 BGB und § 9 AGBG *M. Wolf*, in: *Wolf-Horn-Lindacher*, AGBG, 2. Aufl., München 1989, § 9, Rz. 12 ff.
3 BGHZ 106, 42, bekräftigt in BGH, NJW 1990,2383.
4 BGHZ 106, 259.

termacht auf einem Marktversagen beruht[5], denn der als Ersatz für Marktversagen vorgesehene richterliche Eingriff muß gerade wegen dieser Ersatzfunktion möglichst marktkonform oder doch weitgehend marktstörungsfrei erfolgen. Das AGB-Gesetz darf nicht zum Stolperstein der Kreditwirtschaft werden. Dem Richter kommt, je größer seine Macht, desto mehr die Verantwortung zu, daß die Kreditmärkte funktionsfähig bleiben und die knappen Kreditressourcen zur Steigerung der Wohlfahrt aller ihre optimale Verwendung finden. Um dieser Allokationseffizienz willen kann der Richter über die gesamtwirtschaftlichen Folgen seiner Kontrolleingriffe nicht achtlos hinwegsehen.

Hat man die marktsteuernde Funktion richterlicher Inhaltskontrolle im Auge, so stellt sich aber auch die Frage, ob und inwieweit der deutsche Richter im europäischen Binnenmarkt mit der Inhaltskontrolle des AGB-Gesetzes noch nationale Marktschranken aufrechterhalten kann, denen sich die Unternehmen aller Mitgliedstaaten beugen müssen, oder ob nicht die Freiheit des Waren- und Dienstleistungsverkehrs die Angleichung der Inhaltskontrolle an gemeinschaftsfreundliche Maßstäbe des Binnenmarkts verlangt (dazu IV).

II. *Sicherung der freien Marktentscheidung*

Der grundsätzliche Verzicht auf die zentrale Steuerung des Wirtschaftsprozesses und statt dessen die Koordination einer Vielzahl freier Vertragsentscheidungen in einem wettbewerblich strukturierten Markt ist das wesentliche Anliegen der Marktwirtschaft. In diesen marktwirtschaftlichen Steuerungsprozeß ist auch das AGB-Gesetz eingebettet. Der Richter sollte deshalb in erster Linie darauf hinwirken, daß Allgemeine Geschäftsbedingungen freie Entscheidungen der Marktteilnehmer tunlichst ermöglichen und nicht behindern.

Dies kann freilich nicht heißen, daß anstelle einer AGB-Kontrolle ein wettbewerblich gesteuerter Auswahlprozeß von Allgemeinen Geschäftsbedingungen treten könnte. Freie Auswahl zwischen konkurrierenden Allgemeinen Geschäftsbedingungen würde vollständige Information des Kunden über deren mögliche Auswirkungen im Detail voraussetzen. Gerade diese Information ist aber im Regelfall so aufwendig, daß der Kunde sie vernünftigerweise unterläßt[6]. Dieses Informationsdefizit, das im Bereich der Allgemeinen Geschäftsbedingungen zum Marktversagen führt und die Inhaltskontrolle der AGB rechtfertigt, ist bei den vertraglichen Nebenbestimmungen strukturell bedingt und läßt sich kaum beseitigen.

5 Dazu *Adams*, Ökonomische Analyse des Gesetzes zur Regelung des Rechts der Allgemeinen Geschäftsbedingungen, in: *M. Neumann*, Hrsg., Ansprüche, Eigentums- und Verfügungsrecht, Schriften des Vereins für Sozialpolitik, Berlin 1983, S. 655 ff.: *Schäfer-Ott*, Lehrbuch der ökonomischen Analyse des Zivilrechts, Berlin 1986, S. 323 ff.

6 *Adams*, aaO (Fußn. 5), S. 655, 663, *Schäfer-Ott*, aaO (Fußn. 5), S. 324 f.; *Koller*, Das Transparenzgebot als Kontrollmaßstab Allgemeiner Geschäftsbedingungen, Festschrift Steindorff, Berlin 1990, S. 667, 668 ff.; *Köndgen*, NJW 1989, 943, 947.

1. *Sicherung einer Preis-Leistungstransparenz*

Es muß jedoch verhindert werden, daß die freien Marktentscheidungen durch Allgemeine Geschäftsbedingungen dort unterlaufen und gestört werden, wo solche Entscheidungen bei ökonomisch vernünftigem Verhalten möglich sind und üblicherweise stattfinden. Dies betrifft vor allem die Entscheidung über den Preis und die Leistung und deren Äquivalenzverhältnis. In diesem Bereich des Preis-Leistungsverhältnisses stehen auch Allgemeine Geschäftsbedingungen unter dem Gebot der Markttransparenz. Gerade weil nach § 8 AGB-Gesetz der Preis und der Leistungsumfang der richterlichen Inhaltskontrolle entzogen sind und allein dem Marktprozeß unterstellt werden, muß andererseits sichergestellt werden, daß die eigentlichen Preis- und Leistungsbestandteile offen ausgewiesen und nicht in den AGB versteckt und verschleiert werden. Dieses Gebot der Preistransparenz stellt einen wichtigen Anwendungsbereich des vielgenannten Transparenzgebots dar. Dem Transparenzgebot kommen im wesentlichen zwei Funktionen zu. Es soll zum einen dem Vertragspartner Klarheit über die ihm bei der Vertragsabwicklung zustehenden Rechte und die ihn dabei treffenden Pflichten und Lasten verschaffen (Abwicklungstransparenz). Zum anderen soll es bei den Vertragsverhandlungen[7] klare Informationen vor allem über das Preis-Leistungsverhältnis sicherstellen[8]. Das Transparenzgebot soll zwar auch Gestaltungsmöglichkeiten des Verwenders durch zu weit gefaßte Klauseln verhindern. Dies ist aber keine eigenständige Schutzfunktion, sondern stellt nur eine besondere Erscheinungsform der Intransparenz dar, die sowohl die Abwicklungstransparenz wie die Preis-Leistungstransparenz beeinträchtigen kann.

a) In seiner zweiten Funktion der Preis-Leistungstransparenz, die im Zusammenhang mit der Sicherung freier Marktentscheidungen allein von Bedeutung ist, ist das Transparenzgebot auch Grundlage der genannten BGH-Entscheidungen zur Wertstellungsklausel[9] und zur Zinsberechnung beim Annuitätendarlehen[10]. In beiden Fällen waren maßgebliche Preisbestandteile in Form von Zinsbelastungen nicht mit der für einen Preisvergleich erforderlichen Offenkundigkeit ausgewiesen. Wenn der BGH diese Klauseln für unwirksam erklärt, so liegt darin keine nach § 9 AGB-Gesetz unzulässige Preiskontrolle, sondern die Verhinderung einer Preisverschleierung. Würde solche Preisverschleierung nicht mit Hilfe des Transparenzgebots für unwirksam erklärt, so wäre sie sowohl der Inhaltskontrolle als auch der Wettbewerbskontrolle am Markt entzogen. Die Transparenzkontrolle will dies verhindern und Preisbestandteile wieder der Wettbewerbskontrolle am Markt zuführen.

---

7 Zu dieser Unterscheidung auch *Koller*, aaO (Fußn. 6), S. 667, 671 ff.

8 *Baums*, ZIP 1987, 7, 8; *Hellner*, Quo vadis AGB-Recht?, Festschrift für Steindorff, Berlin 1990, S. 573, 585.

9 BGHZ 106, 259 = NJW 1989, 582.

10 BGHZ 106, 42 = NJW 1989, 222; BGH, NJW 1990, 2383.

Die Transparenzkontrolle soll damit das Recht auf effektive Nutzung von Auswahlmöglichkeiten und Marktchancen schützen. Dieses Interesse wird durch die Einbeziehungsvoraussetzungen von § 2 AGB-Gesetz und das Überraschungsverbot in § 3 AGB-Gesetz nicht ausreichend geschützt. § 3 AGB-Gesetz will lediglich den Überrumpelungseffekt vermeiden[11]. Diesem Ziel ist bereits genügt, wenn man mit einer Regelung der Art nach rechnen muß, ohne daß die näheren Einzelheiten bekannt sein müßten. Die für die Wahrnehmung von Preisvergleichen notwendige Detailinformation ist danach nicht Schutzgegenstand von § 3 AGB-Gesetz[12]. Dies trifft im wesentlichen auch für § 2 AGB-Gesetz zu[13]. Abgesehen davon, daß § 2 AGB-Gesetz im kaufmännischen Verkehr nicht gilt (§ 24 AGB-Gesetz), für diesen die effektive Nutzung von Marktchancen durch Preisvergleich aber genauso wichtig ist, verlangt auch § 2 AGB-Gesetz vom Verwender nur die Sicherstellung der Globalinformation, die dem Kunden zwar die Detailinformation ermöglichen soll, diese vom Kunden aber nicht erwartet. Dies ergibt sich daraus, daß der Gesetzgeber die Inhaltskontrolle der §§ 9–11 AGB-Gesetz gerade auch deswegen für erforderlich gehalten hat, weil er dem Vertragspartner eine umfassende Detailinformation über die einzelnen Auswirkungen der AGB wegen der damit verbundenen hohen Informationskosten nicht zumuten konnte und wollte[14]. Für die Einbeziehung konnte deshalb nicht Transparenz im Detail verlangt werden.

Darüber hinaus hat der Kunde ein auch von der PreisAngVO[15] als schützenswert anerkanntes Interesse, sich über den Preis und das Preis-Leistungsverhältnis rasch und zuverlässig informieren zu können[16]. Der zusätzliche Informationsaufwand, sich in den gesamten AGB über etwaige Preisbestandteile informieren zu müssen, wird von ihm im Interesse eines rasch funktionierenden Marktvergleichs nicht verlangt. Dieses spezifische Interesse an rascher Preisinformation wird aber durch § 2 AGB-Gesetz auf keinen Fall geschützt. Dieses Interesse kann nur im Rahmen einer Gesamtabwägung nach § 9 AGB-Gesetz Berücksichtigung finden.

Die unangemessene Benachteiligung im Sinne von § 9 AGB-Gesetz liegt gerade darin, daß der Vertragspartner die Preisinformation nicht mit zumutbarem Informationsaufwand zu erlangen vermag[17] und deshalb sein Recht auf

---

11 BGHZ 84, 113; 100, 82, 85; *Heinrichs* in: Palandt, BGB, 49. Aufl. 1990, § 3 AGBG, Anm. 2 a; *Ulmer* in: *Ulmer-Brandner-Hensen*, AGBG, 6. Aufl., Köln 1990, § 3, Rz. 22.

12 Anders *Koller*, aaO (Fußn. 6), S. 667, 685, aber nicht allgemein, sondern nur für preis- und hauptleistungsnahe Klauseln. Ein solch unterschiedlicher Maßstab läßt sich aus § 3 AGBG jedoch nicht entnehmen.

13 BT Drucks, 7/3919, S. 19; *M. Wolf* in: *Wolf-Horn-Lindacher*, aaO, § 2, Rz. 9; *Ulmer* in: (Fußn. 2), *Ulmer-Brandner-Hensen*, § 2, Rz. 25; *Stein* in: Soergel, BGB 11. Aufl., Stuttgart 1986, § 2 AGBG, Rz. 2; *Koller*, aaO (Fußn. 6), S. 667, 679 ff.

14 s. auch KG, NJW-RR 1990, 544, 549.

15 Vom 14.3.1985, BGBl. I S. 580.

16 Begründung abgedruckt bei *Gimbel-Boest*, Die neue Preisangabenverordnung, 1985, S. 75; zu Unterschieden *Köndgen*, NJW 1989, 943, 948.

17 s. auch *Schlosser* in: Staudinger, BGB, 11. Aufl., 1978 ff., § 3 AGBG, Rz. 2; *Hellner*, aaO (Fußn. 8), S. 573, 586.

effektive Nutzung von Marktchancen nicht wahrnehmen kann[18]. Der Schutz dieses Interesses ist neben dem Interesse an effektiver Wahrnehmung von Rechten bei der Vertragsabwicklung ein wesentlicher Bestandteil des Transparenzgebots, das mit diesem Schutzinhalt nur § 9 AGB-Gesetz zugeordnet werden kann. Geschützt wird aber nur die Transparenz für die am Markt üblichen Wettbewerbsparameter[19]. Solange am Kreditmarkt der Zins den maßgeblichen Wettbewerbsparameter bildet, genügt deshalb die Zinstransparenz, die auch durch Angabe des taggenauen Effektivzinses erreicht werden kann[20]. Der Kreditlaufzeit kommt dagegen keine maßgebliche Bewertungsfunktion am Markt zu. Ihre genaue Angabe ist deshalb entbehrlich[21]. Auch sonstige Sonderfaktoren, die nur die individuelle Belastung, aber nicht die allgemein üblichen Belastungen treffen, können im effektiven Jahreszins nicht angegeben werden[22].

b) Die Transparenz der Preisinformation ist nicht nur bei versteckten Zinsbelastungen verletzt, sondern auch bei Versagung von Zinsgutschriften. Das Transparenzgebot ist deshalb auch beeinträchtigt, wenn Guthabenzinsen bei Einzahlung auf einen Bausparvertrag nicht alsbald, sondern erst 40 oder 45 Tage nach Einzahlung gewährt werden[23]. Dabei ist es nicht maßgeblich, daß eine Verzinsung nicht gesetzlich vorgeschrieben ist[24]. Entscheidend ist, daß eine Verzinsung vereinbart ist und über die Höhe der effektiven Guthabenzinsen keine zutreffenden Angaben gemacht werden. Die Unangemessenheit bei Verletzung der Preistransparenz liegt allein in der Preisunklarheit, die die effektive Wahrnehmung von Marktchancen behindert. Eine weitergehende inhaltliche Unangemessenheit des Preises ist vom Richter nicht zu prüfen. Freilich müssen die intransparenten Preisbestandteile eine Auswirkung auf die Auswahlentscheidung am Markt haben können. Dies trifft aber bei Zehntel-Prozentsätzen für Zinsen regelmäßig zu und in vielen Fällen auch für hundertstel Prozent. Eröffnet eine Zinsgutschriftklausel die Möglichkeit, daß Zinsen für monatliche Einzahlung jeweils erst nach 40 oder 45 Tagen bewilligt werden, so hat dies grundsätzlich eine beachtliche Minderung des effektiven Guthabenzinses zur Folge. Die Klausel ist deshalb wegen Verletzung des Transparenzgebots unwirksam, weil sie die effektiven Guthabenzinsen verschleiert, zumindest aber den Kunden mit einem für die Preisinformation unzumutbaren Aufwand belastet.

---

18 *Köndgen*, NJW 1989, 943, 950 spricht von marktbezogener Unangemessenheit; *Wagner-Wieduwilt*, WM 1989, 37, 45 nennt es unzureichende Information über die finanzielle und wirtschaftliche Bedeutung der Klausel.

19 Ohne dies Einschränkung *Köndgen*, NJW 1989, 943, 950.

20 BGHZ 106,42.

21 KG, NJW-RR 1990, 544, 549 zu Klausel 6, wo aber die Vierteljahresberechnung für zulässig erklärt wird, ohne daß erkennbar wird, ob der taggenaue effektive Jahreszins angegeben war.

22 KG, NJW-RR 1990, 544, 549 zu Klausel 7.

23 A. A. KG, NJW-RR 1990, 544, 545.

24 So aber KG, NJW-RR 1990, 544, 545.

2. *Sicherung des vereinbarten Äquivalenzverhältnisses*

Die Sicherung der freien Marktentscheidung und des marktwirtschaftlichen Steuerungsprozesses verlangt aber nicht nur Transparenz für die zu treffende Entscheidung, sondern auch, daß das aufgrund der freien Entscheidung vereinbarte Äquivalenzverhältnis nicht nachträglich einseitig vom Verwender zu seinen Gunsten verändert werden kann. Andernfalls würde die Auswahlentscheidung des Vertragspartners mit ihren marktwirtschaftlichen Steuerungseffekten unterlaufen.

a) In diesem Sinne hat der BGH deshalb zu Recht entschieden, daß eine Zinsanpassungsklausel in Darlehensverträgen nur zur Anpassung an veränderte Refinanzierungskonditionen, nicht aber zu einer nachträglichen Korrektur des Äquivalenzverhältnisses und der Erzielung eines höheren Zinsgewinns benutzt werden darf[25].

b) Unter dem Gesichtspunkt der Wahrung des einmal vereinbarten Äquivalenzverhältnisses sind aber auch sonstige, das unmittelbare Preis-Leistungsverhältnis betreffende Klauseln zu beurteilen. Dazu gehört auch die Sicherheitsverstärkungsklausel, wie sie etwa in Nr. 19 I AGB-Banken enthalten ist. Danach kann die Bank vom Kunden jederzeit die Bestellung oder Verstärkung bankmäßiger Sicherheiten für alle Verbindlichkeiten verlangen. Dieser Verstärkungsklausel liegt ein berechtigtes Bedürfnis zugrunde, sofern sich das ursprünglich zugrunde gelegte Kreditrisiko nachträglich erhöht hat, z. B. weil der Wert von Sicherheiten durch unvorhergesehene Ereignisse gemindert wurde. Die Verstärkungsklausel darf aber nicht dazu dienen, ein einmal in bestimmter Höhe übernommenes Kreditrisiko, das mit einem bestimmten Risikozins bewertet ist, durch nachträgliche Bestellung von Sicherheiten zu mindern. Keinesfalls darf z. B. für einen durch Globalzession gesicherten Kredit eine Auswechselung der Sicherheit in Form einer Grundschuldbestellung verlangt werden. Da grundpfandrechtlich gesicherte Kredite im allgemeinen eine höhere Sicherheit bieten, werden sie regelmäßig mit einem niederen Risikozins belastet. Die Auswechslung von Sicherheiten ohne Anpassung der Kreditkonditionen würde einen schwerwiegenden Eingriff in das Äquivalenzverhältnis darstellen, was im Interesse der Steuerungsfunktion marktmäßiger Auswahlentscheidungen nicht zugelassen werden kann. Die Sicherheitenverstärkungsklausel ist deshalb in dem Sinne einzuschränken, daß das ursprünglich übernommene Kreditrisiko nicht vermindert werden darf[26]. Wegen der Gefahr der einseitigen Herabsetzung des Kreditrisikos hat auch das KG eine Klausel in Bau-

---

25 BGHZ 97, 212, 216 = NJW 1986, 1803, 1804.

26 Vgl. *M. Wolf*, in: *Wolf-Horn-Lindacher*, aaO (Fußn. 2), § 9 Rz. S 99, *Stein* in: Soergel, aaO (Fußn. 13), § 9 AGBG Rz. 106; der BGH, NJW 1981, 1363, 1364 erzielt im wesentlichen dasselbe Ergebnis, wenn sie die Ausübung des Verstärkungsrechts an Treu und Glauben bindet; so auch *Brandner* in: *Ulmer-Brandner-Hensen*, aaO (Fußn. 11), Anh. §§ 9-11 Rz. 661.

sparbedingungen, wonach die Bausparkasse als weitere Sicherheit den Abschluß einer Lebensversicherung verlangen kann, zu Recht für unwirksam erklärt[27].

c) Keine Veränderung des marktmäßig bewerteten und vertraglich festgelegten Kreditrisikos stellt es dagegen dar, wenn der Kreditgeber vom Kreditnehmer die Unterwerfung unter die sofortige Zwangsvollstreckung in einer vollstreckbaren Urkunde (§ 794 Abs. 1 Nr. 5 ZPO) verlangen kann. Bestehende Sicherheiten werden durch eine vollstreckbare Urkunde nicht wertvoller. Der Zugriff auf das Vermögen des Kreditnehmers wird dadurch zwar rascher möglich. Dies kann aber allenfalls die Priorität im Verhältnis zu anderen Gläubigern berühren. Nicht betroffen ist dagegen das Äquivalenzverhältnis zum Kreditnehmer, da es nur um die Durchsetzung bestehender Ansprüche geht. Das KG hat deshalb die Vollstreckungsunterwerfungsklausel zu Recht für wirksam erklärt[28].

III. *Inhaltskontrolle im Interesse der Vertragsrechtigkeit und des Gesamtwohls*

Allgemeine Geschäftsbedingungen enthalten zahlreiche Regelungen, die, wie z. B. Vollmachtklauseln oder Gerichtsstandklauseln, das Preis-Leistungsverhältnis nicht oder nur sehr schwach beeinflussen und deshalb auch nicht in die Vertragsentscheidung des Kunden bestimmenden Eingang finden. Die Sicherung der freien Marktentscheidung durch Gewährleistung von Transparenz und die Wahrung des von den Parteien festgelegten Äquivalenzverhältnisses ist hier nicht mehr bestimmendes Ziel der richterlichen Inhaltskontrolle. In diesen Fällen kann sich der Richter nicht mehr mit der bloßen Informationssicherung für den Kunden begnügen und diesem die Angemessenheitsbeurteilung selbst überlassen, sondern muß anstelle des Kunden selbst eine objektiv-generelle Angemessenheitskontrolle durchführen, indem er unangemessene Bedingungen für unwirksam erklärt[29]. Soweit er dabei nicht auf die Klauselverbote der §§ 10 und 11 AGB-Gesetz, sondern auf die Generalklausel des § 9 AGB-Gesetz zurückgreifen muß, fragt sich, ob neben den Grundgedanken der gesetzlichen Regelung in § 9 Abs. 2 Nr. 1 AGB-Gesetz und den vertragswesentlichen Zwecken in § 9 Abs. 2 Nr. 2 AGB-Gesetz auch die Auswirkungen auf den marktwirtschaftlichen Steuerungsprozeß und das wirtschaftliche Gesamtwohl einen Einfluß auf die Angemessenheitskontrolle haben können.

27 KG, NJW-RR 1990, 544, 546.
28 KG, NJW-RR 1990, 544, 547 f., dort auch zu weiteren Gründen.
29 *Koller*, aaO (Fußn. 6), S. 667, 674 stellt dem „Informationsmodell" zutreffend die „heteronome Kontrolle" gegenüber.

1. *Verhältnis von Gesamtwohl und Vertragsgerechtigkeit*

a) Ob die Inhaltskontrolle von AGB nur der zweiseitigen Vertragsgerechtigkeit auf der Mikroebene oder auch der gesamtwirtschaftlichen Wohlfahrt auf der Makroebene dienen soll, wäre eine müßige Frage, wenn in Übereinstimmung mit utilitaristischen Lehren das Gesamtwohl aus der Summe des Wohls der einzelnen gebildet würde. Der gerechte Ausgleich im Einzelvertrag müßte dann automatisch dem Gesamtwohl dienen. Auch die marktwirtschaftliche Lehre geht von dem Prinzip aus, daß die Einzelinteressen der Individuen am Markt mit Hilfe der Vertragsfreiheit zum Wohl des Ganzen zusammengeführt werden. Ließen sich die Marktgesetze auf die richterliche Inhaltskontrolle übertragen, so könnte sich der Richter auf die Einzelfallgerechtigkeit beschränken und würde damit zugleich am besten dem Gesamtwohl dienen. Die Einzelentscheidungen der Vertragspartner und ihre Koordination am Markt lassen sich jedoch nicht ohne weiteres mit der richterlichen Inhaltskontrolle vergleichen. Während die Entscheidungen der Vertragspartner im Idealfall in jedem Vertrag neu getroffen und korrigiert werden können, setzt die richterliche Inhaltskontrolle weitgehend unveränderte Maßstäbe für künftige Entscheidungen und entfaltet damit eine normative Breitenwirkung auf die Ausgestaltung der Allgemeinen Geschäftsbedingungen. Wegen dieser Breitenwirkung müssen die richterlichen Entscheidungen über den Einzelfall und die Vertragsparteien hinaus die gesamtwirtschaftlichen Auswirkungen der Inhaltskontrolle im Auge haben.

b) In der Lehre von der ökonomischen Analyse des Rechts wird das Gesamtwohl vor allem durch das Vermögensmaximierungsprinzip und die Kosten-Nutzen-Rechnung bestimmt. Nach dem Vermögensmaximierungsprinzip sollen Entscheidungen staatlicher Organe so getroffen werden, daß unter Berücksichtigung der positven und negativen Effekte die Vermögen der Betroffenen in ihrer Summe maximiert werden[30]. In ähnlicher Weise soll nach der Kosten-Nutzen-Rechnung diejenige Maßnahme getroffen werden, deren in Geld gewerteter Gesamtnutzen höher ist als die in Geld bewerteten Gesamtkosten. Dabei ist es gleichgültig, ob der Nutzen-Kostenvergleich beim jeweils betroffenen Individuum positiv ausfällt, wenn nur der wirtschaftliche Gesamtnutzen positiv ist, so daß es ausreicht, wenn die Nachteile der Betroffenen durch einen höheren Gesamtnutzen bei irgendwelchen anderen Personen ausgeglichen werden[31].

Es leuchtet ein, daß ein solcher Maßstab des wirtschaftlichen Gesamtnutzens für die Angemessenheitskontrolle von AGB nicht allein ausschlaggebend sein kann. Im Vertrag, dessen Inhalt durch die Allgemeinen Geschäftsbedingungen mitgestaltet wird, geht es in erster Linie um den angemessenen Ausgleich unter den Vertragspartnern im Sinne der Herstellung

30 *Schäfer-Ott*, aaO (Fußn. 5), S. 31 f.

31 Abgeleitet aus dem sog. Kaldor-Hicks-Effizienzkriterium, *Schäfer-Ott*, aaO (Fußn. 5), S. 32.

von Austauschgerechtigkeit. Der benachteiligte Vertragspartner kann nicht mit einem wirtschaftlichen Gesamtnutzen getröstet werden, dessen Vorteile er möglicherweise nie oder nur sehr abgeschwächt zu spüren bekommt. Auch im Recht der AGB-Kontrolle muß gelten, daß der einzelne seine Interessen nicht unbegrenzt für das Gesamtwohl opfern muß. Dies gilt sowohl für den Verwender wie für dessen Vertragspartner.

Eine zweite Schwäche der ökonomischen Gesamtwohlbetrachtung liegt darin, daß sie die geldmäßige Bewertung von Gütern in den Vordergrund stellt. Darin liegt nicht nur die Gefahr, daß ideelle Interessen und Werte in einer ökonomischen Nutzenkalkulation unzutreffend bewertet werden. Mit der Mathematisierung in Kosten-Nutzen-Rechnungen wird auch der Eindruck von wissenschaftlicher Genauigkeit und Richtigkeit erweckt, die sich bei Interessenabwägungen realistischerweise in dieser Form nicht erreichen lassen. Auch stuft die ökonomische Nutzenkalkulation prinzipiell alle Interessen so ein, als ob sie unbegrenzt durch geldwerte andere Interessen aufzuwiegen und damit auch verzichtbar wären. Demgegenüber muß daran festgehalten werden, daß es vor allem im Rahmen von Treu und Glauben privatrechtliche Grundpositionen gibt, die ähnlich den staatsgerichteten Grundrechten nicht beliebig ökonomischen Kosten-Nutzenkalkulationen geopfert werden können.

c) Trotz dieser zurückhaltenden Grundposition muß jedoch berücksichtigt werden, daß mit der Inhaltskontrolle von AGB ein richterlicher Eingriff in Vertragsbeziehungen stattfindet, der nicht isoliert betrachtet werden kann, sondern wie jeder Vertragsabschluß im marktwirtschaftlichen Prozeß zugleich gesamtwirtschaftliche Auswirkungen hat. Dies gilt für richterliche Entscheidungen noch mehr als für individuelle Vertragsentscheidungen, weil richterliche Entscheidungen nicht nur im Verbandsklageverfahren, sondern auch im Individualprozeß als Präjudiz eine weitreichende Breitenwirkung für eine Vielzahl von Verträgen entfalten. Deshalb muß der Richter die gesamtwirtschaftlichen Auswirkungen seiner Inhaltskontrolle im Auge behalten. Der angemessene Interessenausgleich im Vertrag ist zwar nicht ohne weiteres einem ökonomischen Gesamtnutzen untergeordnet. Die richterliche Inhaltskontrolle sollte den vertraglichen Interessenausgleich aber möglichst so anstreben, daß er mit dem ökonomischen Gesamtnutzen in Einklang steht. In welchem Maß dabei zweiseitiger Interessenausgleich und ökonomischer Gesamtnutzen in der Kreditwirtschaft miteinander vereinbart werden können, soll anhand einiger typischer Konfliktlagen untersucht werden.

2. *Ökonomische Bewertung der Übersicherung*

a) Bekanntlich hat der BGH seine unter § 138 BGB begonnene Rechtsprechung zur Übersicherung unter § 9 AGB-Gesetz im wesentlichen fortgesetzt. Danach kann eine Übersicherung zur Unwirksamkeit führen, wenn der reale Wert der Sicherheiten die gesicherte Hauptforderung um mehr als 20% übersteigt[32] oder der Nennbetrag der sicherungshalber abgetretenen Forderungen die gesicherte Hauptforderung um mehr als 50% übersteigt[33]. Maßgeblicher Grund für die Unwirksamkeit der Übersicherung ist die übermäßige Beschränkung der wirtschaftlichen Bewegungsfreiheit des Kreditnehmers[34].

Hat man im Sinne des zweiseitigen Ausgleichs unter den Vertragspartnern allein die wirtschaftliche Bewegungsfreiheit des Kreditnehmers im Blick, so müßte zwecks Erhaltung dieser Bewegungsfreiheit bereits eine geringe Übersicherung möglichst konsequent unterbunden werden, da die Beschränkung der Bewegungsfreiheit nicht gerechtfertigt werden kann. Die Unwirksamkeit des Sicherungsgeschäfts erscheint als richtige Sanktion. Betrachtet man dagegen die gesamtwirtschaftlichen Auswirkungen auf den Kreditverkehr, so erscheint eine andere Entscheidung geboten.

Kreditsicherheiten sollen die Risiken der Darlehensrückzahlung minimieren. Je größer die Sicherheit, desto weniger müssen die Risiken durch einen Zinsaufschlag abgedeckt werden und desto mehr Kredite können aufgenommen und gewährt werden. Die möglichst sichere und bestandskräftige Ausgestaltung von Kreditsicherheiten erweist sich damit als ein gesamtwirtschaftlich erstrebenswertes Ziel[35], weil die mit den Zinsen verbundenen Kostenbelastungen gesenkt werden und mehr Kredite für die Wirtschaft zur Verfügung stehen. Bestandskräftige Sicherheiten erhöhen die effiziente Allokation knapper Kreditressourcen.

Eine strenge Handhabung der Übersicherung ist mit diesen Zielen nicht vereinbar. Da der künftige Verwertungserlös von Sicherheiten nicht zuverlässig beurteilt werden kann, wird der Kreditgeber einen Sicherheitsaufschlag einkalkulieren. Wird dieser nicht in ausreichendem Umfang zugelassen, so wird sich das vermeintliche Risiko in einem höheren Zins niederschlagen. Das Wechselverhältnis zwischen höherer Sicherheit oder höherem Zins könnte zu der Auffassung verleiten, die Rechtsprechung zur Übersicherung bleibe im Ergebnis ohne Auswirkungen, weil ohne Übersicherung die höheren Kreditzinsen und mit zuglassener Übersicherung die nutzlos gebundenen Sicherheiten die Kreditaufnahme begrenzten. Dabei würde jedoch übersehen, daß die Übersicherung als Unwirksamkeitsgrund ein zusätzliches Risiko schafft. Gerade der vorsichtige Kreditgeber, der einen hohen Sicherheitszuschlag einkalkulieren möchte, muß damit rechnen, daß seine gesamte Sicherheit u. U. wegen Übersicherung hinfällig wird. Dieses erhöhte Risiko einer unwirksamen Übersicherung müßte wieder durch

32 BGHZ 94, 105, 114 = NJW 1985, 1836, 1838.
33 BGHZ 98, 303, 316 f. = NJW 1987, 487, 491.
34 BGHZ 26, 185, 190 f.; 94, 105, 112.
35 Vgl. *Adams*, Ökonomische Analyse der Sicherungsrechte, Königstein/Ts. 1980, z. B. S. 156 ff., 176; *Dorndorf-Frank*, ZIP 1985, 65, 71 ff.

einen zusätzlichen Risikoaufschlag bei den Zinsen aufgefangen werden, der ohne den Unwirksamkeitsgrund der Übersicherung nicht erforderlich wäre. Der Sicherheitszuschlag und der Zuschlag für das Übersicherungsrisiko kumulieren sich. Hinzu kommt, daß die wegen der Übersicherung frei gewordenen Gegenstände dem Zugriff ungesicherter Gläubiger zur Verfügung stehen, die dann trotz hoher Risikoaufschläge wegen scheinbar fehlender Sicherheiten doch noch Befriedigung finden und damit einen doppelten Vorteil genießen. Dies macht deutlich, daß eine strenge Übersicherungsrechtsprechung zwar vordergründig den Interessen des Vertragspartners dienen kann, daß aber eine weiche Übersicherungsrechtsprechung die gesamtwirtschaftlich effektive Allokation knapper (Kredit-)Ressourcen besser bewerkstelligen könnte. Die Frage nach den Zielen der AGB-Kontrolle stellt sich danach bei der Auslegung von § 9 AGB-Gesetz in voller Schärfe.

Geht man davon aus, daß die richterliche Kontrolle von AGB als Ersatz für Marktversagen vorgesehen ist[36], so darf diese Kontrolle dem Hauptziel des Marktprozesses, d. h. der effektiven Allkokation knapper Ressourcen nicht entgegenwirken, sondern muß sich diesem Ziel einordnen. Die gesamtwirtschaftlichen Auswirkungen der Inhaltskontrolle sind deshalb bei der Auslegung von § 9 AGBG zu berücksichtigen. Dem steht der Wortlaut dieser Bestimmung nicht im Wege. Ob eine nach Treu und Glauben unangemessene Benachteiligung des Vertragspartners anzunehmen ist, ist durch eine Interessenabwägung festzustellen. Dabei treten sich nicht nur die Interessen der beiden Vertragsteile isoliert gegenüber. Deren Interessen sind vielmehr in ein Interessengeflecht eingebunden, aus dem sie ihrerseits ihre Stellung und Bewertung ableiten. Für die Bewertung eines Interesses kommt es danach auch auf die Vereinbarkeit mit gesamtwirtschaftlichen Interessen an[37]. Dies gilt in besonderem Maße gerade auch für die wirtschaftliche Bewegungsfreiheit, deren Schutz in Übereinstimmung mit und nicht gegen die Marktbedürfnisse erfolgen muß. Die wirtschaftliche Bewegungsfreiheit muß deshalb zurücktreten, soweit sie zur Unwirksamkeit der Übersicherung führen und damit eine gesamtwirtschaftlich sinnvolle Allokation der Kreditressourcen stören würde.

Die Interessen des Vertragspartners müssen deshalb aber nicht vollständig zurücktreten. Sie können vielmehr auf andere Weise in Übereinstimmung mit den gesamtwirtschaftlichen Interessen Berücksichtigung finden. Dies geschieht zunächst in der Weise, daß auch der Vertragspartner von den geringeren Risikozuschlägen einer weichen Übersicherungsrechtsprechung profitiert. Im übrigen kann die wirtschaftliche Bewegungsfreiheit durch einen schuldrechtlichen Freigabeanspruch gewahrt werden. Dieser ermöglicht eine bewegliche Anpassung an die Sicherungsbedürfnisse des Kreditgebers einerseits und die wirtschaftliche Bewegungsfreiheit des Kreditneh-

---

36 Dazu auch *Adams*, aaO (Fußn. 5), S. 655, 664 f.; *Schäfer-Ott*, aaO (Fußn. 5),S. 323 ff.

37 Vgl. *M. Wolf* in: *Wolf-Horn-Lindacher*, aaO (Fußn. 2), § 9 Rz. 139.

mers andererseits ohne das Risiko einer Gesamtunwirksamkeit der Sicherheiten. Dem schuldrechtlichen Freigabeanspruch, den die Rechtsprechung vor allem zur Vermeidung einer nachträglichen, im Laufe der Vertragsdurchführung eintretenden Übersicherung verlangt[38], ist danach aus gesamtwirtschaftlichen Gründen auch zur Vermeidung einer anfänglichen Übersicherung der Vorzug zu geben. Die bewegliche Anpassung an die jeweils erforderliche Deckungsgrenze kann durch Einräumung eines einseitigen Bestimmungsrechts, mit Hilfe dessen die Bank die Höhe der freizugebenden Sicherheit festlegt, noch verbessert werden. Die effektive Allokation von Kreditsicherheiten läßt sich damit noch besser erreichen als durch generell-abstrakte Prozentsätze der Übersicherung. Die einseitige Bestimmung der erforderlichen Deckungsgrenze bei Geltendmachung des Freigabanspruchs ist deshalb entgegen der Rechtsprechung des VIII. Senats des BGH[39] zuzulassen[40]. Eine Unwirksamkeit wegen Übersicherung sollte deshalb allenfalls noch in Betracht gezogen werden, wenn die Übersicherung offenkundig durch keinerlei vernünftige Risikoerwägungen mehr gerechtfertigt werden kann.

b) Nach der Rechtsprechung des VIII. Senats des BGH[41] muß der Freigabanspruch zur Vermeidung einer Übersicherung in die AGB selbst aufgenommen werden, wenn die Bestellung der Sicherheit nicht unwirksam sein soll. Damit wurde eine frühere Rechtsprechung aufgegeben, wonach der Freigabanspruch auch ohne ausdrückliche Regelung gemäß § 242 BGB im Wege ergänzender Auslegung aus der Natur des Sicherungsvertrags herzuleiten war[42]. Der VIII. Senat begründet die Absage an einen vertragsimmanenten Freigabeanspruch mit dem Verbot der geltungserhaltenden Reduktion[43], das andernfalls umgangen würde.

Dieser Rechtsprechung stehen Bedenken entgegen. Aus kreditwirtschaftlicher Sicht ist die Rechtsprechung des VIII. Senats nachteilig, weil sie mit dem neuen Unwirksamkeitsgrund der fehlenden Freigabeklausel zusätzliche Unsicherheit unmittelbar für den Kredit schafft und damit das Kreditrisiko erhöht, was den Kreditzins nachteilig beeinflussen kann. Die Forderung nach Aufnahme bestimmter Klauseln führt auch zur Aufblähung der Allgemeinen Geschäftsbedingungen und läßt zusätzliche Informationskosten entstehen, ohne daß der Informationswert dadurch wesentlich erhöht würde, da die Lektüre von AGB nicht erwartet wird und zumindest im kaufmännischen Verkehr von der Kenntnis der Freigabepflicht ausgegangen werden kann.

---

38 Besonders deutlich OLG Stuttgart, ZIP 1984,463; ohne genaue Festlegung aber BGHZ 94, 105, 112 f. = NJW 1985, 1836, 1838; BGH, NJW 1987, 487, 491.

39 BGH, ZIP 1990, 25 = WM 1990, 51 = NJW 1990, 716.

40 Dazu auch *M. Wolf*, EWiR § 9 AGBG 5/90, 215; *Hj. Weber*, JZ 1990, 493.

41 BGH, NJW 1987, 487, 489.

42 BGH, NJW 1960, 1712, 1714.

43 BGH, NJW 1987, 487, 489.

Es verstößt aber auch gegen § 6 Abs. 1 AGB-Gesetz, wenn aus dem Fehlen oder der Unwirksamkeit einer Freigabeklausel auf die Unwirksamkeit der Übersicherung geschlossen wird, denn damit wird dem Sicherungsvertrag die Grundlage entzogen, was zu dessen Gesamtunwirksamkeit führt und gegen den Zweck von § 6 Abs. 1 AGB-Gesetz verstößt. Schließlich steht auch das Verbot der geltungserhaltenden Reduktion der Anerkennung einer vertragsimmanenten Freigabeklausel nicht im Wege. Vertragsimmanente Rechte und Pflichten, die sich im Wege ergänzender Vertragsauslegung nach § 242 BGB aus der Natur des Vertrags ergeben, stehen in ihrem Rechtscharakter dem vertragsergänzenden dispositiven Gesetz gleich, das nach § 6 Abs. 2 AGB-Gesetz an die Stelle einer unwirksamen oder fehlenden AGB-Klausel tritt. Der BGH hat deshalb in anderen Entscheidungen zu Recht die durch die Inhaltskontrolle entstandenen Lücken gemäß § 6 Abs. 2 AGB-Gesetz durch ergänzende Vertragsauslegung ausgefüllt[44]. Die ergänzende Vertragsauslegung nach § 242 BGB unterscheidet sich auch insofern von der geltungserhaltenden Reduktion, als sie zu einem einer fiktiven gesetzlichen Regelung entsprechenden gerechten Interessenausgleich führt, während die geltungserhaltende Reduktion eine Regelung am Rande des gerade noch Zulässigen hervorbringen würde[45]. Bei der geltungserhaltenden Reduktion würde der Richter dem Willen des Verwenders soweit wie möglich Rechnung tragen. Eine solche Interessenwahrung zugunsten des Verwenders ist aber nicht Aufgabe des Richters, woraus zu Recht das Verbot der geltungserhaltenden Reduktion abgeleitet wird. Bei der ergänzenden Auslegung nach § 242 BGB konkretisiert der Richter dagegen das Gebot von Treu und Glauben. Dies gehört nicht unter das Verbot der geltungserhaltenden Reduktion. Die aus § 242 BGB abgeleitete Freigabepflicht ist deshalb dem Sicherungsvertrag vertragsimmanent und verhindert auch ohne AGB-Klausel die Unwirksamkeit einer Übersicherung.

3. *Ökonomische Bewertung der Zweckbestimmungsklausel*

Kreditsicherheiten verschaffen eine Vorzugsstellung, die der Kreditgeber möglichst umfassend ausnutzen möchte. Die Zweckbestimmungserklärungen, in denen festgelegt wird, für welche Forderungen eine Sicherheit in Anspruch genommen werden kann, werden deshalb vom Kreditgeber möglichst umfassend erstellt etwa in der Weise, daß die Kreditsicherheit für „alle gegenwärtigen und künftigen – auch bedingten oder befristeten – Ansprüche" dient, „gleichviel aus welchem Grunde diese Ansprüche entstanden oder auf die Bank übergegangen sein mögen"[46].

---

44 BGHZ 90, 69, 75 ff. = NJW 1984, 1177, 1178; BGH, NJW 1985, 53, 56; BGH, BB 1983, 662, 663; *H. Schmidt*, Vertragsfolgen der Nichteinbeziehung und Unwirksamkeit von AGB, Heidelberg, 1986, S. 178 ff.; *Lindacher* in: *Wolf-Horn-Lindacher,* aaO (Fußn. 2), § 6 Rz. 15.

45 BGHZ 90,69, 81 f.; *Lindacher* in: *Wolf-Horn-Lindacher,* aaO (Fußn. 2), § 6 Rz. 18; § 9 Rz. 30; *H. Schmidt* in: *Ulmer-Brandner-Hensen,* aaO (Fußn. 13), § 6 Rz. 36.

46 Vgl. BGH, NJW 1987, 946; BGH, ZIP 1987, 629.

a) Die umfassende Zweckbestimmungsklausel schützt berechtigte Interessen des Kreditgebers. Dem Kreditgeber ist nicht ohne weiteres zuzumuten, Sicherheiten zurückzugeben, solange ungesicherte Ansprüche des Kreditnehmers aus der Geschäftsverbindung noch nicht erfüllt sind. Die umfassende Zweckbestimmungsklausel wird deshalb durch den auf Treu und Glauben beruhenden Grundgedanken des § 273 BGB gestützt, daß man zur Durchsetzung seiner eigenen Ansprüche Rechte des anderen benutzen darf, weil dieser treuwidrig handelt, wenn er seine Rechte in Anspruch nehmen will, ohne seine eigenen Pflichten zu erfüllen[47]. Die Zweckbestimmungsklausel erweitert diesen Grundgedanken in der Weise, daß anstelle einer bloßen Einrede mit Verurteilung zur Leistung Zug um Zug (§ 274 BGB) das Recht zur Befriedigung aus der Sicherheit trifft. Da der Kreditgeber aber auf die bei ihm befindlichen Rechte auch im Wege der Vollstreckung zugreifen könnte, liegt darin keine unangemessene Erweiterung seiner Rechtsstellung. Vielmehr dient die umfassende Zweckbestimmungsklausel aus dieser Sicht der Einsparung von Vollstreckungskosten. Auch die Erweiterung auf alle Ansprüche stellt keine übermäßige Bevorzugung des Kreditgebers dar, sondern liegt im Bereich des von § 273 BGB begründeten Gerechtigkeitsgehalts, wenn man darunter alle Ansprüche aus der bankmäßigen Geschäftsverbindung versteht[48].

b) Die umfassende Zweckbestimmungsklausel ist grundsätzlich auch mit einer wirtschaftlichen Kosten-Nutzen-Rechnung vereinbar, weil der Ausfall von Ansprüchen beim Kreditgeber zu einer höheren Kostenbelastung führen würde, die sich in ungünstigeren Kreditkonditionen niederschlagen müßte. Aus diesem Grunde ist auch die Beschränkung auf Ansprüche aus der bankmäßigen Geschäftsverbindung gerechtfertigt, weil typischerweise nur diese Ansprüche in eine Kosten-Nutzen-Rechnung der Bank eingehen, nicht aber z. B. Ansprüche Dritter[49].

aa) Gesamtwirtschaftliche Nachteile im Sinne einer fehlerhaften Allokation von Krediten ergeben sich aber, wenn Kreditsicherheiten für unübersehbare künftige Ansprüche blockiert werden. Es besteht für den Sicherungsgeber dann nicht mehr die Möglichkeit, mit diesen an sich unbelasteten Sicherheiten am Kreditmarkt einen gesamtwirtschaftlich sinnvollen Kredit auszuhandeln. Zugleich wird der dem Abbau von Übersicherungen dienende Freigabeanspruch unterlaufen, wenn ungewisse künftige Ansprüche in die sog. Deckungsgrenze einbezogen werden. Die unbegrenzte Einbeziehung künftiger Ansprüche stellt deshalb eine Benachteiligung des Kreditnehmers dar

47 BGHZ, 47, 167; 64, 125; *Heinrichs* in: Palandt, aaO (Fußn. 11), § 273, Anm. 1a; *Esser-Schmidt*, Schuldrecht I, 6. Aufl., 1984, § 16 II 1a; *M. Wolf* in: Soergel, aaO (Fußn. 13), § 273, Rz. 2.

48 BGH, NJW 1981, 756; 1985, 849; ZIP 1987, 829, 831; s. auch KG, NJW-RR 1990, 544, 557 zu Klausel 18, wonach die Zugehörigkeit der beiderseitigen Ansprüche zu einem einheitlichen Lebensverhältnis nicht zum Gerechtigkeitsgehalt des § 273 BGB zählt.

49 Dagegen zu Recht auch BGH, NJW 1981, 1600.

mit auch gesamtwirtschaftlich negativen Effekten. Von der Sicherung auszuschließen sind aber nur solche künftigen Ansprüche, die unübersehbar und damit auch nicht berechenbar sind. Ansprüche, die nach ihrem Entstehungsgrund bereits existent und damit überschaubar, wenngleich noch nicht fällig sind, können dagegen in die Zweckbestimmungsklausel einbezogen werden, da ihr Risiko berechenbar ist und ihre Sicherung damit auch nachteilige Auswirkungen auf die Kreditkonditionen vermeidet. Auch ist dem Kreditgeber nicht zuzumuten, Sicherheiten freizugeben, obwohl er absehen kann, daß bereits existente, aber noch nicht fällige Ansprüche ungedeckt sind. Er würde damit zu einer Vorleistung gezwungen, was dem Grundgedanken des § 321 BGB widersprechen würde, wonach eine selbstschädigende Vorleistung vom Schuldner nicht erwartet werden kann. Dieser Grundgedanke enthält einen Gerechtigkeitsgehalt, der über die im Gegenseitigkeitsverhältnis stehenden Leistungen hinaus Geltungskraft besitzt[50] und der auch die Einbeziehung künftiger Ansprüche in die Zweckbestimmungsklausel rechtfertigt, soweit sie nach ihrem Rechtsgrund bereits existent und damit überschaubar und berechenbar sind. Lediglich unüberschaubare und unkalkulierbare künftige Ansprüche führen zu einer vertragsrechtlich nicht gerechtfertigten und gesamtwirtschaftlich nachteiligen Blockierung von Sicherheiten und können deshalb nicht in die Zweckbestimmungsklausel einbezogen werden. Dies kann durch eine entsprechende Auslegung erreicht werden.

bb) Mit der Einbeziehung aller Ansprüche eröffnet sich auch die Möglichkeit, daß nach Ausfall einer schlechten Sicherheit die noch offene Forderung nunmehr durch die gute Sicherheit abgesichert wird. Der Kreditgeber erlangt dadurch einen ungerechtfertigten Vorteil, wenn er sich für den schlecht gesicherten Kredit einen hohen Risikozins hat bewilligen lassen und dennoch den Vorteil einer guten Sicherheit dafür in Anspruch nehmen kann. Der ungerechtfertigte hohe Risikozins belastet den Kreditnehmer und behindert zugleich eine gesamtwirtschaftlich effektive Kreditallokation, wenn wegen der ungerechtfertigt hohen Risikozinsen weitere Kredite nicht aufgenommen werden können. Kredite, für die ein auf eine besondere Sicherheit abgestellter Risikozins vereinbart worden ist, dürfen deshalb bei Ausfall dieser Sicherheit nicht in die umfassende Deckung einbezogen werden. Dies würde auch dem von den Parteien vereinbarten Äquivalenzverhältnis widersprechen, das als individuelle Vertragsabrede gemäß § 4 AGB-Gesetz die Anwendung der Zweckbestimmungsklausel in den AGB ausschließt. Die Einbeziehung anderer Kredite in die umfassende Zweckbestimmungsklausel ist danach nur gerechtfertigt, wenn diese Kredite auch einen erkennbaren Bezug zu dieser Zweckbestimmungsklausel und der davon erfaßten Sicherheit aufweisen[51].

---

50 Vgl. BGH, NJW 1981, 2802.

51 Die Rechtsprechung in diesem Punkt ist zu stark kasuistisch orientiert und läßt ein konkret faßbares Prinzip nicht erkennen; *Clemente*, ZIP 1985, 193; *Eickmann*, ZIP 1989, 137.

Wird ein Kredit notleidend, so ist der Kreditgeber an dessen möglichst rascher Rückzahlung interessiert. Diesem Interesse wird durch Kündigungs- oder Vorfälligstellungsklauseln Rechnung getragen, deren Voraussetzungen der Kreditgeber möglichst niedrig halten will, während der Kreditnehmer die vorzeitige Fälligkeit möglichst vermeiden will. Für den Zahlungsverzug als Hauptfall der vorzeitigen Fälligstellung hat der BGH den Interessenkonflikt zwischen Kreditgeber und Kreditnehmer in Anwendung der Grundgedanken von § 4 Abs. 2 AbzG (jetzt: §§ 12, 13 VerbrKrG) und § 554 Abs. 1 BGB dadurch gelöst, daß die Kündigung oder Vorfälligstellung nur dann zugelassen wird, wenn sich der Kreditnehmer mit zwei oder mehr aufeinanderfolgenden Raten, die in ihrer Summe mindestens zwei volle Tilgungsraten ergeben, in Verzug befindet[52]. Ein bloß unverschuldeter Rückstand genügt nicht[53].

Aus marktwirtschaftlicher Sicht ist die vorzeitige Fälligstellung gerechtfertigt, wenn die ursprüngliche Risikobewertung aufgrund nachträglich veränderter Umstände hinfällig geworden ist und dem Kreditgeber deshalb ein Schaden droht, den er abwenden möchte. Andererseits bringt eine ungerechtfertigte Kündigung dem Kreditnehmer Nachteile, wenn er den Kredit nicht mehr wirtschaftlich nutzen kann und für die Aufnahme eines neuen Kredits unnötig zusätzliche Transaktionskosten anfallen. Bei einer gesamtwirtschaftlichen Kosten-Nutzen-Betrachtung muß die vorzeitige Fälligstellung deshalb auf ein für beide Teile vertretbares Maß begrenzt werden.

Der Kreditgeber hat ein wirtschaftlich berechtigtes Interesse an vorzeitiger Fälligstellung erst, wenn ihm ein Verzugsschaden zu entstehen droht, der durch die Kreditsicherheit nicht abgedeckt ist. Solange die Kreditsicherheit ausreicht, kann er aus dem Verzug keinen Ausfall erleiden. Wird die Sicherheit andererseits nicht vorzeitig verwertet, so drohen für den zahlungsunfähigem Kreditnehmer unnötige Belastungen aus dem Verzugsschaden, die er aus der Kreditsumme offensichtlich nicht erwirtschaften kann. Ist der Verzug nur vorübergehend, so daß ein Verzugsschaden nur begrenzt entsteht, so wäre die vorzeitige Fälligstellung bei einer gesamtwirtschaftlichen Kosten-Nutzen-Rechnung nicht gerechtfertigt, wenn der Kreditnehmer den Verzugsschaden später wieder aus dem Kredit erwirtschaften könnte und die Kosten aus der vorzeitigen Fälligstellung für den Kreditnehmer höher wären als der von ihm zu ersetzende Verzugsschaden. Dem Kreditgeber könnte ein Verzicht auf die vorzeitige Fälligstellung auch zugemutet werden, solange die Sicherheit den Verzugsschaden deckt.

Um den Kreditnehmer nicht unangemessen zu benachteiligen und um gesamtwirtschaftlich nachteilige Auswirkungen zu vermeiden, darf die vorzei-

52 BGHZ 95, 362, 372 f.; s. auch BGH, NJW 1983, 1420, 1421.

53 Vgl. BGH, NJW 1985, 1706 und 2329; BGH, NJW 1986, 424, 426.

tige Fälligstellung deshalb auch bei einem Verzug mit zwei vollen Tilgungsraten erst zugelassen werden, wenn die Zahlungsunfähigkeit nicht nur vorübergehend oder wenn der Verzugsschaden durch die Sicherheit nicht mehr gedeckt ist. Gegen eine Entscheidung des KG, worin die Kündigungsklausel in den AGB einer Landesbausparkasse für zulässig gehalten wird, wenn fällige Leistungen nicht innerhalb eines Monats nach Mahnung gezahlt werden[54], bestehen deshalb Bedenken, weil weder das Vorliegen ausreichender Sicherheit, in der Regel in Form einer Grundschuld, noch das Vorliegen einer vorübergehenden Zahlungsunfähigkeit geprüft wird. Erst wenn eine länger dauernde Zahlungsunfähigkeit anzunehmen ist, so daß das Hinauszögern der Verwertung den Kreditnehmer unnötig mit den im Lauf der Zeit wachsenden Kosten des Verzugs belastet, die er nicht mehr erwirtschaften kann, ist trotz ausreichender Sicherheit eine vorzeitige Verwertung gerechtfertigt. Der Zwei-Monats-Test gemäß § 4 Abs. 2 AbzG (jetzt: §§ 12, 13 VerbrKrG), § 554 Abs. 1 BGB bietet dafür nur einen unzureichenden Anhaltspunkt, der im Interesse des Kreditnehmers wie aus gesamtwirtschaftlicher Sicht der genaueren Anpassung bedarf.
Im Zusammenhang mit Kreditsicherungsverträgen ist eine vorzeitige Fälligstellung deshalb nur dann als zulässig anzusehen, wenn neben dem Verzug mit zwei vollen Tilgungsraten die vorhandenen Sicherheiten zur Abdekkung des Verzugsschadens nicht ausreichen und die Zahlungsunfähigkeit nicht nur vorübergehend ist. Vorübergehende Zahlungsunfähigkeit ist dabei dann anzunehmen, wenn der entstehende Verzugsschaden später wieder erwirtschaftet werden kann und zugleich höhere Nachteile aus der Verwertung der Sicherheit für den Kreditnehmer vermieden werden.

5. *Grenzen ökonomischer Bewertung*

Wie die Beispiele gezeigt haben, erlauben gesamtwirtschaftliche Kosten-Nutzen-Betrachtungen gerade bei Kreditgewährungen, die Angemessenheit der dabei benutzten Klauseln besser und in Übereinstimmung mit den wirtschaftlichen Bedürfnissen zu beurteilen. Der ökonomischen Bewertung sind jedoch Grenzen gesetzt[55]. Insbesondere müssen auch die gegeneinander abzuwägenden Interessen Raum für ökonomische Bewertungen lassen. Wirtschaftliche Kosten-Nutzen-Rechnungen sind grundsätzlich nicht angebracht, wo es darum geht, das Recht des einzelnen auf Information und Entscheidung in seinen Angelegenheiten zu wahren. Dies zeigt sich etwa am Beispiel der gerade auch in Kreditverträgen oft benutzten Vollmachtklausel, wonach zwischen mehreren Kreditnehmern eine Bevollmächtigung in der Weise vorgeschrieben wird, daß jeder Kreditnehmer Erklärungen für

54 KG, NJW-RR 1990, 544, 552.
55 S. o. III 1 b.

den anderen abgeben oder in Empfang nehmen kann[56]. Solche Klauseln können nicht mit verwaltungstechnischen Vereinfachungen und Kosteneinsparungen des Verwenders gerechtfertigt werden[57], da das Recht auf Entscheidung und Information in eigenen Angelegenheiten ein wesentliches privatrechtliches Freiheitsrecht darstellt, das grundsätzlich trotz damit verbundener Kostenbelastungen gewahrt werden muß. Deshalb muß grundsätzlich jeder Kreditnehmer ohne Rücksicht auf die finanziellen Belastungen über die für seine Rechtsstellung bedeutsamen Erklärungen informiert werden, falls nicht nach der Art der zwischen den Kreditnehmern bestehenden Verbindung, wie insbesondere zwischen Ehegtten, von einer gegenseitigen Benachrichtigung ausgegangen werden kann. Bei Erklärungen, deren fehlende Kenntnis beim Betroffenen keine nachteiligen Folgen verursachen kann, braucht die Kenntniserlangung des Betroffenen nicht mit derselben Sorgfalt sichergestellt zu werden[58].

IV. *Gemeinschaftsfreundliche Inhaltskontrolle im EG-Binnenmarkt*

Die im EWG-Vertrag gewährleistete Niederlassungs- und Dienstleistungsfreiheit (Art. 52 ff, Art. 59 ff EWGV) führt auch die Kreditwirtschaft in einen Binnenmarkt ohne Grenzen (s. Art. 8a Abs. 2 EWGV). Die II. EG-Bankrechts-Richtlinie schafft hierzu die Voraussetzungen, indem sie die Mitgliedstaaten verpflichtet, jedem Kreditinstitut die Ausübung seiner von der Zulassung erfaßten Tätigkeiten in allen Mitgliedstaaten ohne Behinderung auf die gleiche Weise wie im Herkunftsland zu gestatten[59]. Da Bankleistungen im allgemeinen und das Kreditgeschäft im besonderen sehr stark von den zugelassenen Vertragsgestaltungen beeinflußt werden, fragt sich, ob die nationale AGB-Kontrolle Vertragsgestaltungen, die in anderen Mitgliedstaaten zugelassen sind, für unwirksam erklären und damit Marktschranken aufrechterhalten kann oder ob die Verpflichtung zur Herstellung eines Binnenmarktes ohne Grenzen nicht auch bei der Inhaltskontrolle Berücksichtigung in dem Sinne verlangt, daß die in anderen Mitgliedstaaten zugelassenen Kreditverträge mit ihren AGB auch im Inland anerkannt werden. Bei dieser Frage nach dem Abbau von Marktschranken durch eine gemeinschaftsfreundliche Inhaltskontrolle sind mehrere Gesichtspunkte von Bedeutung.

---

56 Etwa BGH, NJW 1989, 2383; KG, NJW-RR 1990, 544, 553 zu Klausel 13.

57 So zu Recht KG, NJW-RR 1990, 544, 553.

58 Zu den Erklärungen ohne besondere Bedeutung in § 10 Nr. 6 AGBG *M. Wolf* in: *Wolf-Horn-Lindacher*, aaO, § 10 Nr. 6 Rz. 8 f.; *H. Schmidt* in: *Ulmer-Brandner-Hensen*, aaO (Fußn. 11), § 10 Nr. 6 Rz. 7.

59 Art. 18 II. EG-Bankrechts-Richtlinie vom 24.7.1989, mit Gründen abgedruckt in: ZBB 1989, 142, 143 und 148.

1. *Wettbewerb der Rechtsinstitute und Verbraucherschutz*

Die im Binnenmarkt erstrebenswerte Rechtsvereinheitlichung ist für den Bereich der Inhaltskontrolle von AGB noch nicht verwirklicht. Eine Richtlinie über mißbräuchliche Klauseln in Verbraucherverträgen wird zwar vorbereitet, enthält aber für Kreditverträge außer der Generalklausel keine konkreten Vorgaben[60]. Die Rechtsvereinheitlichung kann statt durch eine Einheitsregelung auch in der Weise geschaffen werden, daß alle Rechtsinstitute aufgrund gegenseitiger Anerkennung in jedem Mitgliedsstaat zugelassen werden[61]. Dies führt zu einem Wettbewerb der Rechtsinstitute. Die Konzeption eines Wettbewerbs der Rechtsinstitute liegt auch der II. EG-Bankrechts-Richtlinie[62] zugrunde und führt zu einer Rechtsvereinheitlichung in der Vielfalt. Ein solcher Wettbewerb der Rechtsinstitute erscheint sinnvoll, soweit er zu verschiedenartigen Angeboten am Markt führt. Die für den Wettbewerb erforderliche gegenseitige Anerkennung von Rechtsinstituten findet jedoch ihre Grenzen, wo zum Schutz von Allgemeininteressen besondere nationale Regelungen gerechtfertigt sind[63]. Der Verbraucherschutz, dem die Inhaltskontrolle von AGB dient, gehört zum Allgemeininteresse[64], das nationale Regelungen auch unter dem EWG-Vertrag zu rechtfertigen vermag. Das AGB-Gesetz, das dem Verbraucherschutz dient, ist deshalb als nationale Regelung für deutsche Gerichte grundsätzlich nach wie vor maßgebend. Es ist deshalb von der Geltung der nationalen Vorschriften über die AGB-Kontrolle auszugehen, wobei die Vorschriften des Internationalen Privatrechts[65] über die Anwendung des jeweils nationalen Rechts bestimmen[66].

2. *Freiheit des Dienstleistungsverkehrs*

Dem Grundsatz der Dienstleistungsfreiheit ist jedoch bei Anwendung und Durchführung der nationalen Inhaltskontrolle Rechnung zu tragen. In mehreren Entscheidungen hat der EuGH klargestellt, daß die Niederlassungsfreiheit in Art. 52 EWGV und die Dienstleistungsfreiheit in Art. 59 EWGV nicht nur unverbindliche Programmsätze, sondern unmittelbar verbindliches Recht enthalten[67]. Die unmittelbare Geltung dieser Freiheiten bewirkt

60 Vorschlag der Kommission vom 23.7.1990, Kom (90) 322-SYN 285.

61 Weißbuch der Kommission an den Europäischen Rat, 1985, S. 6 Nr. 13, S. 19 Nr. 65.

62 AaO (Fußn. 59); dazu *M. Wolf*, WM 1990, 1941, 1944f.

63 Begründung zur II. EG-Bank-Ri 1, abgedruckt in ZBB 1989, 142, 143; *M. Wolf*, WM 1990, 1941; vgl. allgemein EuGH, Urt. vom 20.2.1979, Slg. 1979, 649, 662 „Cassis de Dijon".

64 *Matthies* in: *Grabitz*, EWGV, München, 2. Aufl. 1989, Art. 30 Rz. 39a.

65 Insbesondere Art. 27, 28, 29 EGBGB; § 12 AGBG.

66 *M. Wolf*, WM 1990, 1941, 1952.

67 EuGH, Urt. vom 12.7.1984, NJW 1985, 1275 zur Niederlassungsfreiheit in Art 52 EWGV; EuGH, Urt. v. 4.12.1986, Slg. 1986, 3793, 3802 zur Dienstleistungsfreiheit in Art. 59 EWGV.

nicht nur, daß entgegenstehendes nationales Recht außer Kraft gesetzt wird. Die unmittelbare Geltung des EWG-Vertrags hat vielmehr auch Folgen für die Auslegung des nationalen Rechts. Darüber hinaus haben nach Art. 5 EWGV die Mitgliedstaaten alle die Ziele des EWG-Vertrags gefährdenden Maßnahmen zu unterlassen. Diese Verpflichtung trifft nicht nur die Legislative und die Exekutive, sondern auch die Rechtsprechung[68]. Die Gerichte müssen deshalb, wo Auslegungsspielräume bestehen, diese im Sinne der Ziele des EWG-Vertrags gemeinschaftsfreundlich auslegen.
Für eine gemeinschaftsfreundliche Auslegung und die damit verbundene Verwirklichung des in Art. 59 EWGV angestrebten Ziels der Dienstleistungsfreiheit bietet die Generalklausel des § 9 AGB-Gesetz in besonderen Maße Gelegenheit. Dabei geht es zur Herstellung des Binnenmarktes nicht nur um ein Diskriminierungsverbot in dem Sinne, daß Angehörigen anderer Mitgliedstaaten dieselben Vertragsgestaltungen erlaubt sein müssen wie den Inländern. Vielmehr soll die Dienstleistungsfreiheit des Art. 59 EWGV dem Anbieter die Erweiterung des Marktgebietes zu den Bedingungen seines Herkunftslandes sichern[69] und ebenso soll dem Dienstleistungsempfänger die vermehrte Auswahl aus Angeboten anderer Mitgliedstaaten gewährt werden[70]. § 9 AGB-Gesetz ist deshalb in der Weise anzuwenden, daß Vertragsgestaltungen, die in anderen Mitgliedstaaten zugelassen sind, grundsätzlich auch im Inland vereinbart werden dürfen.

3. *Grenzen der Anerkennung*

Die Freiheit des Dienstleistungsverkehrs verlangt nicht die Anerkennung jeder beliebigen AGB-Klausel, die in einem anderen Mitgliedstaat unbeanstandet bleibt. Die Dienstleistungsfreiheit hat nur insofern Einfluß auf die gegenseitige Anerkennung von AGB-Klauseln, als dies zur Herstellung eines Binnenmarktes erforderlich ist (Art. 3 lit. h EWGV). Die Zulassung von AGB-Klauseln anderer Mitgliedstaaten ist danach nur insoweit erforderlich, als sich dies auf die marktmäßige Bewertung des Dienstleistungsangebots und die damit verbundenen ökonomischen Entscheidungen der Anbieter und Nachfrager auswirkt[71]. Dies kann bei AGB der Kreditwirtschaft im Regelfall angenommen werden.
Eine Einschränkung ergibt sich auch bei Vorliegen eines Allgemeininteresses. Dieses rechtfertigt nicht nur die Anwendung des AGB-Gesetzes an sich[72]. Es kann auch der Anerkennung einzelner in anderen Mitgliedstaaten

68 *Söllner*, Art. 5 EWGV in der Rechtsprechung des EuGH, 1985, S. 100 ff.; *Spetzler*, RIW 1986, 286, 288.
69 *Dauses*, EuZW 1990, 8, 10.
70 EuGH, Urt. v. 31.1.1984, Slg. 1984, 377; s. auch EuGH, Urt. v. 4.12.1986, Slg. 1986, 3793, 3802; *Everling*, RabelsZ 50 (1986) 193, 216; *Steindorff*, ZHR 150 (1986) 687, 689, 692.
71 *Langeheine* in: *Grabitz*, aaO (Fußn. 64), Art. 100 Rz. 34; *M. Wolf*, WM 1990, 1941, 1945.
72 S. oben IV 1.

zugelassener AGB-Klauseln entgegengehalten werden. Als Allgemeininteresse ist neben dem Verbraucherschutz insbesondere auch die Lauterkeit des Handelsverkehrs anerkannt[73]. Das Allgemeininteresse ist prinzipiell aber auch dann als betroffen anzusehen, wenn eine Regelung eindeutig dem wirtschaftlichen Gesamtnutzen widerspricht.
Die Versagung kann jedoch nicht global erfolgen. Vielmehr muß für jede Klausel gesondert geprüft werden, ob deren Unwirksamkeit das gebotene, geeignete und verhältnismäßige Mittel zum Schutz des Allgemeininteresses darstellt[74].

4. *Vermeidung der Inländerdiskriminierung*

Soweit das Allgemeininteresse einer Zulassung nicht entgegensteht, ist die gegenseitige Anerkennung in allen Mitgliedstaaten geboten. AGB-Klauseln aus anderen Mitgliedstaaten müssen aber nicht nur deren Angehörigen, sondern zur Vermeidung einer Inländerdiskriminierung nach Art. 3 GG auch den Inländern gestattet sein[75]. Dies ermöglicht einen gegenseitigen Wettbewerb von Vertrags- und Klauselgestaltungen, der neben dem „Import" auch den „Export" im Inland zugelassener Klauseln in andere Mitgliedstaaten erlaubt.

5. *Folgerungen für die AGB der Kreditinstitute*

Versucht man aufgrund einer ersten globalen Übersicht zu bewerten, welche Auswirkungen der Import und Export von Klausel- und Vertragsgestaltungen in der Kreditwirtschaft nach sich zieht, so ist festzustellen, daß das deutsche Kredit- und Sicherungsrecht im Vergleich zu anderen Mitgliedstaaten in verhältnismäßig großzügiger Weise eine Vielzahl von Gestaltungsmöglichkeiten zuläßt. Auch das AGB-Gesetz setzt diesen Gestaltungsmöglichkeiten im internationalen Vergleich keine allzu engen Grenzen.
So ist etwa im deutschen Recht die stille Zession ohne weiteres möglich und wird häufig praktiziert, während sie z. B. im französischen Recht, vor allem soweit es die Sicherungsabtretung von Lohn- und Gehaltsforderungen betrifft, nicht in Betracht kommt[76]. Die Behinderung dieser Sicherungsform

---

73 *Matthies* in: *Grabitz*, aaO (Fußn. 64), Art. 30 Rz. 19, 39a.

74 *Matthies* in: *Grabitz*, aaO (Fußn. 64), Art. 30 Rz. 21; *Wägenbaur* in: *von der Groeben*, Handbuch des europäischen Rechts, 1989, Art. 36 Rz. 68 ff.

75 Dazu *Bleckmann*, GruR Int. 1986, 182; *Kleier*, RIW 1988, 623, 629; den von der Inländerdiskriminierung ausgehenden faktisch-politischen Druck betont *Ensthaler*, RIW 1990, 734, und hält deshalb eine rechtliche Lösung für entbehrlich.

76 *M. Wolf*, WM 1990, 1941, 1948 m.w.N.

durch Abtretungserschwerungen des französischen Rechts[77] dürfte unter der Geltung der Dienstleistungsfreiheit des EWG-Vertrags kaum Bestand haben können, weil deutschen Kreditinstituten sonst ein wesentlicher Teil ihrer kreditwirtschaftlichen Betätigung verschlossen wäre.

Auch soweit es die Zulässigkeit von Haftungsfreizeichnungen als einer in Kredit- und Sicherungsverträgen nicht unbeachtlichen Frage betrifft, ist das deutsche AGB-Gesetz nicht übermäßig streng. So verbietet das französische Recht die Haftungsfreizeichnung für Vorsatz und grobe Fahrlässigkeit nicht nur in Allgemeinen Geschäftsbedingungen, sondern auch in Individualvereinbarungen und dehnt dieses Freizeichnungsverbot auf berufliche Sorgfaltspflichten derart aus, daß auch die Haftung für leichte Fahrlässigkeit des Schuldners und seiner Erfüllungsgehilfen nicht abbedungen werden kann[78]. Dies entspricht, soweit es AGB betrifft, in den wesentlichen Grundlagen der deutschen Rechtsprechung zum Freizeichnungsverbot bei Kardinalpflichten.

Danach kann davon ausgegangen werden, daß durch die Verpflichtung zur Anerkennung von Klauselgestaltungen anderer Mitgliedstaaten bei einer gemeinschaftsfreundlichen Anwendung des AGB-Gesetzes für den inländischen Bereich im großen und ganzen keine schwerwiegenden Veränderungen zu erwarten sind. Trotz dieses generellen Befundes erscheinen jedoch in einzelnen Punkten aus gemeinschaftsfreundlicher Sicht Korrekturen der Inhaltskontrolle angebracht.

a) Ein erstes Beispiel betrifft die Bürgschaft. Das englische Recht, das grundsätzlich ebenfalls von der Akzessorietät der Bürgschaft ausgeht[79], läßt Klauselgestaltungen zu, in denen sich der Bürge bei Nichtigkeit der Hauptforderung unter Verzicht auf seine Einwendungen zur Zahlung verpflichtet[80]. Auch das französische Recht sieht trotz grundsätzlicher Akzessorietät der Bürgschaft[81] vor, daß sich der Bürge für eine Hauptverbindlichkeit verbürgen kann, auch wenn diese wegen rein persönlicher Einwendungen[82], insbesondere wegen Minderjährigkeit des Hauptschuldners, unwirksam ist[83].

In Anwendung von § 9 AGB-Gesetz hat der BGH Einschränkungen der Akzessorietät der Bürgschaft zwar zugelassen, indem die Bürgschaft auf erstes

---

77 Art. 1690 Code civil verlangt eine Benachrichtigung des Schuldners „par exploit d'huissier", was in der Praxis eine Abtretung ausschließt; *Reinecker-Petereit* in: *Hadding-Schneider*, Hrsg., Recht der Kreditsicherheiten in europäischen Ländern, Teil II: Frankreich, Berlin 1978, S. 23.

78 S. etwa *Kleinwächter*, RIW 1984, 690.

79 *Brink-Habel*, in: *Hadding-Schneider*, Hrsg., Recht der Kreditsicherheiten in europäischen Ländern, Teil IV: England, Berlin 1980, S. 71 f.

80 *Brink-Habel*, aaO (Fußn. 79), S. 77 Rz. 198.

81 *Reinecker-Petereit*, aaO (Fußn. 77), S. 48 ff.

82 Art. 2012 Abs. 2 Code civil.

83 *Reinecker-Petereit*, aaO (Fußn. 77), S. 48 f. Rz 57.

Anfordern[84] oder der Verzicht auf die Einreden der Anfechtbarkeit und Aufrechenbarkeit[85] als wirksam beurteilt wird. Den Verzicht auf Einwendungen, die sich aus der Nichtigkeit der Hauptforderung ergeben, hält der BGH jedoch im Zusammenhang mit einer Bürgschaft für unwirksam[86]. Sofern englische oder französische Banken in ihren Bürgschaftsformularen einen Einwendungsverzicht vorsehen, verlangt dagegen eine gemeinschaftsfreundliche Auslegung, solche Klauseln trotz weitgehender Aushöhlung der Akzessorietät auch nach § 9 AGB-Gesetz als anzuerkennen. Die englischen und französischen Banken müssen ihre Leistungen grundsätzlich in derselben Weise wie im Heimatland anbieten können. Andernfalls würde die durch Art. 59 EWGV gewährleistete Dienstleistungsfreiheit im Binnenmarkt beeinträchtigt. Die Zulassung eines Einwendungsverzichts hat für die Bank auch Einfluß auf die marktmäßige Bewertung ihrer Dienstleistung, denn der Einwendungsverzicht des Bürgen verringert die Risiken der Kreditvergabe und ermöglicht damit ein verbessertes oder überhaupt erst ein Kreditangebot.
Aus gemeinschaftsrechtlicher Sicht könnte den Einwendungsverzichtsklauseln die Anerkennung allenfalls versagt werden, wenn das Festhalten an der Akzessorietät durch Allgemeininteressen gerechtfertigt wäre. Als ein solches Allgemeininteresse kommt vor allem der Verbraucherschutz in Betracht. Für den Schutz des kaufmännischen Verkehrs ist dagegen kein Allgemeininteresse ersichtlich. Aber auch zum Schutz der Verbraucher ist kein ausreichendes Allgemeininteresse gegeben, da Nichtkaufleute einen Garantievertrag ohne weiteres wirksam abschließen können. Durch den Einwendungsverzicht wird je nach seinem Umfang ein fließender Übergang zwischen Bürgschaft und Garantie geschaffen. Die Bürgschaft mit Einwendungsverzicht ist deshalb keinesfalls belastender als ein zulässiger Garantievertrag. Auch kann der Bürge aufgrund seiner regelmäßig bestehenden Verbindungen zum Hauptschuldner die Einwendungsrisiken, wie etwa die Geschäftsfähigkeit, regelmäßig besser beurteilen als der Kreditgeber. Ein Allgemeininteresse, die Dienstleistungsfreiheit im Binnenmarkt zu beschränken, läßt sich deshalb nicht begründen.
Ein Schutzbedürfnis des Bürgen ist nur insoweit anzuerkennen, als er über die ihn treffenden Risiken informiert werden muß. Dazu muß aber der Einwendungsverzicht nicht generell als unwirksam beurteilt werden. Vielmehr kann dem Informationsbedürfnis des Bürgen durch das Verbot überraschender Klauseln gemäß § 3 AGB-Gesetz Rechnung getragen werden. Das in § 9 AGB-Gesetz verankerte Transparenzgebot ist nicht anzuwenden, da der Einwendungsverzicht nicht das Preis-Leistungsverhältnis zwischen Gläubiger und Bürgen betrifft und die Transparenz auch nicht für die

84 Dazu etwa BGH, NJW 1984, 2456; BGH, NJW 1985, 1694; OLG Hamm, NJW-RR 1987, 686.
85 BGHZ 95, 350, 359; BGH, NJW 1984, 2455; BGH, NJW 1986, 928, 930.
86 BGHZ 95, 350, 356.

Rechtsverfolgung zugunsten des Bürgen erforderlich ist. Da Einwendungsverzichtsklauseln bei der deutschen Bürgschaft bisher nicht zu erwarten waren, ist jedoch im Hinblick auf das Überraschungsverbot gemäß § 3 AGB-Gesetz ein besonders deutlicher Hinweis erforderlich. Der Umstand, daß es sich um das Bürgschaftsformular einer englischen oder französischen Bank handelt, reicht dafür nicht ohne weiteres aus. Ist der Einwendungsverzicht aber ausreichend deutlich gemacht, so darf er bei gemeinschaftsfreundlicher Auslegung nicht mehr nach § 9 AGB-Gesetz für unwirksam erklärt werden. Dies gilt nicht nur gegenüber englischen und französischen Banken, sondern zur Vermeidung einer Inländerdiskriminierung auch gegenüber deutschen Kreditinstituten.

b) Beschränkungen, die anderen Mitgliedstaaten nicht bekannt sind, ergeben sich auch aus der Vertragsbruchtheorie. Danach sind Globalzessionen im Rahmen einer Sicherungszession oder einer Factoringzession unwirksam, wenn sie Vorausabtretungen aus einem verlängerten Eigentumsvorbehalt erfassen und nicht durch eine dingliche Verzichtsklausel ergänzt werden[87]. Der Prioritätsgrundsatz wird insoweit außer Kraft gesetzt. Demgegenüber kennen die Rechtsordnungen anderer Mitgliedstaaten eine solche Einschränkung des Prioritätsgrundsatzes nicht[88]. Englische und französische Banken müssen deshalb weder bei Sicherungsabtretungen noch bei Factoringzessionen einen absoluten Vorrang der Vorausabtretung an den Warenkreditgeber anerkennen, sondern genießen den Vorrang der Priorität. Damit mindert sich für sie das Kreditrisiko bei Globalzessionen, was zugleich günstigere Kreditkonditionen ermöglicht. Aufgrund der Garantie der Dienstleistungsfreiheit in Art. 59 EWGV muß ihnen dieses Dienstleistungsangebot auf die gleiche Weise wie im Heimatland grundsätzlich auch in den anderen Mitgliedstaaten gestattet sein.

Die Anwendung der Vertragsbruchtheorie, die dem Prioritätsgrundsatz entgegensteht und damit auch das günstigere Kreditangebot verhindert, könnte nur aufgrund eines überwiegenden Allgemeininteresses gerechtfertigt werden. Ein solches ist jedoch zugunsten des Warenkreditgebers nicht ersichtlich. Dieser kann sich statt durch eine Vorausabtretung auf andere Weise, etwa durch eine Erlösklausel oder durch eine Bankgarantie, sichern[89]. Globalzessionen behindern deshalb den Warenkreditgeber nicht unangemessen. Auch eine gesamtwirtschaftliche Kosten-Nutzen-Betrachtung spricht dafür, die Globalzession an den Geldkreditgeber gemäß dem Prioritätsgrundsatz gegenüber späteren Vorausabtretungen als wirksam anzusehen, da der Geldkreditgeber die Risiken des Kreditnehmers besser kalkulieren kann als der Warenkreditgeber und dies zu einer besseren Allokation der Kreditressourcen führt. Deshalb sprechen neben der Gewährleistung der

---

87 BGHZ 72, 308; 82, 50; BGH, NJW 1974, 942.
88 *M. Wolf-Haas*, ZHR 154 (1990) 64, 87 ff m.w.N.
89 Vgl. *M. Wolf-Haas*, ZHR 154 (1990), 64, 92.

Dienstleistungsfreiheit im Binnenmarkt der EG auch ökonomische Gründe dafür, eine Globalzession an den Geldkreditgeber entgegen der Vertragsbruchrechtsprechung des BGH auch ohne dingliche Verzichtsklausel weder wegen Sittenwidrigkeit nach § 138 BGB als nichtig noch nach § 9 AGB-Gesetz als unwirksam zu beurteilen.

V. *Schlußbetrachtung und Thesen*

Der Beitrag wollte deutlich machen, daß die Anwendung des AGB-Gesetzes gerade im Bereich der Kreditwirtschaft in besonderer Weise sowohl von den gesamtwirtschaftlichen Folgen wie vom europäischen Einigungsprozeß abhängig ist. Dabei wird nicht verkannt, daß die Beurteilung der gesamtwirtschaftlichen Folgen angesichts komplexer Interdependenzen und schwer prognostizierbarer Entwicklungen zuweilen gar nicht zuverlässig möglich ist. Diese Schwierigkeiten dürfen aber nicht dazu führen, erkennbare Auswirkungen vom Abwägungsprozeß auszuschließen. Die Berücksichtigung der wirtschaftlichen Grundlagen und Zusammenhänge hat in zahlreichen Fällen Konkretisierungen und Präzisierungen bei Anwendung des AGB-Gesetzes ermöglicht.

1. So rechtfertigt das Anliegen, freie Marktentscheidungen zu ermöglichen, einen wesentlichen Teil des Transparenzgebots, soweit es dazu dient, die Verschleierung unmittelbar preisrelevanter Faktoren zu verhindern[90]. Der Sicherung der freien Marktentscheidung dient aber auch der Grundsatz, daß ein einmal vereinbartes Äquivalenzverhältnis nicht nachträglich einseitig zum Nachteil des Vertragspartners verändert werden darf. Dieser Gesichtspunkt ist nicht nur bei der Zinsanspassungsklausel[91], sondern auch bei der Sicherheitenverstärkungsklausel[92] und bei der Zweckbestimmungsklausel[93] zu berücksichtigen.

2. Wo marktwirtschaftliche Auswahlentscheidungen bei AGB wegen zu hoher Informationskosten nicht stattfinden, kann sich der Richter nicht mit der Sicherung freier Marktentscheidungen begnügen, sondern muß die zweiseitige Vertragsgerechtigkeit selbst herstellen, wobei aber die Lösung zu wählen ist, bei der der gesamtwirtschaftliche Nutzen gemehrt und eine möglichst optimale Allokation der Ressourcen erreicht wird. Daraus ergibt sich, daß Übersicherungen grundsätzlich nicht als nichtig angesehen werden sollten, da sonst nur neue Unsicherheit droht, die einen optimalen Einsatz der Kreditressourcen verhindert. Zur Sicherung der Interessen des Kreditnehmers genügt der schuldrechtliche Freigabeanspruch[94], der vertragsimmanent auch ohne Freigabeklausel besteht[95].

---

90 S. o. II 1.
91 S. o. II 2 a.
92 S. o. II 2 b.
93 S. o. III 3 b, bb.
94 S. o. III 2 a.
95 S. o. III 2 b.

Zur Vermeidgung gesamtwirtschaftlicher Nachteile müssen auch die grundsätzlich gerechtfertigten Zweckbestimmungsklauseln Einschränkungen hinnehmen. Künftige Ansprüche, die nicht überschaubar und berechenbar sind, dürfen ebensowenig wie solche Kredite, für die ein besonderer Risikozins vereinbart worden ist, in die Zweckbestimmungsklausel einbezogen werden[96]. Im Interesse der Verhinderung ökonomischer Nachteile dürfen notleidende Darlehen aufgrund von Kündigungs- und Vorfälligstellungsklauseln nicht vorzeitig fällig gestellt werden, wenn die Zahlungsunfähigkeit nur vorübergehend ist und die bestellten Sicherheiten zur Abdeckung des Verzugsschadens ausreichen[97].

3. Der ökonomischen Bewertung sind aber auch Grenzen gesetzt[98]. Die Vertragsparteien müssen ihre Interessen inbesondere dann nicht einem wirtschaftlichen Gesamtnutzen unterordnen, wenn dadurch wesentliche privatrechtliche Freiheitsrechte beeinträchtigt werden. Vollmachtsklauseln mit aufgezwungener Bevollmächtigung sind deshalb ohne Rücksicht auf die ansonsten entstehenden Kosten grundsätzlich unwirksam[99].

4. Die Zielsetzungen des Binnenmarktes im Zuge des europäischen Einigungsprozesses und die dabei angestrebte Rechtsvereinheitlichung sind auch bei der Auslegung von § 9 AGB-Gesetz zu beachten. Die in anderen Mitgliedstaaten zulässigen Vertragsgestaltungen dürfen deshalb in Zukunft nur noch insoweit für unwirksam erklärt werden, als dadurch berechtigte Allgemeininteressen gefährdet werden können. Die Inhaltskontrolle muß im konketen Fall zum Schutz eines solchen Allgemeininteresses, wie z. B. des Verbraucherschutzes, erforderlich, geeignet und verhältnismäßig sein[100]. Im Interesse einer gemeinschaftsfreundlichen Inhaltskontrolle sind z. B. als zulässig anzusehen Auflockerungen der Akzessorietät bei der Bürgschaft[101] sowie Globalzessionen nach dem Prioritätsgrundsatz ohne dingliche Verzichtsklausel[102].

5. Wo gesamtwirtschaftliche Folgen bei der Anwendung des AGB-Gesetzes noch nicht deutlich erkennbar sind, soll der Blick auf ökonomische Zusammenhänge die Bereitschaft wecken, die Dogmatik des AGB-Rechts zu ändern, wenn sich gesamtwirtschaftlich nachteilige Folgen zeigen. Ebenso muß eine Bereitschaft zur Anerkennung bestehen, wenn sich Regelungen in anderen EG-Staaten als unschädlich erwiesen haben. Mit dieser Bereitschaft zur Korrektur ökonomischer Fehlentwicklungen einerseits und zum Wettbewerb mit Rechtsfiguren in den EG-Mitgliedstaaten andererseits schränkt das AGB-Gesetz die wirtschaftliche Freiheit des Kreditverkehrs nicht in unzumutbarer Weise ein.

---

96 S. o. III 3 b.
97 S. o. III 4.
98 S. o. III 1 b.
99 S. o. III 5.
100 S. o. IV 3.
101 S. o. IV 5 a.
102 S. o. IV 5 b.

AGB-Gesetz und Kreditwirtschaft

– Ausgewählte Probleme der Inhaltskontrolle –[1]

Professor Dr. Helmut Heinrichs,
Präsident des Oberlandesgerichts, Bremen

Inhaltsübersicht

I. *Das Transparenzgebot, seine Bedeutung und seine Grenzen*

Einleitung

1. Aus dem Verwaltungsrecht kennen wir die Erscheinung, daß sich Beurteilungs- oder Ermessensspielräume auf Null reduzieren können. Wer im Jahre 1990 vor bankrechtlich interessierten Juristen über „Ausgewählte Probleme der Inhaltskontrolle" sprechen soll, befindet sich mit seinem Wahlrecht in einer vergleichbaren Situation. Er darf keinesfalls das Thema aussparen, das Bankjuristen seit den Urteilen des Bundesgerichtshofs zu Zinsberechnungsklauseln bei Annuitätendarlehen[2] und zur Wertstellungsklausel[3] im Anwendungsbereich des AGB-Gesetzes am meisten interessiert, aber

1 Erweiterte Fassung des am 22.6.1990 auf dem Bankrechtstag in Frankfurt a.M. gehaltenen Vortrags. Spätere Rechtsprechung und Literatur ist bis Mitte Oktober 1990 berücksichtigt. Die Vortragsform ist beibehalten.

2 BGHZ 106, 42 = NJW 1989, 222 = WM 1989, 1780; NJW 1989, 530 und jetzt auch BGH, NJW 1990, 2383.

3 BGHZ 106, 259 = NJW 1989, 582 = WM 1989, 126.

auch beunruhigt: Er muß zum Transparenzgebot Stellung nehmen, obwohl natürlich auch die Mitreferenten - allerdings unter dem besonderen Blickwinkel ihrer Referate - auf dieses Thema eingehen.
In der Diskussion um das Transparenzgebot ist ein Ende noch nicht abzusehen. Allein in der Festschrift für Steindorff setzen sich drei Autoren[4] mit den Problemen des Transparenzgebots auseinander und kommen dabei zu durchaus unterschiedlichen Beurteilungen und Einschätzungen. Die Flut von Prozessen, die durch das Annuitätendarlehensurteil des Bundesgerichtshofs ausgelöst worden ist, bringt laufend neue Entscheidungen zu den Anforderungen des Transparenzgebots hervor. In dieser Situation können meine Ausführungen nicht vielmehr sein als der Versuch einer Zwischenbilanz in einer weitergehenden Diskussion. Ich meine allerdings, daß die Erörterungen um das Transparenzgebot, seine Grundlagen und Grenzen, bereits einige - für Bankjuristen möglicherweise auch schmerzliche - endgültige Ergebnisse hervorgebracht haben, die ernstlich nicht mehr in Frage gestellt werden können.

2. *Zur Herkunft des Transparenzgebots*

Köndgen[5] ist darin zuzustimmen, daß das Transparenzgebot ein „tragendes Prinzip" des AGB-Gesetzes ist. Als nüchterner Praktiker habe ich allerdings Zweifel, ob es hilfreich ist, das Transparenzgebot als „Zauberformel" zu bezeichnen und ihm eine „geradezu intuitive Richtigkeitsgewähr" beizumessen[6]. Die Kritiker[7] weisen darauf hin, daß das Wort „Transparenzgebot" weder in der Begründung des AGB-Gesetzes (Bundestags-Drucksache 7/3919) noch sonst in der Entstehungsgeschichte des Gesetzes vorkommt[8]. Das ist richtig, besagt aber nicht viel. Beim Transparenzgebot geht es darum, daß der Verwender von Allgemeinen Geschäftsbedingungen gehalten ist, die Rechte und Pflichten seines Vertragspartners möglichst klar und durchschaubar darzustellen[9]. Das Bestehen einer solchen Verwenderobliegenheit läßt sich in einer ganzen Reihe von Vorschriften des AGB-Gesetzes nachweisen und war niemals ernstlich zweifelhaft; darauf komme ich sogleich zurück. Länger hat es allerdings gedauert, bis sich die Bezeichnung Transparenzgebot durchgesetzt hat. Im Palandt taucht sie zwar schon 1978

4 *Hellner*, Quo vadis AGB-Recht?, S. 573 ff.; *Koller*, Das Transparenzgebot als Kontrollmaßstab Allgemeiner Geschäftsbedingungen, S. 667 ff.; *H.P. Westermann*, Das Transparenzgebot - ein neuer Oberbegriff der AGB-Inhaltskontrolle?, S. 817 ff., alle in Festschrift für Steindorff 1990.

5 NJW 1989, 943 ff.

6 So *Köndgen*, NJW 1989, 946, 949.

7 Vgl. vor allem *Bruchner*, WM 1988, 1873 ff.; *Hellner*, aaO (Fußn. 4), Festschrift für Steindorff, 1990, S. 573 ff: *Wagner-Wieduwilt*, WM 1989, 37 ff.; *H.P. Westermann*, aaO (Fußn. 4), Festschrift für Steindorff, 1990, S. 817 ff.

8 Vgl. etwa *Wagner-Wieduwilt*, WM 1989, 37, 43.

9 BGHZ 106, 42, 49; *Brandner* in: *Ulmer-Brandner-Hensen*, 6. Aufl., Köln 1990, § 9 AGBG Rdn. 83.

in der 37. Auflage auf[10], der Bundesgerichtshof verwendet aber zunächst andere Begriffe; er spricht von fehlender Konkretisierung[11] und von unklaren oder unredlich versteckten Regelungen[12]. Das Wort Transparenzgebot erscheint, wie eine Juris-Recherche ergeben hat, erstmals in einem Urteil des 8. Senats vom 23.3.1988[13] und gehört, wenn ich recht sehe, seit den Entscheidungen zu den Zinsberechnungs- und Wertstellungsklauseln zum Standardvokabular der Rechtsprechung des Bundesgerichtshofs zum AGB-Gesetz. Dabei versteht der Bundesgerichtshof die Anforderungen der Transparenz in einem weiten Sinn. Es geht nicht nur um den speziellen Aspekt der Durchschaubarkeit, etwa des Zusammenspiels von verschiedenen Klauseln, sondern allgemein um Verständlichkeit, Eindeutigkeit, Übersichtlichkeit und Klarheit[14].

3. *Transparenzgebot und §§ 2, 3 und 5 AGB-Gesetz*

Da mein Thema die Inhaltskontrolle ist, will ich mich bei den §§ 2, 3 und 5 AGB-Gesetz nur kurz aufhalten.
a) Nach § 2 Abs. 1 Nr. 2 AGB-Gesetz werden AGB im nichtkaufmännischen Verkehr nur dann Vertragsinhalt, wenn der Verwender dem Verwendungsgegner die Möglichkeit verschafft, in zumutbarer Weise vom Inhalt der Klausel Kenntnis zu nehmen. Fehlende Transparenz einer Klausel kann daher dazu führen, daß bereits ihre Einbeziehung in den Vertrag scheitert[15]. An das Transparenzerfordernis dürfen aber auch und vor allem im Anwendungsbereich des § 2 AGB-Gesetz keine zu hohen Anforderungen gestellt werden. Es ist verletzt, wenn eine einzelne Klausel, der Zusammenhang zwischen mehreren Klauseln oder das Klauselwerk im ganzen unverständlich ist[16]. Dabei ist auf das Verständnis eines rechtsunkundigen Durchschnittskunden abzustellen, jedoch sind je nach Art des Geschäfts und des Kundenkreises gruppentypische Differenzierungen nicht ausgeschlossen[17].
b) Auch bei § 3 AGB-Gesetz, der überraschende Klauseln von der Einbeziehung in den Vertrag ausschließt, geht es um fehlende Transparenz. Er erfaßt allerdings nur eine besondere qualifizierte Erscheinungsform der Intranspa-

10 *Heinrichs* in: Palandt, BGB, 37. Aufl., 1978, München Vorbem. 3 b vor § 8 AGBG.
11 BGH, NJW 1980 2518, 2519.
12 BGH, NJW 1984, 171.
13 BGHZ 104, 82, 92 = NJW 1988, 1726 = WM 1988, 821. Vgl. auch bereits BGH NJW 1987, 1886, 1887, wo aus § 9 AGB „Anforderungen an die Transparenz formularmäßige Bestimmungen" hergeleitet werden.
14 Vgl. die definitorische Festlegung der Anforderungen, die sich aus dem Transparenzgebot ergeben, in BGHZ 106, 42, 49 und 106, 259, 264.
15 *Ulmer* in: *Ulmer-Brandner-Hensen,* aaO (Fußn. 9), § 2 AGBG Rdn. 50 ff.; *Heinrichs*: in Palandt, 50. Aufl., 1991, § 2 AGBG Rdn. 14, beide mit weiteren Nachweisen.
16 Vgl. *Ulmer* und *Heinrichs,* aaO (Fußn. 15).
17 *Ulmer* in: *Ulmer-Brandner-Hensen,* aaO (Fußn. 9), § 2 AGBG Rdn. 51.

renz: Es muß sich um eine Bestimmung handeln, die nach den Umständen, insbesondere nach dem äußeren Erscheinungsbild des Vertrages, so ungewöhnlich ist, daß der Verwendungsgegner mit ihr nicht zu rechnen braucht. Das wird nur dann bejaht, wenn der Klausel ein Überrumpelungs- oder Übertölpelungseffekt innewohnt[18]. Hervorzuheben ist, daß die in § 8 festgelegten Schranken der Inhaltskontrolle auf § 3 AGB-Gesetz weder direkt noch analog anzuwenden sind. § 3 AGB-Gesetz gilt auch für Klauseln, die unmittelbar den Preis oder die Leistung betreffen. Die in der Begründung zum Regierungsentwurf angeführten Beispiele für überraschende Klauseln sind überwiegend solche, die auf eine Erhöhung der Vergütungspflicht des Verwendungsgegners abzielen[19].

c) Sedes materiae für das Transparenzgebot ist weiter und vor allem die Unklarheitenregel des § 5 AGB-Gesetz. Sie beruht auf dem Gedanken, daß es Sache des Verwenders ist, die beiderseitigen Rechte und Pflichten möglichst klar und durchschaubar darzustellen[20]. Soweit es um die Rechtsfolgenseite geht, unterscheidet sich § 5 AGB-Gesetz aber grundlegend von den übrigen ganz oder teilweise auf dem Transparenzgedanken beruhenden Vorschriften. Intransparenz führt nach § 5 AGB-Gesetz für den Verwender zu Auslegungsnachteilen, stellt aber weder eine Einbeziehungssperre noch einen Unwirksamkeitsgrund dar. Das ist allerdings nicht unumstritten. Der Bundesgerichtshof hält unklar gefaßte Klauseln, deren Inhalt wegen der Vielzahl möglicher Auslegungsalternativen auch mit Hilfe der Unklarheitenregel nicht festgestellt werden kann, in Anwendung des § 5 AGB-Gesetz für unwirksam[21]. Dem ist im Ergebnis, nicht aber in der Begründung zuzustimmen. Die Unwirksamkeit derartiger Klauseln ergibt sich aus § 2 Abs. 1 Nr. 2 AGB-Gesetz und zugleich aus § 9 AGB-Gesetz; aus § 5 des Gesetzes entgegen seinem Wortlaut, einen Unwirksamkeitsgrund herzuleiten, besteht weder ein Anlaß noch ein Bedürfnis. Im übrigen ergibt sich aus der Existenz des § 5 AGB-Gesetz eine rechtliche Folgerung, die selbstverständlich und kaum erwähnenswert ist, die aber angesichts der Erörterungen und Besorgnisse um die Urteile des Bundesgerichtshofs zu Annuitätendarlehen und zur Wertstellungsklausel doch ausgesprochen werden soll. Nicht jede Unklarheit oder Intransparenz kann die Klausel unwirksam machen; denn durch eine solche Auslegung würde der § 5 AGBG inhaltsleer und überflüssig, ein Ergebnis, das mit den Grundsätzen systematischer Auslegung offensichtlich unvereinbar wäre.

---

18 BGHZ 84, 109, 112; 100, 82, 85.

19 BT-Drucks. 7/3919, S. 19.

20 Vgl. statt aller *Heinrichs* in: Palandt aaO (Fußn. 15), § 5 AGBG Rdn. 8.

21 BGH NJW 1985, 53, 56; zustimmend *Ulmer* in: *Ulmer-Brandner-Hensen,* aaO (Fußn. 9), § 5 AGBG Rdn. 29. Die in diesem Zusammenhang weiter angeführten Entscheidungen BGHZ 82, 121, 131 und 97, 65, 73 – beide zu Klauseln über die vom Leasingnehmer zu leistende Abschlußzahlung – leiten die Unwirksamkeit wohl aus § 9 AGBG ab.

Wenn ich recht sehe, sind meine bisherigen Ausführungen auch für Bankjuristen weitgehend konsensfähig. Es ist nicht ernstlich zweifelhaft, daß sich aus den §§ 2, 3 und 5 AGB-Gesetz für den Verwender das Erfordernis ergibt, seine AGB verständlich, klar und durchschaubar zu formulieren. Nach meiner Ansicht ist dem Bundesgerichtshof aber auch darin zuzustimmen, daß das Transparenzgebot zugleich Kontrollmaßstab der richterlichen Inhaltskontrolle ist. In diesem Zusammenhang hat man davon gesprochen, das Transparenzgebot habe sich erst in letzter Zeit „heimlich in den Bereich der Inhaltskontrolle eingeschlichen"[22]. Dieser Beurteilung vermag ich nicht zuzustimmen. Das Transparenzgebot gehörte von Anfang an zu den Parametern, die bei der Inhaltskontrolle von AGB anzuwenden waren und auch angewandt worden sind. Zuzugeben ist allerdings, daß die Fälle, in denen die Unwirksamkeit einer Klausel schon bisher allein oder überwiegend aus fehlender Transparenz hergeleitet worden ist, bei weitem nicht so spektakulär und wirtschaftlich bedeutsam waren wie die Entscheidungen zur Annuitätenverrechnungs- und Wertstellungsklausel.

a) Die §§ 10 und 11 AGB-Gesetz enthalten eine Reihe von Klauselverboten, in denen fehlende Klarheit oder Durchschaubarkeit der entscheidende oder zumindest ein mitentscheidender Grund für die Unwirksamkeit der Regelung ist. Ohne Anspruch auf Vollständigkeit sollen hier nur die wichtigsten Fälle angeführt werden[23]. Allgemeine Geschäftsbedingungen sind unwirksam,

- soweit sie Annahme-, Leistungs- oder Nachfristen vorsehen, deren Dauer nicht hinreichend bestimmt ist (§ 10 Nr. 1 und 2 AGB-Gesetz);
- wenn die Voraussetzungen für das Recht des Verwenders, sich vom Vertrag zu lösen, nicht mit der erforderlichen Bestimmtheit im Vertrag angegeben wird (§ 10 Nr. 3 AGB-Gesetz);
- wenn der Verwendungsgegner auf die ihm beim Fehlschlagen der Nachbesserung zustehenden Rechte nicht ausdrücklich hingewiesen wird (§ 11 Nr. 10 AGB-Gesetz);
- wenn die Klausel, die den Eintritt eines Dritten in den Vertrag insgesamt zuläßt, den Dritten nicht namentlich bezeichnet (§ 11 Nr. 13 a AGB-Gesetz);
- soweit die Klausel eine Tatsachenbestätigung ohne ein gesondertes Empfangsbekenntnis vorsieht (§ 11 Nr. 15 S. 2 AGB-Gesetz).

Dogmatisch liegt es so, daß die angeführten Vorschriften zwar nicht der Formulierung, aber doch der Sache nach Informationsgebote enthalten[24]. Ihre Verletzung begründet die Unwirksamkeit der AGB. Daraus ergibt sich

22 *Köndgen,* NJW 1989, 944.
23 Weitere Fälle bei *Niedenführ,* Informationsgebote des AGB-Gesetzes, 1986, S. 4 ff.,
24 *Niedenführ,* aaO (Fußn. 23), S. 37 ff.,

zugleich, daß das AGB-Gesetz Allgemeine Geschäftsbedingungen nicht nur als rechtliche Regelungen ansieht, sondern ihnen auch eine Informationsfunktion beimißt.

b) Die Klauselverbote der §§ 10 und 11 AGB-Gesetz – auch die, die Informationsgebote enthalten –, sind Konkretisierungen der Generalklausel des § 9 AGB-Gesetz[25]. Welche Folgerungen sich hieraus im einzelnen für das Verhältnis der Generalklausel zu den Klauselverboten der §§ 10 und 11 AGB-Gesetz ergeben, kann und braucht hier nicht näher erörtert zu werden. Sicher ist jedenfalls, daß ein rechtlicher Gesichtspunkt, der sich in den §§ 10 und 11 AGB-Gesetz als ein übergeordnetes Kriterium der Inhaltskontrolle nachweisen läßt, auch im Rahmen des § 9 AGB-Gesetz berücksichtigt werden muß. Nur diese Beurteilung wird dem Verhältnis von § 9 AGB-Gesetz als Grundnorm der Inhaltskontrolle zu den als konkretisierte Anwendungsfälle der Generalklausel aufzufassenden Einzelverboten der §§ 10 und 11 AGB-Gesetz gerecht. Dem Bundesgerichtshof ist daher zuzustimmen, daß sich die gegen Treu und Glauben verstoßende unangemessene Benachteiligung auch aus einer Intransparenz der Klausel ergeben kann. In diesem Sinn hat der Bundesgerichtshof schon lange vor seinen Entscheidungen zur Verrechnungsklausel bei Annuitätendarlehen und zur Wertstellungsklausel judiziert, anfänglich allerdings ohne die Begriffe Transparenz oder Transparenzgebot zu verwenden. Anzuführen sind vor allem die Entscheidungen zu Preisänderungsklauseln[26], zu Leistungsbestimmungsrechten[27] und zu Klauseln über die vom Leasingnehmer zu leistende Abschlußzahlung[28]. In seiner Besprechung der Leitentscheidung zum Annuitätendarlehn schreibt Canaris: „Daß § 9 AGB-Gesetz (auch) ein Transparenzgebot enthält, ist wohl im Grundsatz unstreitig"[29]. In der Tat ist nicht mehr ernstlich zweifelhaft, daß die Intransparenz einer Klausel einen Verstoß gegen § 9 AGB-Gesetz begründen kann. Erörterungsbedürftig ist in Wahrheit nicht, ob mangelnde Transparenz im Rahmen des § 9 AGB-Gesetz ein Unwirksamkeitsgrund sein kann, sondern nur, wann sie es ist.

5. *Zwei Leitlinien zur Anwendung des Transparenzgebots*

Es ist beklagenswert, aber leider nicht abänderbar, daß Generalklauseln sich einer abschließenden Konkretisierung entziehen; mit ihnen ist notwendig eine Einbuße an Rechtssicherheit und Vorausberechenbarkeit gerichtlicher Entscheidungen verbunden. Das gilt vor allem auch für § 9 AGB-Ge-

25 BGH, NJW 1985, 617, 618; *Brandner* in: *Ulmer-Brandner-Hensen*, aaO (Fußn. 9), § 9 AGBG Rdn. 8; *Wolf* in: *Wolf-Horn-Lindacher*, 2. Aufl. 1989, Vorbem. 9 ff. vor §§ 9, 10 AGBG.
26 Grundlegend BGH, NJW 1980, 2518; weitere Nachweise in Fußn. 36.
27 BGHZ 93, 29, 47; weitere Nachweise in Fußn. 38.
28 BGHZ 82, 121, 131 und 97, 65, 73.
29 WuB E 4. – 2.89.

setz, der in der Rangordnung der Generalklauseln, wenn man auf die Bedeutung für die praktische Rechtsanwendung abstellt, längst den ersten Platz vor §§ 242 und 138 BGB eingenommen hat. Auch wenn man im Rahmen einer Generalklausel einen übergreifenden Wertungsgesichtspunkt wie das Transparenzgebot festgestellt hat, bedeutet das nicht per se einen Gewinn an Rechtsklarheit, sondern kann im Gegenteil zu einer Verstärkung der Rechtsunsicherheit führen. Die Klage, daß die Rechtsprechung zum Transparenzgebot ihrerseits wenig transparent ist, ist sicher nicht unberechtigt. Nach meiner Ansicht sollte sich die Anwendung des Transparenzgebotes im Rahmen der Inhaltskontrolle - auch im Interesse der Verbesserung der Rechtssicherheit - an zwei Leitlinien orientieren:

a) An die Transparenz von Allgemeinen Geschäftsbedingungen dürfen keine unerfüllbaren oder unzumutbaren Anforderungen gestellt werden[30]. Dem Argument, der AGB-Gesetzgeber könne vom Klauselverwender kein höheres Maß an Bestimmtheit und Durchschaubarkeit verlangen, als sie das AGB-Gesetz besitze, kann zwar entgegengehalten werden, daß der Abstraktionsgrad von Gesetzen notwendigerweise größer sein muß als die Regelung von konkreten Vertragsbeziehungen. Aber auch bei der Ausgestaltung konkreter Vertragsverhältnisse ist eine Regelung, die alle Auslegungszweifel ausräumt und alle denkbaren Störungsfälle unzweideutig ordnet, ein vielleicht anzustrebendes, aber leider unerreichbares Ziel. Der Verwender darf aus der Gesetzessprache unbestimmte Rechtsbegriffe übernehmen, ohne ihnen Erläuterungen hinzufügen zu müssen. Das gilt nach einer neueren Entscheidung des Bundesgerichtshofs auch für den wenig transparenten Begriff des Fehlschlagens der Nachbesserung[31], den § 11 Nr. 10 b AGB-Gesetz verwendet. Soweit es um die Berücksichtigung künftiger Ereignisse geht, darf es dem Verwender nicht verwehrt werden, seine AGB flexibel zu gestalten. Welche Anforderungen an die Konkretisierung zu stellen sind, hängt von der Überschaubarkeit der weiteren Entwicklung ab. Die Tendenz, bei der Bejahung von relevanten Transparenzmängeln restriktiv zu verfahren, findet auch im Wortlaut des § 9 AGB-Gesetz eine Stütze, wenn dessen Stellenwert bei Generalklauseln auch sicher nicht zu hoch angesetzt werden darf. § 9 AGB-Gesetz erfordert eine Benachteiligung „entgegen den Geboten von Treu und Glauben". Dieses Merkmal ist bei Transparenzmängeln, die auf Schwierigkeiten des Regelungsgegenstandes beruhen und kaum zu vermeiden sind, nicht erfüllt.

b) Intransparenz einer Klausel reicht in der Regel allein nicht aus, um sie im Wege der Inhaltskontrolle als unwirksam zu verwerfen. Die bei Intransparenz im Normalfall eintretende Rechtsfolge ergibt sich aus § 5 AGB-Ge-

30 BGHZ 93, 252, 263; NJW 1990, 2383, *Brandner* in: Ulmer-Brandner-Hensen, aaO (Fußn. 9), § 9 AGBG Rdn. 91.

31 BGH, NJW-RR 1990, 888.

setz: Die Interessen des Verwendungsgegners werden dadurch gewahrt, daß die bestehende Intransparenz bei Auslegung und Anwendung der Klausel zu Lasten des Verwenders aufgelöst wird – mit der bekannten unterschiedlichen Wirkungsrichtung der Unklarheitenregel im Individual- und Verbandsprozeß[32]. Ausnahmsweise kann auch der Transparenzmangel allein die Anwendung des § 9 AGB-Gesetz rechtfertigen, so insbesondere wenn wegen der Unbestimmtheit des Klauselinhalts auch bei Anwendung der Unklarheitenregel kein eindeutiges Auslegungsergebnis erzielt werden kann[33]. In der Regel stellt Intransparenz aber nur dann einen Unwirksamkeitsgrund dar, wenn sie die ernsthafte Gefahr einer inhaltlichen Benachteiligung begründet[34]. Wenn ich recht sehe, steht dieser Lösungsvorschlag nicht im Widerspruch zur Rechtsprechung des Bundesgerichtshofes. Die Gefahr einer sachlichen Benachteiligung wird zwar in keiner der einschlägigen BGH-Entscheidungen ausdrücklich als Voraussetzung für die Anwendung des § 9 AGB-Gesetz gefordert; sie lag aber praktisch in allen Fällen vor. Dieses zusätzliche sachliche Erfordernis trägt zugleich der Kritik Rechnung, die Intransparenz sei ein formales Kriterium, während es bei § 9 AGB-Gesetz um materielle Nachteile gehe[35].

6. *Fallgruppenbildung*

Wann mit Verstößen gegen das Transparenzgebot die ernsthafte Gefahr einer sachlichen Benachteiligung einhergeht, muß durch Bildung von Fallgruppen konkretisiert werden. Aus der Rechtsprechung des Bundesgerichtshofes ergeben sich insoweit die Konturen von zwei Fallgruppen. Außerdem muß, wie eigentlich immer, wenn Rechtsprechung zu einer Generalklausel systematisiert werden soll, eine Auffanggruppe gebildet werden, ein Sammelbecken für alle Entscheidungen, die sich in den systematisch strukturierten Fallgruppen nicht unterbringen lassen.

a) Die erste Fallgruppe betrifft Klauseln, in denen sich der Verwender weitgehende Gestaltungsmöglichkeiten vorbehält und der Verwendungsgegner nicht abschätzen kann, in welchem Sinn der Verwender von seinen Befugnissen Gebrauch machen wird. Beispiele sind Preiserhöhungsklauseln[36], Gebietsveränderungsvorbehalte bei Vertragshändlern[37] und andere Bestimmungsrechte[38]. Hier unterliegt der Verwender in der Regel nach § 315 Abs.

32 *Ulmer* in: *Ulmer-Brandner-Hensen,* aaO (Fußn. 9), § 5 AGBG Rdn. 30 ff.; *Heinrichs* in: Palandt aaO (Fußn. 15), § 5 AGBG Rdn. 8 ff.

33 BGHZ 81, 121, 131 und 97, 65, 73.

34 So auch *Wolf* in: *Wolf-Horn-Lindacher,* aaO (Fußn. 25), § 9 AGBG Rdn. 143.

35 So namentlich *Wagner-Wieduwilt,* WM 1989, 37 ff.

36 BGH, NJW 1980, 2518; 1983, 1603, 1985, 855.

37 BGHZ 89, 206, 211; 93, 29, 53; BGH, NJW-RR 1988, 1077.

38 BGHZ 93, 29, 47

3 BGB einer Ausübungskontrolle; seine Bestimmung ist nur verbindlich, wenn sie der Billigkeit entspricht. Vor dieser Ausübungskontrolle hat nunmehr auf der Grundlage des § 9 AGB-Gesetz eine Gültigkeitskontrolle stattzufinden. Die Klausel ist nur wirksam, wenn sie die beiderseitigen Rechte und Pflichten klar und durchschaubar darstellt. Zu den Anforderungen, die in diesem Bereich an die Bestimmtheit und Konkretisierung des Klauselinhalts zu stellen sind, gibt es eine umfangreiche Kasuistik, deren Einzelheiten hier nicht dargestellt werden können[39]. Die Rechtsprechung bemüht sich, die richtige Mitte zwischen dem Interesse des Verwenders an Flexibilität und dem Interesse des Kunden an einer möglichst konkreten Regelung zu finden. Über manche Einzelheit besteht Streit, die Grundlinien der Rechtsprechung werden insoweit aber praktisch allgemein akzeptiert. Die Banken können in diesem Bereich mit der Judikatur des Bundesgerichtshofs kaum unzufrieden sein. So hätte etwa die Entscheidung zur Zinsänderungsklausel[40] auch anders ausfallen können, da die Regelung die Grundlage und den Maßstab für Erhöhungen - die Änderung der Refinanzierungsbedingungen - auch nicht andeutungsweise erkennen läßt. Zweifelhaft erscheint mir auch, ob die höchstrichterliche Rechtsprechung zum Verstärkungsanspruch der Banken (Nr. 19 Abs. 1 AGB-Banken)[41], die sich - unter Verzicht auf eine Gültigkeitskontrolle - auf eine Kontrolle der Rechtsausübung beschränkt, mit den sonst angewandten Rechtsgrundsätzen vereinbaren läßt. Das mag aber hier auf sich beruhen. Die naheliegende Gefahr einer unangemessenen Benachteiligung - nach der von mir vertretenen Auffassung, Voraussetzung für die Anwendung des § 9 AGB-Gesetz - ist bei derartigen Klauseln durchweg gegeben, da sie faktisch unangemessen eingesetzt werden können, und dies vielfach auch geschieht[42].

b) Bei der Abgrenzung der zweiten Fallgruppe stelle ich auf die von Köndgen herausgearbeiteten und jetzt vom Bundesgerichtshof übernommenen Kriterien ab[43]. Es geht um Klauseln, in denen die fehlende Transparenz eine Entgeltspflicht oder den Umfang der Leistung betrifft. Sie begründen die Gefahr, daß der Verwendungsgegner über das Preis/Leistungsverhältnis oder das Bestehen einer Entgeltspflicht irregeführt und hierdurch gehindert wird, Verhandlungsmöglichkeiten oder Marktchancen wahrzunehmen. Zu dieser Fallgruppe gehören die Entscheidungen zum Annuitätendarlehen und zur Wertstellungsklauseln, vielleicht aber auch das Urteil vom 3.12.1981[44] über Bearbeitungsgebühren für Kostenvoranschläge. In dieser Entscheidung des 7. Senats kommt zwar das Wort Transparenzgebot nir-

39 Vgl. dazu umfassend *Paulusch* in: *Heinrichs-Löwe-Ulmer*, 10 Jahre AGB-Gesetz (RWS-Forum 2), Köln 1987, S. 50 ff.
40 BGHZ 97, 212 = NJW 1986, 1803.
41 BGH, NJW 1981, 1363, zustimmend *Pleyer-Weisner*, DB 1985, 2223.
42 *Koller*, aaO (Fußn. 4), Festschrift für Steindorff, 1990, S. 677.
43 *Köndgen*, NJW 1989, 943, zustimmend, BGH NJW 1990, 2383.
44 BGH, NJW 1982, 765.

gendwo vor; die Unwirksamkeit der Klausel wird aber aus § 9 AGB-Gesetz hergeleitet und damit begründet, daß der Kunde vor Erteilung des Auftrags ausdrücklich und unmißverständlich auf das Bestehen der Entgeltspflicht hingewiesen werden müsse; in der Sache geht es also doch um fehlende Transparenz. Bei dieser zweiten, den Preis- und Leistungsbereich betreffenden Fallgruppe gibt es eine lebhafte Diskussion, ob die Rechtsprechung des Bundesgerichtshofs mit dem Schutzzweck des AGB-Gesetzes vereinbar ist. Darauf komme ich sogleich zurück.

c) Zunächst aber zur dritten Fallgruppe. Sie ist das Sammelbecken für Entscheidungen, die sich nicht in die beiden anderen Fallgruppen einordnen lassen[45]. Es geht um Klauseln, die unklar sind, obwohl Klarheit möglich und zur Wahrung der Rechte des Verwendungsgegners geboten ist. Wahrscheinlich sind hier weitere Differenzierungen möglich und nötig. Darauf soll und kann hier aber nicht eingegangen werden. Im Bankrecht spielt diese Fallgruppe eine eher marginale Rolle.

7. *Transparenzgebot im Preis- und im Leistungsbereich*

Gegen die Anwendung des § 9 AGB-Gesetz und des Transparenzgebots auf die zweite Fallgruppe werden von den Kritikern[46] vor allem drei Einwendungen vorgebracht, wobei ich vereinfache und vergröbere:

Bei der Inhaltskontrolle gehe es darum, die vom Verwender getroffene Regelung auf ihre inhaltliche Ausgewogenheit und Angemessenheit zu überprüfen. Es gehe nicht an, bei der Inhaltskontrolle die Informationsfunktion der Allgemeinen Geschäftsbedingungen in den Mittelpunkt zu rücken.

Soweit im Rahmen des § 9 AGBG Informationsaspekte zu berücksichtigen seien, beträfen sie die Zeit *nach* Vertragsschluß. Der Kunde müsse bei Störungen in der Vertragsabwicklung den AGB entnehmen können, welche Rechte und Pflichten er habe. Der Informationsbedarf, den der Kunde vor Abschluß des Vertrages habe, werde durch § 9 AGB-Gesetz nicht geschützt. Einschlägig seien insoweit § 3 AGB-Gesetz sowie die Grundsätze über vorvertragliche Aufklärungspflichten und die Haftung für culpa in contrahendo.

Es sei Sache des Kartellgesetzes, des UWG und der Preisangabenverordnung, die Rahmenbedingungen für den marktwirtschaftlichen Wettbewerb zu sichern. Die Inhaltskontolle nach dem AGB-Gesetz habe nicht die Funktion, für Markttransparenz zu sorgen.

Diese Kritik ist sicher beachtlich; gleichwohl vermag ich ihr nicht zuzustimmen.

---

45 Nachweise bei *Heinrichs* in: Palandt aaO (Fußn. 15), § 9 AGBG Rdn. 16.

46 Vgl. die Nachweise in Fußn. 7, ferner *Koller,* aaO (Fußn. 4), Festschrift für Steindorff, 1990, S. 667 ff., der dem BGH im Ergebnis folgt, aber nicht § 9 AGBG, sondern dessen § 3 anwenden will.

a) Wie bereits dargelegt, haben AGB neben der im Vordergrund stehenden Regelungsfunktion zugleich auch eine Informationsfunktion (oben 4 a und b). Die angeführten Klauselverbote der §§ 10 und 11 AGB-Gesetz, nach denen die Verletzung von Informationsgeboten die Unwissenheit der Klausel begründen kann, zeigen unzweideutig, daß die Informationsfunktion der AGB auch im Rahmen der Inhaltskontrolle berücksichtigt werden darf und muß.

b) Das AGB-Gesetz gibt keinen Anhalt dafür, daß bei der Inhaltskontrolle unterschieden werden muß zwischen Informationsobliegenheiten vor und bei Vertragsschluß einerseits und späteren, bei Auftreten von Abwicklungsschwierigkeiten entstehenden Informationsbedürfnissen andererseits. Nach § 10 Nr. 1 AGB-Gesetz ist die fehlende Bestimmtheit der Annahmefrist, also ein die Vertragsabschlußphase bestreffender Informationsmangel, ein Unwirksamkeitsgrund. Das zeigt, daß auch mangelnde Transparenz bei Informationen, die für den Vertragsabschluß bedeutsam sind, bei der Inhaltskontrolle zu berücksichtigen sind. Im übrigen ist es kaum sinnvoll möglich, bei der Informationsfunktion der AGB danach zu unterscheiden, ob die Information für den Vertragsschluß oder die Zeit danach von Bedeutung ist. Es liegt auf der Hand, daß viele Informationen, etwa über die Laufzeit des Vertrages, über Kündigungsmöglichkeiten, über mögliche Preisänderungen, aber auch über Grundregeln der Haftung und Gewährleistung für beide Zeitabschnitte relevant sind.

c) Zu dem in diesem Zusammenhang dritten Gesichtspunkt - Inhaltskontrolle als Mittel zur Herstellung von Markttransparenz - hat *Wolf* hier bereits Stellung genommen[47]. Ich stimme seinen Ausführungen weitgehend zu, wenn ich auch einiges anders nuancieren möchte.

Das AGB-Gesetz ist auch ein wirtschaftsrechtliches Gesetz. Eine jahrzehntelange Entwicklung hat gezeigt, daß der Markt nicht in der Lage ist, durch Wettbewerb für angemessene Konditionen zu sorgen. Der Kunde orientiert sich am Preis und an der Qualität des Angebots, nicht aber an der für ihn undurchschaubaren Qualität der AGB. Wegen dieses Versagens der marktwirtschaftlichen Prozesse mußte der Gesetzgeber durch das AGB-Gesetz ordnend und lenkend in das Marktgeschehen eingreifen[48]. Ziel des AGB-Gesetzes ist es, für ausgewogene Konditionen zu sorgen. Den Preis/Leistungsbereich hält das Gesetz dagegen, wie sein § 8 zeigt, von jeder staatlichen Reglementierung frei. Er bleibt der Regulierung durch den Markt überlassen, eine Entscheidung, deren Richtigkeit nach dem Zusammenbruch des real existierenden Sozialismus noch deutlicher geworden ist. Soweit die AGB-Inhaltskontrolle als Mittel zur Herstellung von mehr Markttransparenz eingesetzt wird, liegt dies aber noch im Rahmen der wirtschaftspolitischen Zielsetzung des Gesetzes[49]. Dabei geht es nicht darum, in die

---

47 Vgl. in diesem Band S. 76 ff.
48 Vgl. zum „Marktversagen" *Adams*, BB 1989, 781, 786.
49 So auch *Koller*, aaO (Fußn. 4), Festschrift für Steindorff, Berlin 1990, S. 682 ff.

Entscheidungsfreiheit von Anbietern oder Nachfragern einzugreifen, sondern bessere Rahmenbedingungen für einen funktionierenden Wettbewerb zu schaffen. Wenn in der Grauzone von Preisnebenabreden und verdeckten Entgeltsklauseln mehr Transparenz hergestellt wird, so behindert das nicht den Wettbewerb, sondern hilft dem Nachfrager, die marktwirtschaftlich richtige Entscheidung zu treffen.
Betont werden muß aber auch, daß der Schwerpunkt der Inhaltskontrolle weiterhin die Bekämpfung von unausgewogenen rechtlichen Regelungen ist. Um die Herstellung von mehr Transparenz im Preis/Leistungsverhältnis kann und wird es im Anwendungsbereich des § 9 AGB-Gesetz nur ausnahmsweise gehen.

8. *Transparenz durch Information außerhalb des Klauselwerks*

Fraglich ist, ob sich der Verwender gegenüber dem Vorwurf mangelnder Transparenz damit verteidigen kann, er habe dem Verwendungsgegner die notwendigen Informationen mündlich oder sonst außerhalb des Klauselwerks erteilt. Insoweit muß unterschieden werden:
a) Im Verbandsprozeß ist eine solche Verteidigung des Verwenders unerheblich. Nur wenn die Klarstellung im Klauselwerk oder in einer mit diesem verbundenen Urkunde erfolgt, ist die Intransparenz ausgeräumt.
b) Anders ist es dagegen im Individualprozeß. Hier kann der Gesichtspunkt der Intransparenz nicht mehr berücksichtigt werden, wenn der Verwender nachweist, daß er den anderen Teil im erforderlichen Umfang informiert hat. Das wird teils aus einer entsprechenden Anwendung des § 4 AGB-Gesetz über den Vorrang der Individualrede hergeleitet[50], teilweise aber auch aus § 242 BGB[51]. Ich meine, daß der richtige Lösungsweg eine entsprechende Anwendung des § 1 Abs. 2 AGB-Gesetz sein könnte. Soweit es um die AGB als Regelung geht, ist eine Inhaltskontrolle ausgeschlossen, wenn der Klauselinhalt individuell ausgehandelt ist. Soweit es um die AGB als Information geht, ist ihre mangelnde Transparenz bei der Inhaltskontrolle unschädlich, wenn sie durch eine individuelle Information ausgeräumt worden ist.
c) Nach der Rechtsprechung des Bundesgerichtshofes enthält das im Verbandsprozeß ergangene Unterlassungsurteil für den Verwender auch das Verbot, sich bei Abwicklung eines früher abgeschlossenen Vertrages auf die verbotene Klausel zu berufen[52]. Dieser Grundsatz bedarf, wenn Intransparenz der Grund für die Unwirksamkeit der Klausel war, einer Einschränkung. Der Verwender darf geltend machen, daß er die scheinbare Intrans-

---

50 *Köndgen*, NJW 1989, 943, 951.
51 *Brandner* in: *Ulmer-Brandner-Hensen*, aaO (Fußn. 9), § 9 AGBG Rdn. 100.
52 BGH, NJW 1981, 1511.

parenz beim Vertragsabschluß durch eine schriftliche oder mündliche Information ausgeräumt hat. Wird dies nachgewiesen, wird der frühere Vertrag von dem in der Klausel enthaltenen Verwendungsverbot nicht erfaßt.

II. *Freizeichnung für einfache Fahrlässigkeit und Kardinalpflichten*

1. *Das grundsätzliche Freizeichnungsverbot für vertragswesentliche Pflichten*

Zu den noch nicht überzeugend gelösten Problemen der AGB-Inhaltskontrolle gehört die Frage, inwieweit § 9 AGB-Gesetz eine Freizeichnung für einfache Fahrlässigkeit ausschließt. Dabei geht es vor allem um Tragweite und Auslegung des § 9 Abs. 2 Nr. 2 AGB-Gesetz, wonach eine Klausel im Zweifel unwirksam ist, wenn sie wesentliche Rechte und Pflichten, die sich aus der Natur des Vertrages ergeben, so einschränkt, daß die Erreichung des Vertragszwecks gefährdet ist. Bekanntlich legt der Bundesgerichtshof diese Vorschrift in ständiger Rechtsprechung dahin aus, sie enthalte für vertragswesentliche Pflichten oder Kardinalpflichten ein grundsätzliches Freizeichnungsverbot[53]. Die mit diesem Lösungsansatz verbundene Abgrenzungsschwierigkeiten sind auch im Bereich des Bankrechts spürbar geworden. Der Bundesgerichtshof hat 1987 entschieden, daß die Haftung für leicht fahrlässige Verzögerungen beim Scheckinkasso nicht formularmäßig ausgeschlossen werden könne, weil es sich bei der Pflicht, den Scheck auf dem schnellsten und sichersten Weg der bezogenen Bank vorzulegen, um eine wesentliche Pflicht im Sinn des § 9 Abs. 2 Nr. 2. AGB-Gesetz handele[54]. Als 1989 über die Auszahlung eines größeren Betrages aufgrund der Vorlage von gefälschten Dokumenten zu entscheiden war, hat der Bundesgerichtshof den Haftungsausschluß für einfache Fahrlässigkeit dagegen als wirksam anerkannt, da die Pflicht zur Echtheitsprüfung von Dokumenten keine Kardinalpflicht im Sinne des § 9 Abs. 2 Nr. 2 AGB-Gesetz sei[55]. Den möglichen Konflikt mit dieser Vorschrift muß der Bankjurist im übrigen auch dann berücksichtigen, wenn er einen Formularvertrag oder eine entsprechende Regelung zu entwerfen hat; denn umfassende Freizeichungsklauseln, die den Wirksamkeitsschranken des § 9 Abs. 2 AGB-Gesetz nicht Rechnung tragen, sind wegen des Verbots geltungserhaltender Reduktion im ganzen unwirksam[56].

53 BGHZ 71, 226, 228; 89, 363, 366, NJW 1985, 914, 916; 1990, 255.
54 BGH, NJW-RR 1988, 559.
55 BGH, NJW 1990, 255.
56 BGHZ 93, 29, 48. OLG München, NJW-RR 1987, 494, OLG Hamm, NJW-RR 1987, 316.

2. *Versuche der Abgrenzung zwischen vertraglichen und einfachen Pflichten*

Dem Bundesgerichtshof ist es bedauerlicherweise bislang nicht gelungen, für die Abgrenzung zwischen vertragswesentlichen und einfachen Pflichten plausible Kriterien zu entwickeln. Ausgangspunkt für die Rechtsprechung zu § 9 Abs. 2 Nr. 2 AGB-Gesetz sind Entscheidungen zum Seerecht aus der Zeit vor dem Inkrafttreten des AGB-Gesetz. Seit 1956 hat der Bundesgerichtshof für das See- und Binnenschiffsrecht den Rechtsgrundsatz entwikkelt, daß die Gestellung eines fahr- und ladungstüchtigen Schiffes eine „Kardinalpflicht" des Schiffseigners oder Verfrachters sei; die Haftung für diese grundlegende Verpflichtung könne durch formularmäßige Klauseln nicht ausgeschlossen werden[57]. Diesen Rechtsgedanken hat der Bundesgerichtshof bald darauf mit Modifikationen auch für Verträge außerhalb des Seerechts übernommen. Er hat aus ihm den Grundsatz entwickelt, daß der Unternehmer die Haftung für die sachgerechte Organisation der betrieblichen Arbeitsabläufe und die Schaffung der wesentlichen Voraussetzungen für eine ordnungsmäßige Vertragserfüllung nicht formularmäßig abbedingen könne[58]. Als unwirksam hat der Bundesgerichtshof daher u.a. angesehen: den Haftungsausschluß für Konstruktionsfehler[59], für Mängel der Betriebsorganisation[60], für die Nichtbeachtung von grundlegenden Sicherungsvorkehrungen beim Einfüllen von Heizöl[61] und für die Eignung des Lagerraums beim Lagervertrag[62]. Diese Rechtsprechung hat im Schrifttum weitgehend Zustimmung gefunden[63]. *Roussos* hat ihren Grundgedanken dahin formuliert, der Verwender könne die Haftung für Organisationspflichtverletzungen weder einschränken noch ausschließen[64]. Nach dem Inkrafttreten des AGB-Gesetzes hat der Bundesgerichtshof den § 9 Abs. 2 Nr. 2 AGB-Gesetz im Sinne seiner Rechtsprechung zu den Kardinalpflichten ausgelegt. Er überträgt das für diese entwickelte grundsätzliche Freizeichnungsverbot auf die vertragswesentlichen Pflichten im Sinne des § 9 Abs. 2 Nr. 2 AGB-Gesetz[65]. Das erweckt den Schein einer Kontinuität der Rechtsprechung, in Wahrheit findet aber „auf leisen Sohlen" eine wesentliche Ausweitung des Freizeichnungsverbotes statt. Die Beschränkung auf grundlegende organisatorische Vorkehrungen und die Schaffung der Rahmenbe-

57 BGH, BB 1956, 577; BGHZ 49, 356, 363.

58 So lassen sich die Ergebnisse der Rechtsprechung aus den Jahren 1956 – 1977 zusammenfassen; vgl. *Becker*, Die Auslegung des § 9 Abs. 2 AGB-Gesetz, 1986, S. 144 f.

59 BGH, NJW 1971, 1795, 1797.

60 BGH, NJW 1974, 900, 901.

61 BGH, NJW 1971, 1036.

62 BGH, VersR 1979, 902. Weitere Beispiele bei *Becker*, aaO (Fußn. 58), S. 140 ff.

63 Vgl. statt vieler *Brandner* in: *Ulmer-Brandner-Hensen*, 4. Aufl., § 9 AGBG Rdn. 102; *Heinrichs* in: Palandt 41. Aufl., § 9 AGBG Anm. 4.

64 *Roussos*, Freizeichnung von Schadensersatzansprüchen im Recht der Allgemeinen Geschäftsbedingungen, Berlin 1982, S. 231.

65 Vgl. die Nachweise in Fußn. 66 – 73.

dingungen für die Vertragserfüllung fällt weg. Der Schutz des § 9 Abs. 2 Nr. 2 AGB-Gesetz wird ausdrücklich auch auf Nebenpflichten[66] und auf Verschulden im Ausführungsbereich[67] erstreckt. Damit wird die große Masse der Vertragspflichten gegen Freizeichnungen resistent. Als vertragswesentliche Pflichten hat der Bundesgerichtshof z.B. angesehen:

- die Pflicht zur fachgerechten Verlegung der Wasserleitung eines Wasserversorgungsverbandes[68];
- die Pflicht zur sachgerechten Behandlung von Kühlgut[69];
- die Pflicht des Reiseveranstalters, ungefragt über die am Zielort geltenden Einreisebestimmungen zu unterrichten[70];
- die fachgerechte Erfüllung der Pflichten aus einem Textilveredelungsvertrag[71];
- die Pflicht zur ordnungsgemäßen Abrechnung bei einem Tankschecksystem[72];
- ferner, wie bereits erwähnt, die Pflicht, den zum Inkasso eingerichteten Scheck auf dem schnellsten und sichersten Weg der bezogenen Bank vorzulegen[73].

Diese Entscheidungskette ließe sich noch verlängern. Bemerkenswert ist auch, daß in den ersten zehn Jahren seit dem Inkrafttreten des AGB-Gesetzes nicht eine einzige höchstrichterliche Entscheidung bekannt geworden ist, die eine vertragliche Pflicht in die Kategorie der einfachen, nicht unter den Schutz des § 9 Abs. 2 Nr. 2 AGB-Gesetz fallenden Pflichten einordnet.
In letzter Zeit wird aber eine vorsichtige Tendenz zu einer restriktiveren Anwendung des § 9 Abs. 2 Nr. 2 AGB-Gesetz sichtbar. Nach der Pflicht zur Echtheitsprüfung bei Dokumenten[74] hat der Bundesgerichtshof auch die Pflicht des Krankenhauses zur Obhut über die vom Patienten eingebrachten Sachen den Schutz des § 9 Abs. 2 Nr. 2 AGB-Gesetz versagt[75]. Dogmatisch einen anderen Weg geht die Entscheidung des Bundesgerichtshofes zu den Hamburger Werftbedingungen[76]. Auch bei der Verletzung von Kardinalpflichten ist danach die Freizeichnung mit Wortlaut und Sinn des § 9 Abs. 2 Nr. 2 AGB-Gesetz vereinbar, wenn sie den Vertragszweck nicht gefährdet. Dies kann bei Freizeichnungen in Werften AGB anzunehmen sein, wenn für den Verwendungsgegner Versicherungsschutz besteht, er an der Beherrschung des Risikos mitwirken konnte und die Freizeichnung branchenüblich ist.

66 BGH, NJW 1985, 914, 916.
67 BGHZ 89, 363, 368.
68 BGHZ 71, 226, 228.
69 BGHZ 89, 363, 367.
70 BGH, NJW 1985, 1165.
71 BGH, NJW 1985, 3016, 3018.
72 BGH, NJW 1985, 914, 916.
73 BGH, NJW-RR 1988, 559.
74 BGH, NJW 1990, 255.
75 BGH, NJW 1990, 764.
76 BGHZ 103, 316, 322.

3. *Verbleibende Unsicherheiten*

Schlosser hat 1987 beklagt, daß die Grenzen des § 9 Abs. 2 Nr. 2 AGB-Gesetz durch die Rechtsprechung des Bundesgerichtshofes fast unkalkulierbar geworden seien[77]. Diese Klage ist auch heute noch berechtigt.

a) Die bestehenden Schwierigkeiten würden entfallen, wenn sich die im Schrifttum vertretene Ansicht durchsetzen würde. § 9 Abs. 2 Nr. 2 AGB-Gesetz komme nach seinem gesetzgeberischen Zweck als Kontrollmaßstab für Freizeichnungsklauseln nicht in Betracht. Becker[78] hat eine derartige These aufgestellt; er will den Anwendungsbereich des § 9 Abs. 2 Nr. 2 AGB-Gesetz auf die im dispositiven Recht nicht geregelten Verträge beschränken. Seine Auffassung ist aber mit Wortlaut und Entstehungsgeschichte der Vorschrift unvereinbar. In der amtlichen Begründung heißt es:

„Auch das in Absatz 2 Nr. 2 vorgesehene Kriterium ist durch die höchstrichterliche Rechtsprechung vorgezeichnet. So ist z.B. die Wirksamkeit von Freizeichnungsklauseln wiederholt unter Hinweis darauf verneint worden, daß der Klauselverwender sich mit ihnen einer Kardinalpflicht entziehen und den Vertrag seines Sinnes entleeren würde (vgl. z.B. BGH BB 56, 577, BGH VersR 66, 871 und BGHZ 49, 356 – jeweils die Stellung eines fahrtüchtigen Schiffes betreffend –; BGH NJW 71, 1036 – Überwachung des Einfüllens von Heizöl –; BGH NJW 69, 1708 – Pflichten bei Pkw-Ablieferungsinspektion). Werden solche kardinalen Pflichten oder Rechte durch AGB in einer Weise eingeschränkt, daß die Erreichung des Vertragszwecks gefährdet ist, so sollen die betreffenden AGB nur unter besonderen Voraussetzungen rechtlichen Bestand haben."

Es gibt also keinen Zweifel, § 9 Abs. 2 Nr. 2 AGB-Gesetz steht in der Tradition der Rechtsprechung, die Freizeichnungsklauseln für Kardinalpflichten die Wirksamkeit aberkannt hat.

b) Unergiebig ist es auch, bei der Auslegung der Vorschrift auf die begrifflichen Einteilungen in Hauptleistungspflichten, Nebenleistungspflichten, Schutzpflichten, weitere Verhaltenspflichten und die Unterkategorien dieser Differenzierung abzustellen[79]. Zum einen ist bei dieser Einteilung vieles streitig, zum anderen gibt sie für die im Anwendungsbereich des § 9 Abs. 2 Nr. 2 AGB-Gesetz notwendige Grenzziehung nichts her. Schutzpflichten können für den Kunden, etwa den Besucher einer Sportveranstaltung, wichtiger und wesentlicher sein als die vertragliche Hauptleistungspflicht.

c) Den einschlägigen Entscheidungen des Bundesgerichtshofes vermag ich auch nach mehrfacher Lektüre keine brauchbaren Abgrenzungskriterien zu entnehmen. Es leuchtet zwar ein, daß bei einem Vertrag zwischen Kranken-

77 *Schlosser*, in: *Heinrichs-Löwe-Ulmer*, aaO (Fußn. 39), S. 121 ff.
78 *Becker*, aaO (Fußn. 58), S. 153 ff.
79 Vgl. dazu *Kramer* in: MünchKomm, 2. Aufl., § 241 BGB Rdn. 12 – 20.

haus und Patienten die Obhut über dessen eingebrachte Sachen nur marginale Bedeutung hat und daher nicht unter den Schutz von § 9 Abs. 2 Nr. 2 AGB-Gesetz fällt. Das ist aber eine besondere Konstellation. In der Regel sind alle vertraglichen Pflichten, aus deren Verletzung Schaden droht, für den Gläubiger wesentlich, und Differenzierungen erscheinen willkürlich. So überzeugt es nicht, daß die Flüchtigkeit eines einfachen Erfüllungsgehilfen beim Sortieren von Schecks schwerer wiegen soll als die bei der Durchsicht von Dokumenten.

4. *Zur Abgrenzung mittels des Vertrauensgedankens*

Als Abgrenzungskriterium bleibt im Ergebnis wohl allein der Vertrauensgedanke[80]. Kardinalpflichten sind solche, auf deren Einhaltung der Verwendungsgegner nach der Natur des Vertrages und dem Auftreten des Verwenders in besonderer Weise vertrauen darf, einfache Pflichten alle anderen. Zuzugeben ist, daß auch beim Abstellen auf den Vertrauensgedanken erhebliche Abgrenzungsprobleme bleiben. Der Vertrauensgedanke schafft aber jedenfalls für die Kriterien und Argumente, die bei der Grenzziehung zwischen den beiden Pflichtbereichen verwertbar sind, einen äußeren Rahmen. Er ermöglicht es auch, in Anknüpfung an den früheren Ansatz der Rechtsprechung[81] zwischen dem Bereich der Planung, Organisation und Aufsicht einerseits und dem der Ausführung andererseits zu unterscheiden. Soweit es um den Bereich der Organisation im weitesten Sinne geht, scheitern Haftungsausschlüsse auch in der Kreditwirtschaft an § 9 Abs. 2 Nr. 2 AGB-Gesetz. Im Ausführungsbereich kann es dagegen insbesondere bei Massengeschäften anders liegen. Nur wenn ein besonderer Vertrauenstatbestand dargetan wird, ist der Haftungsausschluß für einfache im Ausführungsbereich tätige Erfüllungsgehilfen mit § 9 Abs. 2 Nr. 2 AGB-Gesetz unvereinbar. Der Entscheidung des Bundesgerichtshofs zur Echtheitsprüfung von Dokumenten ist daher zuzustimmen. Beim Urteil zum Scheckinkasso ging es um ein Sortierversehen. Hier hätte nach meiner Ansicht darauf abgestellt werden müssen, ob es sich allein um ein Verschulden im Ausführungsbereich handelte oder ob auch die Organisation und Planung involviert war.

---

80 Ähnlich *Wolf*, NJW 1980, 2440; *Brandner* in: *Ulmer-Brandner-Hensen*, aaO (Fußn. 9), § 9 AGBG Rdn. 139.
81 Vgl. oben bei Fußn. 58 - 62.

AGB-Rechtsprechung aus der Sicht der Kreditwirtschaft

Dr. Helmut Bruchner,
Syndikus der Bayerischen Hypotheken- und Wechsel-Bank AG, München

Inhaltsübersicht

I. *AGB-Rechtsprechung und verbraucherschutzpolitische Tendenzen*

Die AGB-Rechtsprechung ist eingebunden in die in ständigem Wandel begriffene Entwicklung unserer sozialpolitischen Gesamtordnung. Daher haben insbesondere sich verstärkende verbraucherschutzpolitische Tendenzen auch auf die AGB-Rechtsprechung ausgestrahlt, zumal dem AGB-Recht im Hinblick auf die Gestaltungsmacht des AGB-Verwenders konsumentenschützende Funktion zugedacht ist. Diese Tendenz geht zugleich mit der Ausweitung und Verschärfung von Aufklärungspflichten der Banken gegenüber ihren Kunden einher. Daß sich die Gewichte zu Lasten der Kreditwirtschaft durch eine immer strengere Auslegung des AGB-Gesetzes verschoben haben, kommt nicht zuletzt durch die Anzahl der vom BGH kritisierten bankvertraglichen Klauseln zum Ausdruck. In diesem Zusammenhang sei etwa an die höchstrichterlichen Entscheidungen zur Ermittlung des Verzugsschadens bei gekündigten Krediten, „Tilgungsverrechnung", Wertstellung, Lohn- und Globalzession sowie neuerdings etwa auch zum Disagio erinnert.

Gerade letzteres Urteil ist symptomatisch für die neuere Entwicklung: So hat der III. Senat des BGH in seinen beiden Grundsatzentscheidungen vom 2.7.1981[1] festgestellt, daß eine rechtliche Zuordnung des Disagios zu den Darlehensnebenkosten oder zu den Zinsen in der Regel aus tatsächlichen Gründen nicht möglich sei, da die einzelnen Faktoren, die auf die Pauschalierung des Disagios Einfluß hätten, nicht hinreichend spezifizierbar bzw. berechenbar seien. Der III. Senat stellte es daher grundsätzlich in das Ermessen der Parteien, ob sie das Disagio im Rahmen ihrer Vertragsgestaltungsfreiheit als Kreditnebenkosten oder als vorweggenommenen Zins einstufen wollten. Voraussetzung für die Vereinbarung als „Darlehensnebenkosten" sei nach damaliger Auffassung des III. Senates lediglich, daß die Höhe des Disagios „marktüblich" sei. Von dieser Auffassung ist der XI. Senat nunmehr in seiner Entscheidung vom 29.5.1990[2] abgerückt, obwohl sich die Umstände und Höhe des von den Kunden sehr häufig gewünschten Disagios seit 1981 bei der Kreditvergabe tatsächlich nicht geändert haben. Der XI. Senat folgt nunmehr der auch schon früher vertretenen „Minder"-Meinung, wonach es sich beim Disagio stets um vorweggenommenen Zins handle[3]. Vor dem Hintergrund dieser neuen Bewertung des XI. Senates stellen nunmehr vertragliche Regelungen, die das Disagio als Darlehensnebenkosten qualifizieren, so daß bei vorzeitiger Darlehensrückzahlung eine anteilige Erstattung des Disagios nicht in Betracht kommt, eine unangemessene Benachteiligung dar, obwohl derartige Regelungen den Anforderungen der Grundsatzentscheidungen des III. Senates von 1981 an sich in vollem Umfange genügen. Die Kreditinstitute, die sich bei der Vertragsgestaltung seit 1981 an diesen Grundsatzentscheidungen des BGH orientiert haben, sehen sich in ihrem Vertrauen auf die höchstrichterliche Rechtsprechung enttäuscht.

Von herausragender Bedeutung sind freilich im Hinblick auf das Transparenzgebot das „Hypothekenzinsurteil" - auch Annuitätenurteil genannt - vom 24.11.1988[4] und die Wertstellungsentscheidung des BGH vom 17.1.1989[5] sowie das 2. Annuitätenurteil vom 10.7.1990[6]. Diese Entscheidungen des BGH markieren in der Tat eine neue Entwicklungsstufe der

1 BGH, WM 1981, 838, 839.
2 BGH, WM 1990, 1152 = WuB I F 1a. - 12.90/*Rehbein.*
3 Vgl. stv. *Belke,* BB 1968, 1223; *Prass,* BB 1981, 1058.
4 BGH, WM 1988, 1780 = WuB I E 4. - 2.89/*Canaris.*
5 BGH, WM 1989, 126 = WuB I A. Nr. 14 AGB-Banken 2.89/*M. Wolf.*
6 BGH, WM 1990, 1367 = WuB I E4. - 12.90/*Westermann.*

AGB-Rechtsprechung[7], da die extensive Gewichtung des Transparenzprinzips im Rahmen der Inhaltskontrolle nach § 9 Abs. 1 AGB-Gesetz die ordnungs- und rechtspolitische Funktion dieses gesetzlichen Instrumentes tangiert. Hieran hat sich inzwischen eine breite und heftige AGB-rechtliche Grundsatzdiskussion entzündet[8].
Am Beispiel der Annuitätendarlehensurteile und deren Auswirkungen für die Kreditwirtschaft, für Instanzgerichte und für unzählige intakte Kundenbeziehungen lassen sich die praktischen Konsequenzen der neuen Gewichtung des Transparenzgebotes im Rahmen der Inhaltskontrolle ermessen. Es erscheint daher angezeigt, auf die Annuitätendarlehensurteile und ihre Folgeprobleme sowie ihre rechtspolitische Einordnung näher einzugehen.

II. *Das „Hypothekenzinsurteil" des Bundesgerichtshofes vom 28.11.1988 und seine Auswirkungen*

1. *Belastung des Vertrauensverhältnisses zwischen Kunde und Bank*

Die publizistische Begleitmusik zum Verfahren beim III. Senat war mitunter von schrillen Tönen geprägt; sie gipfelten u. a. in dem Vorwurf, die Banken hätten sich mit Hilfe der sog. nachschüssigen Tilgungsverrechnung durch „Manipulationen" in Form „verschleierter Verzinsung" „bisher verheimlichte Zinsgewinne" verschafft[9]. Das Hypothekenzinsurteil wurde daher in den Medien mit großer Spannung erwartet. Der III. Senat hat die streitige Zinsberechnungsklausel, die dem in § 20 Abs. 2 HypBankG geregelten Annuitätenprinzip entspricht, bekanntlich mit der Begründung mißbilligt, die konkrete Darstellung der betreffenden Regelung verstoße gegen das Transparenzgebot, da sie die preiserhöhende Wirkung für den Durchschnittskunde nicht ausreichend erkennbar werden lasse, sondern verschleiere; dies führe zu einer unangemessenen Benachteiligung des Kunden i.S. von § 9 Abs. 1 AGB-Gesetz.
Die von der Pressestelle des BGH unmittelbar nach der Urteilsverkündung publizierte Erklärung ist von den Medien weithin dahingehend verstanden worden, daß die sog. nachschüssige Tilgungsverrechnung *insgesamt* unzuläs-

---

7 Vgl. *Westermann*, Das Transparenzgebot - ein neuer Oberbegriff der AGB-Inhaltskontrollen-Festschrift für Steindorff, Berlin 1990, S. 819, 823; *Koller*, Das Transparenzgebot als Kontrollmaßstab Allgemeiner Geschäftsbedingungen in: Festschrift für Steindorff, Berlin 1990, S. 667, 673; *Bruchner*, WM 1988, 1873, 1875.

8 Vgl. *Bruchner*, WM 1988, 1873; *Wagner-Wieduwilt*, WM 1989, 37; *Canaris*, WuB I E 4. - 2.89; *Köndgen*, NJW 1989, 943; *Reifner*, NJW 1989, 952; *Löwe*, EWiR § 9 I AGB 1/89; *Hunecke*, WM 1989, 433; *Taupitz*, JuS 1989,520; *Westermann*, aaO (Fußn. 7), in: Festschrift für Steindorff, Berlin 1990, S. 817; *ders.*, ZBB 1989, 36; *Koller*, aaO (Fußn. 7), in: Festschrift für Steindorff, Berlin 1990, S. 669 ff.; *Hellner*, Quo vadis AGB-Recht?, in: Festschrift für Steindorff, Berlin 1990, 573; *Hansen*, WM 1990, 1521.

9 Vgl. z. B. *Loewe*, ZIP 1986, 1363; *ders.*, BB 1988, 1902.

sig sei. Durch die Berichterstattung in den Medien ist der Eindruck entstanden, die Kreditinstitute hätten ihre Kunden seit Jahrzehnten durch Anwendung unzulässiger Zinsberechnungsmethoden benachteiligt. Dieser Vorwurf hat das Vertrauensverhältnis zu den Kunden nicht unwesentlich belastet. Dies kam in Hundertausenden von Kundenzuschriften zum Ausdruck.

1. *Auflösung des Wertungswiderspruchs durch verschärfte Anforderung an die Transparenzpflicht*

Die Urteilsbegründung enthält die Besonderheit, daß eine AGB-Klausel mit gesetzeskonformem Regelungsinhalt *allein* durch mangelnde Transparenz in eine „entgegen Treu und Glauben unangemessene Benachteiligung" umschlagen könne. Der dabei empfundene Wertungswiderspruch hat seine Ursache entscheidend in dem Umstand, daß der III. Senat die im Gesetz (§ 20 Abs. 2 HypBankG) vorgesehene annuitätenvertragliche Zinsberechnungsmethode wohl als materielle Benachteiligung angesehen hat. Damit läßt der Senat die Wertentscheidung des Gesetzgebers zum traditionellen Annuitätenprinzip faktisch leerlaufen, obwohl dieser bei der Novellierung des Hypothekenbankgesetzes im Juni 1988[10] hieran bewußt festgehalten hat. In diesem Zusammenhang ist auch von Interesse, daß der Staat selbst bei der Gewährung öffentlich geförderter, sozialer Wohnungsbaudarlehen stets die annuitätenvertragliche Rechtsfigur favorisiert hat. Der III. Senat ging nicht näher darauf ein, daß die streitige Zinsberechnungsmethode tatsächlich nur eines von mehreren integrierenden Elementen der komplexen Regelungssystematik des Annuitätenprinzips ist. Die vom Senat gewählte Argumentationslinie steht in einem inneren Zusammenhang mit der im Vorfeld dieser Entscheidung geführten Diskussion über das Thema: „Wandel der Normsituation". Dabei war die Frage aufgeworfen worden, ob § 20 Abs. 2 HpyBankG überhaupt noch fortgelte, da angesichts der computertechnischen Möglichkeiten der Normzweck dieser Bestimmung überholt sei[11]. Dieser Auffassung steht entgegen, daß das bloße Vorhandensein rein technischer Möglichkeiten allein noch keine Rechtspflicht begründet, entsprechende technische Mittel unter hohem finanziellen und personellen Aufwand auch einzusetzen. Tatsächlich benötigt ein Kreditinstitut für die Umstellung seiner EDV-Systeme auf taggenaue Verrechnung für „Neuverträge" und deren bankweite Einführung nach den Erfahrungen mehrerer Institute länger als ein halbes Jahr[12]. Gleichwohl verweist der III. Senat darauf, daß mit dem möglichen Einsatz von EDV-Anlagen eine Entwicklung eingetreten sei, die der gesetzlichen Regelung (§ 20 Abs. 2 HypBankG) ihre „rechtspolitische

---

10 Gesetz zur Änderung des HBG vom 8.6.88, BGBl I, 710.
11 Vgl. *Kollhosser*, ZIP 1986, 1439; *Köndgen*, NJW 1987, 165.
12 Vgl. *Bruchner*, WM 1987, 449, 457.

Rechtfertigung" entzogen habe. Wird hier die unterschwellige Kritik des BGH am Gesetzgeber, der noch 1988 am Annuitätensystem auf der Grundlage des § 20 II HypBankG festhielt, in Wirklichkeit auf dem Rücken der Kreditinstitute ausgetragen?
Der III. Senat löst den Wertungswiderspruch zu Lasten der Banken durch einen Kunstgriff auf, indem er diesen eine gesteigerte Transparenzpflicht auferlegt, weil der Durchschnittskunde nicht mit der Anwendung eines als überholt angesehenen gesetzlichen Leitbildes rechne. Damit wird der Unwirksamkeitsmaßstab für eine inhaltlich gesetzeskonforme Regelung im Ergebnis an den Empfängerhorizont von „Otto-Normalverbraucher" gekoppelt. Auf diese Weise werden freilich die vom AGB-Gesetzgeber vorgesehenen Bewertungsmaßstäbe in unübersichtlicher Weise miteinander vermischt[13].

III. *Umsetzung des „Hypothekenzinsurteils" in der Gerichtspraxis*

Das „Hypothekenzinsurteil" hat eine schier unübersehbare Prozeßflut ausgelöst und eine Fülle von AGB-rechtlichen Fragen aufgeworfen.

1. *Breites Spektrum von Auslegungsmöglichkeiten*

Zunächst hatte jedes Instanzgericht die Frage der Transparenz der jeweiligen Klausel zu prüfen. Da die in Rede stehende Zinsberechnungsmethode unter Einschluß von Fälligkeitsregelungen in zahlreichen sprachlichen Varianten Verwendung findet, eröffnet sich ein breites Spektrum von Auslegungsmöglichkeiten. Angesichts gegebener Auslegungspielräume sowie individueller Interpretationsvermögen kam es verständlicherweise mitunter zu unterschiedlichen Beurteilungsergebnissen; auch an Rabulistik grenzende Auslegungskünste sind zu beobachten. So wurde etwa eine Klausel, in der der Regelungszusammenhang zwischen Zinsberechnungsbasis und Fälligkeitsterminen nur durch ein Semikolon getrennt war, noch als hinreichend transparent qualifiziert[14], während stattdessen die Verwendung einer Parenthese zur Annahme der Intransparenz geführt hat, da der Kunde einen in Parenthese gegebenen Hinweis angeblich nicht so wichtig nehme[15]. Insgesamt ist freilich von Interesse, daß die Instanzgerichte in der überwiegenden Mehrzahl die zu beurteilenden Zinsberechnungsklauseln als ausreichend transparent bezeichnet haben.

---

13 Vgl. *Hellner*, aaO (Fußn. 8), in: Festschrift für Steindorff, S. 573, 587.

14 Vgl. OLG Düsseldorf, Urt. v. 12.4.1989, WM 1989, 1370.

15 Vgl. LG Hannover, Urt. v. 28.11.89, teilweise wiedergegeben in WuB I E 4. - 4.90 mit Anm. *Wagner-Wieduwilt*.

2. *Der Durchschnittskunde: Eine „Kunstfigur" der Rechtsprechung*

Erhebliche Schwierigkeiten bereitet in der Gerichtspraxis der Umgang mit der „Kunstfigur"[16] des Durchschnittskunden. Als solche ist nach Ansicht des III. Senates einzustufen, wer „noch keinerlei Erfahrungen mit solchen Finanzierungen" habe. Der Senat hat dennoch den Kläger, obwohl dieser selbst Rechtsanwalt war, als Durchschnittskunden qualifiziert. Im Gegensatz dazu vertritt der V. Senat des BGH in seiner Entscheidung vom 9. Februar 1990[17] im Rahmen der Inhaltskontrolle nach § 9 Abs. 1 AGB-Gesetz einen differenzierten Begriff vom Durchschnittskunden. Der V. Senat stellt bei der Beurteilung der unangemessenen Benachteiligung auf die typischen Interessen der jeweils beteiligten Verkehrskreise ab und trägt den unterschiedlichen Interessen und Schutzbedürfnissen Rechnung.
In der instanzgerichtlichen Praxis zeichnen sich ebenfalls bereits weitgehend eine differenzierte Betrachtung des Durchschnittskunden und damit unterschiedliche Anforderungen an das Transparenzgebot ab. Insbesondere gegenüber Kaufleuten wird die Geltung des Transparenzgebotes überwiegend verneint. Auf dieser Linie liegt auch die Entscheidung des OLG Hamm[18], das eine Lockerung des Transparenzgebotes gegenüber Kaufleuten und Gewerbetreibenden in dem in der Preisangabeverordnung vorgesehenen Umfang auch im Rahmen der Inhaltskontrolle folgerichtig befürwortet. Darüber hinaus wurden Wohnungsbaugesellschaften bzw. sog. Bauprofis sowie Inhabern eines Handelsgeschäftes die Berufung auf das Transparenzgebot versagt[19]. Damit sollen offenbar Trittbrettfahrereffekte vermieden werden.

3. *Heilung der Intransparenz durch außerhalb der Klausel liegende Umstände*

Nach Ansicht des III. Senates kann die Intransparenz einer Regelung durch außerhalb der Klausel liegende Umstände – wie z. B. die Angabe des Effektivzinses oder Übergabe eines Tilgungsplanes bei Vertragsabschluß – geheilt werden, da es insoweit an der individuellen Schutzbedürftigkeit fehlt. Daneben ist folgerichtig eine Heilung auch durch mündliche und schriftliche Aufklärung über die Zinsberechnungsmethode vor oder bei Vertragsabschluß möglich.

16 Vgl. *Hellner*, aaO (Fußn. 8), Festschrift für Steindorff, S. 573, 575.

17 BGH, WM 1990, 464 = WuB I F 3. – 8.90/*Beckers*.

18 BGH, Urt. v. 9.1.90, WM 1990, 466 = WuB I E 4. – 6.90/*Ringseisen* unter Bezugnahme auf *Bruchner-Bunte*, Aktuelle AGB-rechtliche Fragen im Bankgeschäft, 1989, S. 144.

19 Vgl. hierzu im einzelnen WuB I E 4. – 4.90 mit eingehender Anmerkung von *Wagner-Wieduwilt*, in der auch die nicht veröffentlichten Urteile nach Fallgruppen übersichtlich strukturiert dargestellt sind.

4. *Verjährung*

Viel Kopfzerbrechen hat den Instanzgerichten die vom Senat offengelassene Frage der Verjährung auf Rückerstattung bereitet. In den bisher bekannten Entscheidungen zeichnet sich überwiegend die Annahme der vierjährigen Verjährung ab[20].

5. *Verbandsklage*

Lebhaft umstritten ist auch die Frage, ob die Zulässigkeit der Verbandsklage auf Fallkonstellationen ausgedehnt werden darf, bei denen die unangemessene Benachteiligung erst durch Intransparenz der Klausel begründet wird[21]. Das LG Dortmund[22] hat dies zumindest im Hinblick auf Zinsberechnungsklauseln verneint, da deren Inhalt an sich gesetzeskonform ist. Für diese Auffassung spricht in der Tat, daß die Intransparenz der gesetzeskonformen Regelung unter Gesamtwürdigung des individualvertraglichen Umfeldes durch außerhalb der Klausel liegende Umstände geheilt werden kann. Im übrigen würde die Zulassung der Verbandsklage den Rechtsstreit ohnehin lediglich in die Vollstreckung verlagern, da bei Prüfung des Bestrafungsantrages nach § 890 ZPO wiederum die Gesamtwürdigung der individuellen Gegebenheiten zu berücksichtigen wären.

6. *Dauerstreit über die Methode der Neuabrechnung*

Die Art der Neuabrechnung wird nach wie vor kontrovers diskutiert. Der Dauerstreit wird dadurch wesentlich kompliziert, daß finanzmathematisch theoretisch mögliche Rechenmethoden keine entsprechende vertragsrechtliche Grundlage haben. So werden in Publikationen beispielsweise nicht weniger als 26 (!) Spielarten der Verrechnung diskutiert[23]. Dadurch werden bei Kunden überzogene Erwartungen geweckt werden, deren Enttäuschung Mißtrauen begünstigt, das sich publizistisch geschickt nutzen läßt.

7. *Bankinterner Arbeitsaufwand bei der Neuabrechnung*

Der Vollständigkeit halber sei der Hinweis gestattet, daß die Durchführung der Neuabrechnung von Annuitätendarlehen ab 1977 für die betroffenen Institute jeweils einen immensen Personal- und Kostenaufwand mit sich

---

20 Vgl. im einzelnen die Darstellung in WuB I E 4. – 4.90.

21 Bedenken gegen eine Verbandsklage in derartigen Fällen erhebt insbesondere *Westermann*, aaO (Fußn. 7), in: Festschrift für Steindorff, S. 825, 830; a.A. OLG Frankfurt, Urt. v. 15.6.90.

22 LG Dortmund, Urt. v. 25.1.90, WM 1990, 711.

23 Vgl. Blick durch die Wirtschaft vom 12.9.89; „Kein Ende des Dauerstreits über Zins- und Tilgungsverrechnung", FAZ vom 5.4.90.

bringt. Da bei der Überprüfung jeder einzelnen Finanzierung alle Konditionenänderungen, Tilgungsaussetzungen, Sondertilgungen, etwaige Schuldnerwechsel zu berücksichtigen sind, muß jede einzelne Kreditakte zunächst individuell bearbeitet werden. Die Bearbeitungszeit beläuft sich erfahrungsgemäß im Schnitt auf 2 Stunden pro Vorgang. Die individuell erarbeiteten Daten können sodann zum Zwecke der Neuabrechnung in ein hierfür eigens unter erheblichem Aufwand entwickeltes EDV-Programm eingegeben werden. Der Personalaufwand beträgt bei den betroffenen Instituten jeweils viele sog. Mannjahre – um in der Sprache der Organisatoren zu bleiben.

IV. *Transparenzgebot und Rechtssicherheit aus der Sicht der Praxis*

Das Transparenzgebot ist eine AGB-rechtliche Leitidee[24]. Es entspricht freilich der Lebenswirklichkeit, daß die Schaffung der erwünschten und angestrebten Transparenz – gerade bei komplizierten und komplexen Regelungsmaterien – oft sprachliche Schwierigkeiten bereitet und nicht immer voll befriedigend gelingt; mit diesem Problem haben freilich nicht nur AGB-Verwender und Gesetzgeber zu kämpfen. Nicht immer geglückte sprachliche Formulierungen führen freilich nach der Intention des AGB-Gesetzes noch nicht automatisch zur Unwirksamkeit der betreffenden AGB-Klausel. An den Klauselverwender dürfen keine strengeren Maßstäbe als an den Gesetzgeber angelegt[25] und keine unzumutbaren Anforderungen gestellt werden[26]. Es stellt sich daher die Frage,wann und unter welchen Voraussetzungen die Intransparenz und die gegebenenfalls darin zum Ausdruck kommende Unredlichkeit eine Qualität erreicht, die der Gesetzgeber mit der Sanktion der Unwirksamkeit belegt wissen will.

Es ist viel darüber gerätselt worden, ob der III. und der XI. Senat tatsächlich einen neuen Tatbestand der „unangemessenen Benachteiligung" allein durch Intransparenz schaffen wollten. Dies kann wohl auch aus dem Wertstellungsurteil[27] nicht zwingend gefolgert werden. So rügt der XI. Senat hier einen „formalen" Verstoß gegen das Transparenzgebot gerade deshalb, weil nicht hinreichend verständlich zum Ausdruck gekommen sei, daß „durch die hinausgezögerte Wertstellung bei Bareinzahlungen Sollzinsen für nicht in Anspruch genommene Kredite verlangt" wurden. Insoweit bildet die vom BGH angenommene materielle Benachteiligung des Kunden den entscheidenden Kern für die Beanstandung der AGB-Regelung, die durch fehlende Transparenz noch eine zusätzliche Mißbilligung erfahren habe[28].

24 Vgl. für viele *Westermann*, aaO (Fußn. 7), in: Festschrift für Steindorff, S. 819.
25 Vgl. *Bruchner*, WM 1988, 1875; insoweit zustimmend *Köndgen*, NJW 1989, 947.
26 *Ulmer-Brandner-Hensen*, AGBG, 6. Aufl. 1990, § 9 Rz. 91.
27 BGH, WM 1989, 126 = WuB I A. Nr. 14 AGB-Banken 2.89, *M. Wolf.*
28 Ähnlich wie hier *Köndgen*, NJW 1989, 943, 946; *M. Wolf*, WuB I A. Nr. 14 AGB-Banken 2.89.

Gleichwohl klingt in beiden BGH-Urteilen im Hinblick auf die Verletzung des Transparenzgebots unausgesprochen eine gedankliche Parallelität zur „Lehre vom normwidrigkeitsbezogenen Handlungsunrecht" bzw. zum „gebotsorientierten Rechtswidrigkeitsbegriff"[29] an.
Offen geblieben ist in den Urteilsgründen auch die zivilrechtsdogmatische Frage nach dem differenzierten Verhältnis zwischen Verstoß gegen das Transparenzgebot und materiell-rechtlicher Benachteiligung im Rahmen der Inhaltskontrolle im Sinne von § 9 Abs. 1 AGB-Gesetz. Dieses Verhältnis bedarf im Interesse der Rechtssicherheit einer Klärung. Andernfalls ließe sich nahezu jede sprachlich nicht ganz gelungene Formulierung, die nicht nur Vorteile enthält, mit Hilfe von Auslegungskünsten im Wechselspiel mit zielorientierten Wertungen und Gewichtungen mühelos als unangemessene Benachteiligung qualifizieren, wenn dieses Ergebnis gewollt ist. Auch „Rechtsfindung" muß nach Ansicht von Raisch[30] „transparent", die „Entscheidungsbegründung rational nachvollziehbar und argumentationsgesättigt sein".
Bleibe das Verhältnis zwischen Transparenzverstoß und materiell-rechtlicher Benachteiligung ungeklärt, so könnten Klauselverwender und Vertragspartner auf die Wirksamkeit vieler Vertragsbestimmungen im Ergebnis nur noch dann vertrauen, wenn jede Betreffende einzelne Klausel bis zum BGH „ausgetestet" würde. Mit Recht erinnert daher Hellner an die Aufgabe, das AGB-Gesetz in konsequenter Orientierung an den Vorgaben des Gesetzgebers praxisgerecht zu systematisieren[31].
Die extensive Gewichtung des Transparenzgebotes im Rahmen der Inhaltskontrolle läuft im Ergebnis darauf hinaus, daß die Schwelle der Sanktion der Klauselunwirksamkeit gesenkt wird. Eine derartige, im AGB-Gesetz nicht vorgesehene Sanktionsverschärfung könnte dagegen durch die Betonung von Nachfrage- und Erkundigungspflichten des Kunden zumindest teilweise ausgeglichen werden. Der Strenge des Transparenzgebotes für den Klauselverwender entspricht in der Tat eine hierzu korrespondierende Mitwirkungsverpflichtung des Kunden vor bzw. bei Vertragsabschluß. Den gedanklichen Ansatz hierfür bietet das Hypothekenzinsurteil selbst, indem es unter Berücksichtigung des individualvertraglichen Umfeldes auch auf außerhalb der Klausel liegende Umstände abstellt, die zur Heilung der mangelnden Transparenz geeignet sind. In diesem Zusammenhang käme auch einem differenzierten Begriff von Durchschnittskunden im Sinne der genannten Entscheidung des V. Senats Bedeutung zu. Ein Kunde, der die Möglichkeit erhalten hat, in zumutbarer Weise vom Inhalt der Vertragsbe-

29 Vgl. hierzu *Olivet*, NJW 1989,3187, 3191 m.w.N.
30 *Raisch*, Vom Nutzen des überkommenen Auslegungskanons für die praktische Rechtsanwendung, Juristische Studiengesellschaft Karlsruhe, 1988, Heft 181, S. 19.
31 Vgl. *Hellner*, aaO (Fußn. 8), Festschrift für Steindorff, S. 573, 587.

dingungen i. S. v. § 9 Abs. 1 Nr. 2 AGB-Gesetz Kenntnis zu erlangen, kann sehr wohl verpflichtet sein, beim Klauselverwender nachzufragen, wenn er eine Regelung nicht genügend versteht. Eine vor oder bei Vertragsabschluß bestehende Nachfrage- und Informationspflicht ist um so größer, je gravierender die Tragweite des Vertragsabschlusses für den betreffenden Kunden ist. Von daher liegt eine entsprechende Anwendung des Grundgedankens vom Mitverschulden i. S. v. § 254 BGB nahe.
Demgegenüber erscheint es nicht recht überzeugend, den Kunden, der immerhin als mündiger Bürger am Rechtsverkehr teilnimmt, generell und undifferenziert gewissermaßen als interesse- und gedankenloses Objekt des übermächtigen Klauselverwenders einzustufen, während letzterem bei der Formulierung der Vertragsbedingungen tendenziell die Neigung zur Verschleierung unterstellt wird.
Von besonderem Interesse ist auch die in der AGB-rechtlichen Diskussion aufgekommene Frage nach der wettbewerbschützenden Funktion des Transparenzgebots bzw. der Preistransparenz[32]. Tatsächlich kann Preistransparenz nur durch die Effektivzinsangabe nach der Preisangabeverordnung gewährleistet werden. Da bei der Ermittlung des Effektivzinses jedoch bis zu 11 (!) verschiedene preisbildende Faktoren einzubeziehen sind, gewinnt der Kunde mit der Klarheit über den Inhalt einer einzelnen Regelung - wie etwa der Zinsberechnungsklausel - allein noch keinen abschließenden Überblick über den ihn interessierenden Gesamtpreis. Dies gilt um so mehr, als zwischen einzelnen preisbildenden Faktoren selbst ein innerer Regelungszusammenhang bestehen kann - wie z. B. zwischen der Zinsberechnungsmethode und der Nominalzinshöhe. Angesichts der Komplexität mehrerer preisgestaltender Faktoren, die in verschiedenen Vertragsbestimmungen ihren Niederschlag finden, sowie angesichts der komplizierten Regelungssystematik des Annuitätenprinzips kann die gewünschte Preistransparenz im Ergebnis allein durch die Preisangabeverordnung verwirklicht werden. Diese Überlegungen zeigen, daß die Anforderungen an das AGB-Gesetz überspannt würden, wollte man diesem Gesetz zunehmend wettbewerbsschützende Funktion zuweisen. Es entspricht wohl nicht der Intention des Gesetzgebers, die Inhaltskontrolle unter Bezugnahme auf das Transparenzgebot in ein „marktpolizeiliches Instrument" zum Schutze des Wettbewerbs umzufunktionieren[33].

---

32 Vgl. *Köndgen*, NJW 1989, 943, 950.

33 Vgl. eingehend hierzu *Westermann*, aaO (Fußn. 7), Festschrift für Steindorff, S. 874, 826 f., vgl. ferner auch *Bruchner-Bunte*, aaO (Fußn. 18), S. 140 ff.

V. *Weitere Verschärfung des AGB-rechtlichen Transparenzprinzips durch das zweite Annuitätenurteil des XI. Senats vom 10.7.1990*[34]

Die Entscheidung des XI. Senats bezieht sich auf das Annuitätenurteil des OLG Düsseldorf vom 8.6.1989[35]. Das OLG Düsseldorf hatte die Zinsberechnungsklausel des betreffenden Kreditinstituts unter Berücksichtigung der Begründung des III. Senates im „Hypothekenzinsurteil" vom 28.11.88[36] für hinreichend transparent gewertet, da anders als in dem vom III. Senat entschiedenen Fall in der streitgegenständlichen vertraglichen Regelung in zwei unmittelbar aneinander anknüpfenden Sätzen dargelegt worden sei, daß die Zins- und -tilgungsleistungen in vierteljährlichen Tilgungsbeiträgen zu entrichten seien, wobei die Berechnung der Jahreszinsen nach dem jeweiligen Stand des Kapitals am Schluß des vergangenen Kalenderjahres erfolge. Nach Ansicht des OLG Düsseldorf ergebe sich für den aufmerksamen und durchschnittlichen Kunden, daß die in den vierteljährlichen Teilbeträgen enthaltene Tilgung bei der Berechnung des Zinsen nicht berücksichtigt werde und daß damit eine zinssteigernde Wirkung verbunden sei; der Inhalt einer derartigen Klauselformulierung sei hinreichend transparent. Nach Ansicht des OLG Düsseldorf verpflichte das Transparenzgebot die Bank nicht, dem Kunden die erforderlichen Schlußfolgerungen durch einen entsprechenden erklärenden Hinweis abzunehmen. Dieser Begründungslinie ist der XI. Senat nicht gefolgt. Obwohl die in Rede stehende Klausel den im Hypothekenzinsurteil des III. Senates vom 28.11.1988 umrissenen sprachlichen Anforderungen an die gebotene Klauseltransparenz an sich genügte, hat der XI. Senat sie als intransparent qualifiziert, da diese Regelung so formuliert sei, daß „ihre Auswirkungen vom Durchschnittskunden nur mit Mühe zu durchschauen" seien. Vielmehr sei der Klauselverwender gehalten, „zwischen mehreren möglichen Klauselfassungen diejenige zu wählen, bei der die kundenbelastende Entwicklung eine Regelung nicht unterdrückt, sondern deutlich gemacht" werde. Im Ergebnis läuft dies freilich darauf hinaus, daß dem Klauselverwender im Gewande des verschärften AGB-rechtlichen Transparenzgebotes neben der inhaltlich schlüssigen und korrekten Darstellung des Regelungs*inhaltes* zusätzlich noch eine faktische Aufklärungspflicht in Form eines erklärenden Hinweises über die gedanklichen Schlußfolgerungen des Klauselinhalts auferlegt wird. Damit wird die Grenze zwischen dem AGB-rechtlichen Gebot der Transparenz des Regelungsinhaltes einer Klausel und einer im Einzelfall möglicherweise bestehenden, weitergehenden zusätzlichen „Aufklärungspflicht" verwischt. Die dadurch bedingte Unklarheit der Reichweite des AGB-rechtlichen

---

34 BGH, WM 1990,1367.

35 BGH, WM 1989, 1209.

36 S. o. Fußn. 4.

Transparenzgebotes und der allgemeine Hinweis, daß der Klauselverwender gehalten sei, von mehreren theoretisch denkbaren Formulierungen die leichter durchschaubare zu wählen, machen deutlich, daß sich bei entsprechender zielorientierter Wertung im Zweifel ohne Mühe stets eine unangemessene Benachteiligung begründen läßt, wenn dieses Ergebnis gewollt ist. Zu größerer Rechtssicherheit hat das neue Annuitätenurteil daher nicht beigetragen. Ebenso hat es der XI. Senat vermieden, sich zur abweichenden Auffassung des V. Senates zu äußern, der - wie oben ausgeführt - mit seiner Entscheidung vom 9.2.1990[37] einen differenzierten Begriff vom Durchschnittskunden vertritt.

VI. *Folgen einer Überspitzung des Transparenzprinzips*

Die in den angesprochenen höchstrichterlichen Urteilen bewirkte Verschärfung des Transparenzprinzips, die bei der Kodifizierung des AGB-Gesetz seinerzeit nicht vorstellbar erschien, steht rechtspolitisch wohl mit der Zielsetzung und den Motiven des Verbraucherkreditgesetzentwurfes, der auf der EG-Richtlinie vom 22.12.1986 beruht[38], in einem inneren Zusammenhang. Die in der Begründung des Gesetzentwurfes enthaltenen Ausführungen zum Umfang der Unterrichtungspflicht und Gestaltung der Vertragsbedingungen[39] liegen in der Tat auf der Argumentationslinie der höchstrichterlichen neuen Urteile zum Transparenzgebot. Die Besonderheit besteht freilich darin, daß das Verbraucherkreditgesetz erst 1991 in Kraft trat, während der BGH durch die Verschärfung des in § 9 Abs. 1 AGB-Gesetz hineininterpretierten Transparenzgebotes die entwickelten strengen Maßstäbe nunmehr auch für zurückliegende AGB-rechtliche Sachverhalte - also für die Zeit seit Inkrafttreten des AGB-Gesetzes (1.4.1977) - gegenüber dem Klauselverwender zugrunde legt. Mit der rückwirkenden Antizipation neuer verbraucherpolitischer Erkenntnisse werden von Gerichten selbst Freiräume geschaffen, die die Frage nach der Vereinbarkeit mit dem Prinzip der Gewaltenteilung aufwerfen.

Darüber hinaus führt eine Überspitzung des Transparenzprinzips angesichts „nahezu grenzenloser Beurteilungsspielräume"[40] im Ergebnis zu einer Einzelfallrechtsprechung und der damit verbundenen Rechtsunsicherheit[41]. Mit dem Zurücktreten zivilrechtsdogmatischer Argumentation und mit sehr weitgehend auf den Grundsatz von „Treu und Glauben" abgestellten Begründungen laufen Gerichtsentscheidungen freilich Gefahr, als „Willensakte" verstanden zu werden. Mit der Überspitzung des Transparenzprinzips

---

37 S. o. Fußn. 17.

38 ABl.EG vom 12.2.1987 L 42/48.

39 Z. B. BT-Drucks. 11/5462, S. 11/12.

40 *Hellner*, aaO (Fußn. 8), S. 573, 587.

41 So zutreffend auch *Ulmer-Brandner-Hensen*, aaO (Fußn. 26), § 9 AGBG, Rz. 97.

wird die Anwendung geltenden Rechts insoweit in der Tat auch nicht mehr prognostizierbar. Hierunter leidet am Ende das Vertrauen in das Recht. Die künftige bankrechtliche Diskussion wird wohl zu einem beachtlichen Teil vor dem Hintergrund des am 1.1.1991 in Kraft tretenden Verbraucherkreditgesetz stattfinden. Das neue Gesetzeswerk führt zu einer weiteren, umfassenden Formalisierung der Geschäftsbeziehungen, die von den Kunden zunehmend als rechtliche Verbürokratisierung des Geschäftslebens empfunden wird. Ein überzogener AGB-rechtlicher, formalisierter Regelungsperfektionismus sowie der Versuch einer praktischen Umsetzung eines überspitzten Transparenzprinzips verstärken diesen Eindruck; dabei laufen vor allem spitzfindige Erörterungen unter Berufung auf „Treu und Glauben" in sprachlichen Auslegungsfragen Gefahr, nicht unwesentlich zur „vielberufenen Akzeptanzkrise" der Juristen[42] beizutragen; im Geschäftsalltag sind erste Anzeichen hierfür unverkennbar.

42 Vgl. *Hans Maier*, NJW 1989, 3202 m.w.N.

Podiumsdiskussion: AGB-Gesetz und Kreditwirtschaft

Leitung: Professor Dr. Dr. Klaus J. Hopt, Universität München

Teilnehmer:
Karl-Dietrich Bundschuh
Vorsitzender Richter am Bundesgerichtshof, Karlsruhe

Dr. Achim Krämer
Rechtsanwalt beim Bundesgerichtshof, Karlsruhe

Professor Dr. Norbert Horn
Direktor des Instituts für Bankwirtschaft und Bankrecht an der Universität zu Köln

Dr. Dietrich Rümker
Syndikus und Generalbevollmächtigter der Westdeutsche Landesbank, Girozentrale, Düsseldorf

Karl-Dietrich Bundschuh
Vorsitzender Richter am Bundesgerichtshof, Karlsruhe

Nach dem Referat von Herrn Dr. *Bruchner* will ich mich weniger zum Rechtlichen als zu folgendem äußern: Die Banken sollten weniger Selbstmitleid mit sich haben, wenn Allgemeine Geschäftsbedingungen von der Rechtsprechung nicht akzeptiert werden. Sie sollten sich nicht zuletzt in ihrem eigenen Interesse vielmehr bemühen, die sich daraus ergebenden Folgen möglichst rasch und effektiv in die Praxis umzusetzen. Daran scheint es nach meinen Erfahrungen als Bankkunde zu fehlen. Als Revisionsrichter bekommt man ja selten mit, wie sich die Urteile in der Praxis auswirken und wie sie umgesetzt werden. Deshalb sind wir darauf angewiesen, insoweit auf unsere eigenen Erfahrungen als Bankkunden zurückzugreifen. Dazu drei Beispiele:
Als ich während meines Urlaubs im Sommer 1989 in einer vornehmen Zweigstelle eines der größten badischen Kreditinstitute einen Euroscheck einlöste, wollte ich mich danach erkundigen, ob diese Bank hinsichtlich der Wertstellung bei Bareinzahlungen dem Wertstellungsurteil des Bundesgerichtshofes vom Januar 1989 schon Rechnung getragen hat. Die Dame am Schalter hat mir geantwortet: „Das ersehen Sie aus dem Kontoauszug". Auf meinen Hinweis, daß im Preisaushang auf ein Preisverzeichnis am Schalter verwiesen werde und ich dieses einsehen wolle, erhielt ich zur Antwort: „Das haben wir nicht". Als ich insistierte wurde ich belehrt, auch bei meiner Bank, die aus dem Scheck zu ersehen war, würde ich mit Sicherheit kein Preisverzeichnis am Schalter bekommen. Damit ging die Dame zur Tagesordnung über, hat weitergearbeitet und mich stehen lassen. Unnötig zu sagen, daß ich zu dieser Zeit der einzige Kunde war.
Ich will damit aufzeigen, daß es, obwohl es verhältnismäßig einfach sein dürfte, Schalterangestellten beizubringen, daß ein Kunde, der die Allgemeinen Geschäftsbedingungen einsehen will, diese ausgehändigt bekommen muß, offenbar selbst an der Vermittlung solcher Selbstverständlichkeiten gelegentlich mangelt. Dies wirft auch die Frage auf, ob die Gerichte – wie dies bislang wohl geschieht – ohne weiteres davon ausgehen können, daß wenigstens in den Geschäftsräumen der Kreditinstitute die Allgemeinen Geschäftsbedingungen eingesehen werden können.
Das zweite Beispiel betrifft eine Belastung meines Kontos im Einzugsermächtigungsverfahren. Ich hatte dem Gläubiger die Einzugsermächtigung schon etwa 6 Monate vor der Belastung meines Kontos entzogen. Vier Wochen nach der Belastung erhielt ich den monatlichen Kontoauszug. Daraufhin habe ich sofort schriftlich Widerspruch erhoben und Wiedergutschrift des belasteten Betrages mit Wertstellung am Tage der Wertstellung der Be-

lastung verlangt. Die Bank teilte mir mit, daß sie den Belastungsbetrag mit Wertstellung: Eingang des Widerspruchs gutschreibe. Beim darauf folgenden Telephonat mit der Disponentin erklärte diese: „Sie bekommen keine Wertstellung ab der Belastungsbuchung, weil ihre Querelen mit dem Gläubiger uns nichts angehen. Das geht auf Ihre Kosten, das brauchen wir nicht zu bezahlen." Darauf ließ ich mich mit einem Vorstandsmitglied verbinden, das mir sofort die begehrte Wertstellung zusagte.

Obwohl es sich aufgrund gefestigter Rechtsprechung inzwischen herumgesprochen haben müßte, daß nach Widerspruch im Einzugsermächtigungsverfahren die Wertstellung der Wiedergutschrift auf den Tag der Belastungswertstellung zu geschehen hat, zeigt dieser Fall, daß das in der Praxis offensichtlich nicht umgesetzt wird. Die Disponentin war über die Problemlage zwar informiert, aber auf eine der Bank günstigere Lösung programmiert.

Das dritte Beispiel betraf ebenfalls einen Wertstellungsfall, der zunächst zu meinen Ungunsten gelöst wurde: Die Gutschrift eines relativ größeren, auf mein Konto überwiesenen Betrages wurde am Freitag gebucht und am darauffolgenden Dienstag wertgestellt. Bei meiner Rücksprache in der Revisionsabteilung wurde mir auf meine Frage nach der dieser Wertstellung zugrundeliegenden Regelung gesagt, bei Buchung am Freitag gelte der Überweisungsbetrag am Montag als eingegangen; die Wertstellung erfolgte dann am Dienstag. Auf meine Bitte, diesen Rechtsstandpunkt noch einmal unter dem Blickwinkel des Wertstellungsurteils zu überprüfen, ergab sich folgendes: Die Wertstellung war auf dem Überweisungsträger auf Freitag vorgeschrieben und es war auch an diesem Tag die Deckung vorhanden. Mir wurde gesagt, das sei ein Fall, in dem die Bank ausnahmsweise sofort wertstellen würde. Ich habe dann die Wertstellung ab Freitag bekommen.

Ich möchte nicht behaupten, daß diese Beispiele repräsentativ sind. Aber nachdenklich stimmt es einen doch, daß derartige Fehler überhaupt vorkommen und daß sie jeweils erst auf Nachbohren des Kunden rückgängig gemacht wurden. Wenn man bedenkt, daß ich in Bankdingen nicht ganz unerfahren bin und mir die beschriebenen Benachteiligungen eher auffallen als dem Normalkunden, kann man in etwa ahnen, wie viele Fehler in diesem Bereich, die auf die mangelnder Umsetzung von für Banken ungünstiger Rechtsprechung beruhen, unaufgedeckt bleiben.

Vielleicht noch ein Wort zum Wertstellungsurteil[1] und zur Tilgungsverrechnungsklausel:[2]

1 BGH, WM 1984, 226.
2 BGH, WM 1988, 1780 = WuB I E 4. - 2.89 *Canaris.*

Ich weiß nicht, ob die Schwierigkeiten, welche die Richter mit dem Begriff des Durchschnittskunden haben, ohne weiteres einsichtig sind. Der dritte Zivilsenat des Bundesgerichtshofes hat abgestellt auf Kunden, die einmal im Leben mit einer Hypothekenbank zu tun haben. Die Schwierigkeit für uns liegt darin, sich in die Lage eines solchen Kunden hineinzuversetzen, obwohl wir natürlich wissen, wie die Tilgungsverrechnung funktioniert; wir beschäftigen uns ja jahrelang damit. Allerdings ist dies kein spezielles Problem des AGB-Rechts. Es begegnet uns häufig bei Fragen, in denen Treu und Glauben eine Rolle spielen. Dieses Hineinversetzen in einen Durchschnittskunden erfordert in gewissem Maße eine Abstraktion von den Fach- und Spezialkenntnissen des Richters, um feststellen zu können, was dieser Durchschnittskunde einer AGB-Regelung entnehmen kann und was nicht. Was wir dabei herausfinden, müssen Sie uns glauben oder, wenn Sie das nicht wollen, einfach deswegen hinnehmen, weil wir die letzte Instanz sind.

Ein schwieriges Problem ist es, die wirtschaftlichen Auswirkungen unserer Entscheidungen zu übersehen. Es ist sicherlich nicht so, daß wir blinden Auges und nur auf den konkreten Fall fixiert – etwa bei der Wertstellung – an die Lösung herangehen. Nicht zu lösen war z. B. die Frage nach der Höhe des Wertstellungsgewinns. Wenn man dazu in die bankrechtliche Literatur einsteigt, findet man alles, nur nichts Aussagekräftiges. Die Bankwirtschaft war offensichtlich nicht in der Lage oder nicht gewillt, dafür klare Zahlen auf den Tisch zu legen. Das gleiche gilt auch für die Kosten des Zahlungsverkehrs. Solche volkswirtschaftlichen Größen zu ermitteln, kann nicht unsere Aufgabe sein. Daran hindert uns auch der Parteiprozeß. Wir müssen mit dem Stoff arbeiten, der uns vorgelegt wird und die Zahlen sind uns nicht vorgelegt worden. Auch mit Hilfe der Economic Analysis of Law, auf die Herr Prof. *Wolf* hingewiesen hat, wären wir hier nicht weitergekommen. Das erfordert Problembewältigungen, die im Rahmen eines normalen Zivilprozesses nicht geleistet werden können.

Zur Frage der vielfältigen Gestaltungsmöglichkeiten bei Tilgungsverrechnungsklauseln: Der III. Zivilsenat hat die in der beanstandeten Klausel vorgesehenen Art der Tilgungsverrechnung im Grundsatz für zulässig erachtet und die Klausel nur der Form wegen beanstandet. Deswegen könnten sich die Banken auf diese Verrechnungsklausel beschränken, wenn sie die formellen Beanstandungen beseitigten. Es ist nicht Aufgabe der Gerichte, zu ermitteln, wie viele Möglichkeiten der Tilgungsverrechnung es gibt und dazu im einzelnen prophylaktisch Stellung zu nehmen.

Das EDV-Argument hat mich auch nicht sonderlich beeindruckt. Auf anderen Gebieten drängen die Banken in die Datenverarbeitung, wie z. B. beim beleglosen Datenträgeraustausch. In diesen Fällen wird rechtlich alles darauf eingerichtet. Dann ist das sicher auch hier möglich.

Zu den Ausführungen von Herrn Prof. *Wolf* will ich noch folgendes nachtragen: Es gibt inzwischen ein Urteil des VIII. Zivilsenats des Bundesgerichtshofes vom 29. November 1989 (VIII ZR 228/83[3]), wonach die Freigabeklauseln unwirksam sind, wenn sie nicht eine feste Höhe angeben. Das betrifft Nr. 19 Abs. 6 AGB-Banken, der in dieser Entscheidung als unwirksam angesehen wurde.

3 BGH, WM 1990, 51 = WuB I F 4. – 3.90 *Bunte.*

Dr. Achim Krämer,
Rechtsanwalt beim Bundesgerichtshof, Karlsruhe

In der zeitlich gebotenen Kürze will ich im Anschluß an die Referate *vier Aspekte* herausgreifen:

1. Das Thema AGB-Kontrolle bekommt eine ganz andere Qualität, wenn man § 9 AGB-Gesetz - zumal mit Hilfe des inhaltlich noch keineswegs hinreichend präzisierten Transparenzgebots - als „Instrument der Marktsteuerung" zur „Kompensation von Marktversagen" einsetzt. Das mag auf den ersten Blick ein durchaus sympathischer Ansatz sein, zumal er dem Richter einen weitreichenden Handlungsspielraum einzuräumen scheint. Dabei wird jedoch übersehen, daß § 9 AGB-Gesetz in einem ganz bestimmten Traditionszusammenhang und - als kodifiziertes Recht des § 242 BGB - auch in einem bestimmten normativen Kontext zu sehen ist. Bei § 242 BGB steht der Interessenausgleich inter partes im Vordergrund, was bei der Individualklage ja auf der Hand liegt. Aus Anlaß eines konkreten Konflikts müssen zwei u. U. divergierende Interessen vom Richter ausbalanciert werden. Das ist eine andere Zielrichtung als die mit der Forderung nach Marktsteuerung intendierte. Hier soll der Richter eine ganz neue Funktion und Aufgabe übernehmen - ähnlich diejenigen des früher gelegentlich bemühten Sozialingenieurs. Er soll sein gesamtwirtschaftliches Verantwortungsbewußtsein aktivieren. Die Individualklage zielt dann aber nicht mehr primär auf einen Interessenausgleich inter partes, sie wird vielmehr zum Einfallstor für Marktsteuerung qua Richterrecht. Von richterlicher Inhalts*kontrolle* kann hier kaum mehr die Rede sein.

Ich sehe vor allem aber auch *verfassungsrechtliche* Probleme - Stichwort: Normenklarheit und Gewaltenteilung -, wenn man § 9 AGB-Gesetz als Instrument zur Schaffung neuer Sachnormen oder gar, wie im Schrifttum vertreten, als Auftrag zur Fortbildung des Schuldrechts versteht. Natürlich ist nicht zu verkennen, daß Entscheidungen des Bundesgerichtshofs - man denke an das Annuitäten-[1] und das Wertstellungsurteil[2] - durchaus fallübergreifende innovatorische Schubkraft haben, manche meinen freilich auch Schubkraft kontraproduktiver Art. Eine ganz andere Frage ist aber, ob der richterlichen Inhaltskontrolle im Rahmen des § 9 AGB-Gesetz - dasselbe müßte dann konsequenterweise auch für § 242 BGB gelten - von vornherein quasilegislative Funktion zuzuerkennen ist. Bei der Verbandsklage mag eine solche inter omnes-Wirkung intendiert sein. Bei der Individualklage sind der richterlichen Rechtsfortbildung, darauf liefe die Forderung nach Kompensation von Marktversagen hinaus, Grenzen vor allem auch durch Art. 20 Abs. 3 GG gesetzt. Die Rechtsprechung respektiert diese ihr von

1 WM 1988, 1780 = WuB I E 4. - 2.89 *Canaris.*
2 WM 1989, 126 = WuB I A. Nr. 14 AGB-Banken 2.89 *M. Wolf.*

Verfassungs wegen auferlegten Schranken ja auch durchaus; man denke beispielsweise an das Waldschadensurteil des III. Zivilsenats. Die Festlegung der eigentlichen normativen Vorgaben und der gesamtwirtschaftlichen Daten ist in einem Rechtsstaat Sache des Gesetzgebers.

2. Dies berührt einen weiteren Aspekt - prozessualer Art. Die Frage ist nämlich, ob der Bundesgerichtshof als Revisionsgericht eine solche marktsteuernde Funktion überhaupt übernehmen kann. Im Zivilprozeß gilt nicht die Offizialmaxime, sondern der Dispositionsgrundsatz. Es ist also Sache der Parteien, dem Gericht den entscheidungserheblichen Sachverhalt vorzutragen. Allenfalls im Rahmen der §§ 139, 278 ZPO gibt es gewisse - von der Rechtsprechung im Anwaltsprozeß freilich zurückhaltend eingesetzte - Einflußmöglichkeiten des Richters auf den Parteivortrag und die Substantiierung des Vorbringens. Das hat nun aber zur Folge, daß der vom Richter zu entscheidende Sachverhalt, falls er von den Parteien nicht sorgfältig aufbereitet und umfassend vorgetragen wurde, keineswegs mit den tatsächlichen Marktgegebenheiten übereinstimmen muß. Revisionsrechtlich kommt hinzu, daß der Beurteilung des Bundesgerichtshofs nach § 561 Abs. 2 ZPO nur dasjenige Parteivorbringen unterliegt, das aus dem Tatbestand des Berufungsurteils oder dem Sitzungsprotokoll ersichtlich ist. Es ist also keineswegs gewährleistet, daß das Revisionsgericht über einen in den wesentlichen Punkten hinreichend aufgeklärten Sachverhalt verfügt. Wie kann der BGH dann aber auf der Grundlage eines unzureichenden Sachverhalts eine verbindliche Marktentscheidung im Sinne einer Marktsteuerung treffen? Dann müßte er die Möglichkeit haben, sich selbst sachkundig zu machen. Prozessual ist dies keineswegs ausgeschlossen, das Revisionsgericht kann nur keine eigenen Beweise erheben. Es kann aber durchaus einen Sachverständigen beispielsweise zu bestimmten Marktabläufen hören, um sich zu informieren. Die Scheu der Revisionsrichter mag verständlich sein. Eine Zurückverweisung des Rechtsstreits zur weiteren Sachaufklärung ist aber eben ein nur unzureichender Ersatz für eigene Informationen. Das Revisionsgericht bleibt immer abhängig von der Prozeßführung der Parteien und der Sorgfalt des Berufungsgerichts. Hinzu kommt, daß die tatrichterliche Würdigung revisionsrechtlich nicht angreifbar ist, sofern sie möglich, nachvollziehbar und vertretbar ist.

Will man § 9 AGB-Gesetz als Instrument der Marktsteuerung einsetzen, dann stellen sich hier also grundsätzliche Fragen der Informationsbeschaffung und der Sachkunde des Revisionsgerichts. Dann muß man auch noch sehen, daß es - von Fällen der zugelassenen Revision abgesehen - überhaupt nur zu einer Sachentscheidung des Bundesgerichtshofs kommt, wenn er die Revision zuvor angenommen hat. Dies setzt eine grundsätzliche Bedeutung der Sache nach § 554 b Abs. 1 ZPO voraus, wobei die Vorschrift nach der Auslegung des Bundesverfassungsgerichts[3] dahin zu verstehen ist,

3 BVerfGE 54, 277.

daß die Revision auch angenommen werden muß, wenn das Rechtsmittel im Ergebnis Aussicht auf Erfolg verspricht. Nimmt der Senat die Revision nicht an, bleibt freilich mangels Begründung der Nichtannahmbeschlüsse offen, worauf die negative Entscheidung beruht. Man muß alle diese Probleme auch einmal aus der Sicht des Betroffenen und des ihn beratenden Anwalts sehen.

3. Ein weiteres Problem: In den bisher mit Hilfe des Transparenzgebots entschiedenen Fällen wurde die Schutz*bedürftigkeit* des Verbrauchers kurzerhand unterstellt. Niemand wird bestreiten, daß es solche Fälle immer wieder gibt. Ich frage mich aber, ob man die Frage nach der Schutz*würdigkeit* des Verbrauchers so völlig vernachlässigen kann. Im Annuitätenfall war der Kläger immerhin ein Anwalt. In vielen anderen Fällen handelt es sich um geschäftserfahrene Kunden, die nicht zum ersten Mal einen Kreditvertrag abgeschlossen haben. Sind solche Personen wirklich schutzbedürftig oder schutzwürdig, wenn sie es unterlassen, sich gegebenenfalls durch Rückfragen kundig zu machen? Im Rahmen des § 9 AGB-Gesetz stellt die Rechtsprechung diese Frage überhaupt nicht mehr. Solange dies ein Problem vorvertraglicher oder vertraglicher Haftung war, bestanden sehr differenzierte Möglichkeiten des Ausgleichs über die §§ 242, 254 BGB. Lag eine Rückfrage wegen einer unverständlichen AGB-Klausel nahe, ist schwer einzusehen, warum die unterlassene Bitte um Aufklärung nicht - gegebenenfalls auch - zu Lasten des Kunden geben soll. Es ist ansonsten ein völlig selbstverständlicher Gedanke, daß vorvertraglichen und vertraglichen Aufklärungspflichten Mitwirkungspflichten und Schadensminderungspflichten des Vertragsgegners korrespondieren. Im Rahmen des § 9 AGB-Gesetz spielt dieser Aspekt keine Rolle, weil es hier ja nicht um Schadensersatz geht, sondern die Wirksamkeit der Klausel zur Nachprüfung steht. Die Verlagerung der richterlichen Überprüfung von der culpa in contrahendo zu § 9 AGB-Gesetz offenbart die hiermit verbundenen Probleme. Um so mehr ist m.E. Vorsicht und Zurückhaltung vor einem allzu schnellen Rückgriff auf das Transparenzgebot geboten.

4. Als letztes will ich nur kurz noch auf das m.E. bislang ungelöste Problem der Konkurrenz bzw. des Verhältnisses zwischen den §§ 2, 3, 5 einerseits und § 9 AGB-Gesetz andererseits hinweisen. Hier stellt sich die Frage, worin eine unangemessene Benachteiligung zu sehen ist, wenn eine Klausel weder überraschend i.S. des § 3 noch gem. § 5 AGB-Gesetz mehrdeutig ist. Bei der Rechtsanwendung sind wir ständig mit unbestimmten Rechtsbegriffen und Generalklauseln konfrontiert. Niemand kommt auf den Gedanken, den Gesetzgeber hierfür zu tadeln. Auch allgemeine Geschäftsbedingungen lassen sich nun aber einmal in der Praxis beim besten Willen nicht so formulieren, daß sie der vom Bundesgerichtshof wiederholt bemühte Otto Normalverbraucher ohne weiteres versteht. Selbst wir Juristen haben da doch unsere Schwierigkeiten. Verlangt die Rechtsprechung mit der Forderung nach klarer und verständlicher Formulierung der AGB aber nicht etwas,

was in der Praxis gar nicht mehr zu leisten ist? Gerade deshalb kommt man m. E. nicht darum herum, vom Kunden zu verlangen, daß er sich eine ihm unverständliche Klausel erläutern läßt. Das Transparenzgebot steht in einer bislang nicht geklärten Spannnung zu dem vom IX. Zivilsenat immer wieder mit Recht hervorgehobenen Grundsatz: pacta sunt servanda. Natürlich gibt es Grenzen. Deshalb kann man durchaus darüber reden, ob die Meßlatte des § 138 BGB nicht in bestimmten Fällen niedriger angelegt werden sollte. Mit dem Rückgriff auf § 9 AGB-Gesetz sollte die Rechtsprechung aber vorsichtig sein.

Professor Dr. Norbert Horn,
Direktor des Instituts für Bankwirtschaft und Bankrecht an der Universität zu Köln

Das Referat von Herrn *Heinrichs* hat uns gezeigt, daß das Transparenzgebot an verschiedenen Stellen des AGB-Gesetzes auftaucht. Auch in der Literatur wird darauf hingewiesen, daß es sich um einen immer wiederkehrenden Gesichtspunkt oder eine Leitidee handelt. Dies macht es schwer, das Transparenzgebot in der Praxis konkret anzuwenden. Herr *Bruchner* hat dies mit Recht beklagt. Er hält sogar den hier verwendeten Durchschnittsmaßstab („Otto-Normal-Verbraucher") für das falsche Denkinstrument. Ich möchte dem nicht folgen. Ich glaube vielmehr, Herr *Bundschuh* hat Recht. Wir arbeiten als Juristen im Bereich von Generalklauseln immer mit Durchschnittswerten, auch wenn diese grob sein mögen, also mit dem Durchschnittskunden und Durchschnittsabnehmer.
Wir können uns sicher in einem Punkt einigen: Wir werden das Transparenzgebot nicht los. Denn es ist ein Gesichtspunkt, der auch viel für sich hat, weil er den Gedanken des Verbraucherschutzes oder Kundenschutzes zum Ausdruck bringt. Es hat auch verschiedene Versuche in den Referaten gegeben, diesen Gedanken zu konkretisieren oder kleinzuarbeiten, wie man das mit Generalklauseln oder Leitideen macht. Ich will das hier nicht nachzeichnen. Ich möchte nur auf einen einzelnen Aspekt des Urteils zu den Tilgungsverrechnungsklauseln hinweisen. Entscheidend war nicht die schwierige Formulierung der Klausel oder die Verwendung fingierter Zinsberechnungsfaktoren. Letztlich ging es darum, daß der Kunde über den Preis, den er zahlen mußte, nicht aufgeklärt war. Auf dieser Linie liegt auch eine neuere Entscheidung des OLG Frankfurt[1], das gesagt hat, wenn der effektive Jahreszins angegeben werde, dann sei die Klausel unschädlich. Dies ist natürlich eine Lösung des Problems mit einem Mittel, das außerhalb der Gestaltung der AGB im eigentlichen Sinne und ihrer Kontrolle durch das AGB-Gesetz liegt. Die Lösung liegt dann beim Preisangabenrecht. Aber immerhin ist es eine Möglichkeit, das Problem für die Praxis zu reduzieren.
Ein wichtiges Anwendungsgebiet für das Transparenzgebot sehe ich auch bei den Klauseln über künftige Vertragsanpassung, also im Bereich des § 315 BGB, die für die Praxis sehr wichtig sind. Eine solche Anpassungsklausel ist transparent genug, wenn ihre Leitidee deutlich wird. Auch hier können wir beobachten, daß sich ein bestimmter Maßstab immer wieder durchsetzt. Wir orientieren uns meist am geltenden Marktpreis. Dieser Maßstab versagt natürlich, wenn es um andere Dinge geht, die aber mit der Bankpraxis nicht so zusammenhängen, z. B. Gebietsänderungen bei einem Handelsvertretervertrag.

1 OLG Frankfurt WM 1989, 1211.

Zweitens möchte ich darauf hinweisen, daß das Transparenzgebot natürlich sehr eng mit anderen rechtlichen Kategorien zusammenhängt, nämlich dem § 9 AGB-Gesetz und Fragen der Auslegung im allgemeinen. Der Bundesgerichtshof hat in einer Entscheidung zur Zweckerklärung für eine Grundschuld im November letzten Jahres entschieden[2], es sei ein Verstoß gegen § 3, wenn die Grundschuld alle bestehenden und zukünftigen Verbindlichkeiten eines Dritten, der also nicht der Grundschuldbesteller sei, sichern sollte, obgleich der konkrete Anlaß der Grundschuldbestellung ein ganz anderer und viel konkreterer war. Im entschiedenen Fall sollten Prolongationen von Wechselverbindlichkeiten gesichert werden.
Wir haben bei diesem Urteil den Ansatz der Begründung bei § 3 AGB-Gesetz, obwohl man sich natürlich auch vorstellen könnte, daß man das Transparenzgebot heranzieht. Aber man macht generell eine Unterscheidung zwischen § 3 AGB-Gesetz und dem Transparenzgebot, und diese Unterscheidung läßt sich in der Tat, wie ich glaube, auch machen. Im entschiedenen Fall war die Klausel wohl transparent. Denn die Formel, alle bestehenden und zukünftigen Verbindlichkeiten sollten gesichert sein, ist für sich betrachtet ja transparent. Dennoch kann man, so möchte ich es zugespitzt formulieren, auch durch eine transparente Klausel überrascht werden (§ 3 AGB-Gesetz).
Auch die Entscheidung über die Tilgungsverrechnungsklausel[3] geht von dieser Unterscheidung aus. Denn dort heißt es, es könne dahinstehen, ob §§ 10, 11 AGB-Gesetz erfüllt seien, denn jedenfalls sei die Klausel nicht transparent und daher § 9 AGB-Gesetz anwendbar. Die Rechtsprechung arbeitet also auf der Grundlage, daß man die Kategorien trennen kann. Auch ich halte dies für möglich. Nur sind die Trennungen oft eben nur haarfein. Aber das ist eigentlich für Juristen nichts Neues.
Ich übergehe aus Zeitgründen die Erörterung eines Beispiels zur einschränkenden Auslegung anstelle der Inhaltskontrolle. Ich möchte aber drittens noch einen Aspekt ansprechen, der in den bisherigen Verhandlungen immer mitschwang, aber doch nicht voll thematisiert wurde. Es geht um die Frage, ob wir die Angemessenheit von Klauseln davon abhängig machen können, wie die betriebliche Kostenstruktur ist. Die Frage, ob beim beleglosen Überweisungsverkehr nur die Kontonummer entscheiden soll, wird ja auch mit dieser Argumentation behandelt, und es gibt eine neuere Entscheidung des Bundesgerichtshofs[4], die diese Problematik berührt, ohne allerdings die Argumentation zu übernehmen. Im beleghaften Überweisungsverkehr gilt klar und unbestritten das Prinzip des Namenskontos, d. h. der Name ist das Entscheidende. Es sollte auch klar sein, daß aus der Sicht des Kunden der Name natürlich das Wichtigere ist. Der überweisende Kunde irrt sich weniger häufig beim Namen als im Verschreiben einer Nummer. Es ist für ihn wich-

2 BGH WM 1989, 1926.
3 BGHZ 106, 42; s. auch BGH WM 1990, 1367.
4 BGH WM 1989, 1754.

tig zu wissen, ob er im Fall einer Diskrepanz zwischen Namen und Nummer die Folgen dieses Versehens oder Irrtums tragen muß. Der Bundesgerichtshof hat in der Entscheidung im Oktober 1989[5] dazu letztlich nichts gesagt, weil in dem Fall der Kunde selbst, eine Stadtgemeinde, den beleglosen Verkehr mit der Bank, also einen Datenträgeraustausch, vereinbart hatte. Immerhin sollte man allgemein überlegen, wieweit man mit dem Argument der Kostenstruktur auch für die Angemessenheit einer AGB-Klausel streiten kann. Dieser Gesichtspunkt ist sicher nicht ohne Gewicht, muß aber gegen Kundenschutzinteressen abgewogen werden.

Mein vierter und letzter Punkt ist die Frage der bereits angesprochenen Marktsteuerung durch Gerichte. Dies wurde in den Referaten von Herrn *Wolf* und Herrn *Heinrichs* thematisiert. Natürlich kann die Rechtsprechung in vielfältiger Weise sehr fühlbare Folgen für die Bankwirtschaft haben, und dies kam ja auch im Referat von Herrn *Bruchner* zum Ausdruck. Bei diesen Folgen handelt es sich nicht nur um die Möglichkeit, daß eine Welle von Protestbriefen erzeugt werden kann, sondern auch andere Folgen, z. B. eine Welle von Nachforderungen der Kunden. Letzteres ist im Gefolge des bekannten Urteils des BGH zur Tagespreisklausel im Autohandel[6] geschehen, und der BGH hat dann in einem späteren Fall nachträglich eine Lösung gefunden[7], um zu verhindern, daß eine unübersehbare Vielzahl bereits durchgeführter Autokaufverträge noch einmal rechtlich aufgerollt werden mußten.

Ich möchte mich dafür aussprechen, daß man gleichwohl mit der ökonomischen Deutung der richterlichen Funktionen vorsichtig umgehen muß. Ähnliches wurde schon von Herrn *Krämer* gesagt, und ich nehme an, daß ich mich letztlich auch in Übereinstimmung mit Herrn *Wolf* befinde. Ich würde Herrn *Wolf* in zwei Einzelpunkten zustimmen. Erstens sollen AGB-Klauseln dazu beitragen, daß der Markt transparent bleibt. Zweitens müssen die Gerichte bei ihren Entscheidungen die ökonomischen Folgen mitbedenken. Herr *Krämer* sprach sich für ein Gebot der Zurückhaltung aus (judicial restraint). Wenn unsere Volkswirtschaft immer mehr mit dem großen EG-Markt verschmilzt, stellt sich die Frage, wieweit unsere Gerichte ihr Bestreben, im AGB-Wesen ordnend (Kritiker würden sagen: verwirrend) einzugreifen, beschränken sollten, weil die Schutzstandards in anderen Ländern andere sind. Herr *Wolf* gab dafür einige Beispiele. Aus Zeitgründen kann ich nicht darauf eingehen.

Ich will aber die generelle Frage ansprechen, ob wir unsere eigenen Schutzstandards etwas herunterschrauben müssen, weil die Standards in anderen EG-Ländern niedriger sind. Unsere Kaufleute beklagen sich schon seit Jahren darüber, daß sie durch unsere hohen Standards Nachteile im internatio-

---

5 ibidem.
6 BGHZ 77, 79 und BGHZ 82, 71.
7 BGH WM 1984, 309.

nalen Wettbewerb hätten, ohne daß unsere Richter dies bedenken würden. Es handelt sich um eine sehr schwierige Frage. Die Prognose von Herrn *Wolf* lautete: Im Verbraucherschutzrecht i.e.S. wird man wohl unsere Standards eher verteidigen können, während man bei den Kaufleuten etwas flexibler sein muß. Man wird dann wohl z. B., um ein Beispiel aufzugreifen, auch eine nichtakzessorische Bürgschaft akzeptieren.

Wir müssen diesen Wettbewerb der Schutzstandards als Problem erkennen. Dies sollte aber nicht dazu führen, daß dann ein Wettlauf zum niedrigsten Standard einsetzt („the race to the bottom"). Dieses Problem beschäftigt uns auch im europäischen Bankaufsichtsrecht. Wir müssen in manchen wichtigen Punkten des Kundenschutzes so viel Selbstvertrauen aufbringen, daß wir bestimmte Schutzkonzepte, die wir im deutschen Recht entwickelt haben, auch künftig festhalten und sozusagen exportfähig machen, d. h. dafür werben, daß sie auch in anderen EG-Ländern sich durchsetzen.

Dr. Dietrich Rümker,
Syndikus und Generalbevollmächtigter der Westdeutsche Landesbank, Girozentrale, Düsseldorf

Intransparenz als isoliertes Unangemessenheitsmerkmal im Sinne von § 9 AGB-Gesetz. Darüber haben wir ja heute viel gehört und auch die letzten Beiträge in der Festschrift für Steindorff[1] gaben einige interessante Informationen. Ich habe persönlich nach allem hier doch Zweifel, ob wirklich der Nachweis schlüssig geführt ist, daß wir die Intransparenz als ein isoliertes Unangemessenheitsmerkmal akzeptieren müssen. Wir haben in den Klauselverboten wie auch in den §§ 2, 3 und 5 AGB-Gesetz vielfältige Korrekturmöglichkeiten, die erst einmal ausgeschöpft sein müßten. Insofern würde ich die Idealkonkurrenz zwischen §§ 2,3, 5, 9 AGB-Gesetz nicht akzeptieren, sondern hier mehr für ein Spezialitätsverhältnis plädieren, gerade weil eben § 9 eine Generalklausel ist. Und deshalb meine ich, daß der BGH im Hypothekenzinsurteil[2] doch hätte Stellung beziehen müssen, ob die Voraussetzungen des §§ 3 und 5 AGB-Gesetz gegeben sind, bevor er hier auf das Tranparenzgebot als Maßstab der Unangemessenheitskontrolle rekurrierte. Mich hat die Entscheidung in methodischer Hinsicht nicht sonderlich überzeugt und mit Blick auf die gesetzliche Regelung des 20 Abs. 2 HypBankG auch in der Sache nicht. Anders sehe ich die Wertstellungsentscheidung[3] des Bundesgerichtshofs. Hier meine ich, hat der BGH methodisch konsequenter operiert. Gerade mit Rücksicht auf die Fallgestaltung, nämlich das beigelegte Informations-Faltblatt, hätte man von einer Überraschungsklausel reden können, weil hier widersprüchliche Angaben gemacht wurden zur Frage der Wertstellung. Auch in der Sache selbst, materiell gesehen, ist eine Zinspflicht für einen nichtbestehenden Schuldsaldo eher als unangemessen anzusehen (selbst wenn diese Praxis teilweise als Gebührenentgelt im Girogeschäft begründet wird), als bei einer Klausel über die nachschüssige Tilgungsverrechnung, die im Gesetz eine Verankerung gefunden hat. Im übrigen ist auch § 20 Abs. 2 HypBankG, glaube ich, für den Durchschnittskunden kaum transparenter als die in der Praxis benutzten Formulierungen. Die Kreditwirtschaft hat deshalb, meine ich auch ganz folgerichtig, die Wertstellungsentscheidung viel klagloser akzeptiert als das Hypothekenzinsurteil. Zu den Konsequenzen aus dem Hypothenzinsurteil einige praktische Bemerkungen in Ergänzung zu dem, was auch Herr *Bruchner* sagte.

---

1 *Hellner*, Quo vadis AGB-Recht?, Festschrift für Steindorff, Berlin 1990, S. 573; *Koller*, Das Transparenzgebot als Kontrollmaßstab Allgemeiner Geschäftsbedingungen, ebenda, S. 667; *Westermann*, Das Transparengebot - ein neuer Oberbegriff der AGB-Inhaltskontrolle, ebenda, S. 817.
2 BGH, WM 1988, 1780: WuB I E 4.-2.89 *Canaris*.
3 BGH, WM 1989, 126: WuB I A. Nr. 14 AGB-Banken 2.89 *M. Wolf*.

Diese sind unerfreulich. Wir haben als Konsequenz der BGH-Entscheidung keinen Rechtsfrieden, sondern im Gegenteil eine Fülle von Rechtsstreitigkeiten und eine wachsende Voreingenommenheit gegen Banken, die ich in dieser Form für überzogen halte. Wenn man einmal die ökonomischen Folgen bedenkt, dann macht die Kostenbelastung für die Bearbeitung der einzelnen Nachberechnungsfälle häufig ein Mehrfaches dessen aus, was der Kunde bekommt. Also das muß man auch sehen, daß hier die Aufwendungen - Herr *Bruchner* sprach ja von zwei Stunden, die pro Akte mindestens gearbeitet werden müßten, und wie gesagt, teilweise dauert es eben auch länger - häufig höher sind als die Erstattungsbeträge. Dazu sind die Institute belastet mit einem hohen Rückstellungsaufwand für die Prozeßrisiken aus dieser Situation. Das sind Beträge, die belaufen sich je nach der Größe des Instituts - und es geht ja nicht nur um das Realkreditgeschäft, sondern darüber hinaus auch um das Bausparkassengeschäft auf höhere zweistellige bis dreistellige Summen. Die Gerichtsentscheidungen, die in der Zwischenzeit von den Untergerichten ergangen sind, erwecken bei mir, muß ich sagen, den Eindruck, als würde hier eine Art minimalische Semantik betrieben. Das kann auch vom Gerechtigkeitsgefühl her nicht überzeugen. Vieles spricht dafür, daß, wenn die Entscheidungskriterien derart fein ziseliert sind, die vorgreifliche Grundentscheidung nicht stimmt, anderenfalls würden solche haarfeinen Unterscheidungskriterien nicht mehr benötigt. Deshalb meine ich, Gebot der Stunde ist es - wir kommen vom Transparenzgebot nicht mehr weg - das Transparenzgebot einzuschränken und eine Aufforderung an die Gerichte, noch einmal dessen Standort zu überprüfen. Das Transparenzgebot als ein Irreführungsverbot - etwa in die Richtung könnte ich mir die Fortentwicklung des Wertstellungsurteils vorstellen. D. h., der Kunde darf nicht über die jeweiligen einzelnen preiswirksamen Faktoren getäuscht werden. Generelle Markttransparenz kann ich dagegen nicht als Schutzzweck ansehen und das Transparenzgebot als einen neuen Tatbestand der Unangemessenheit erst recht nicht. Dazu noch etwas, das mir bei der Entscheidung des OLG Celle auffiel: Wenn schon die Vertrautheit oder sagen wir mal, die Intelligenz der Rechtsrefendare im Umgang mit der Klausel zum Maßstab gemacht wird in einer gerichtlichen Entscheidung eines Obergerichts, dann, wie gesagt, weckt das auch Zweifel, ob die Entscheidungs- und Beurteilungskriterien hier richtig gewählt sind.

Anhang

I.

RICHTLINIE DES RATES vom 22. Dezember 1986 zur Angleichung der Rechts- und Verwaltungsvorschriften der Mitgliedstaaten über den Verbraucherkredit

(87/102/EWG)
ABl EG Nr. L 42/48–52 vom 12. 2. 87

DER RAT DER EUROPÄISCHEN GEMEINSCHAFTEN –

gestützt auf den Vertrag zur Gründung der Europäischen Wirtschaftsgemeinschaft, insbesondere auf Artikel 100,

auf Vorschlag der Kommission[1],

nach Stellungnahme des Europäischen Parlaments[2],

nach Stellungnahme des Wirtschafts- und Sozialausschusses[3],

in Erwägung nachstehender Gründe:

Die Rechtsvorschriften im Bereich des Verbraucherkredits sind in den Mitgliedstaaten sehr verschieden.

Die unterschiedlichen Rechtsvorschriften können zu Wettbewerbsverzerrungen zwischen den Kreditgebern auf dem gemeinsamen Markt führen.

Die unterschiedlichen Rechtsvorschriften begrenzen die Möglichkeiten für den Verbraucher, in einem anderen Mitgliedstaat Kredit aufzunehmen. Sie berühren das Volumen und die Art der in Anspruch genommenen Kredite sowie den Erwerb von Gütern und Leistungen.

Die unterschiedlichen Rechtsvorschriften beeinflussen infolgedessen den freien Verkehr von Waren und Dienstleistungen, die der Verbraucher sich auf Kredit beschaffen kann und beeinträchtigen somit unmittelbar das Funktionieren des gemeinsamen Marktes.

---

1 ABl. Nr. C 80 vom 27. 3. 1979, S. 4, und ABl. Nr. C 183 vom 10. 7. 1984, S. 4.
2 ABl. Nr. C 242 vom 12. 9. 1983, S. 10.
2 ABl. Nr. C 113 vom 7. 5. 1980, S. 22.

In Anbetracht des zunehmenden Verbraucherkreditvolumens in der Gemeinschaft würde die Errichtung eines gemeinsamen Verbraucherkreditmarktes Verbrauchern, Kreditgebern, Herstellern, Groß- und Einzelhändlern sowie Dienstleistungserbringern gleichermaßen zugute kommen.

Die Programme der Europäischen Wirtschaftsgemeinschaft für eine Politik zum Schutz und zur Unterrichtung der Verbraucher[4] sehen unter anderem vor, daß der Verbraucher vor mißbräuchlichen Kreditbedingungen zu schützen ist und daß vorrangig eine Harmonisierung der allgemeinen Bedingungen für den Verbraucherkredit vorzunehmen ist.

Aus unterschiedlichen Rechtsvorschriften und Praktiken erwächst in den Mitgliedstaaten ungleicher Verbraucherschutz auf dem Gebiet des Verbraucherkredits.

In den letzten Jahren hat sich bei den Arten der Kredite die den Verbrauchern zugänglich sind und von ihnen tatsächlich in Anspruch genommen werden, vieles geändert; neue Formen haben sich herausgebildet und entwickeln sich weiter.

Der Verbraucher sollte der Kreditbedingungen und -kosten sowie über seine Verpflichtungen angemessen unterrichtet werden. Hierbei sollte ihm unter anderem der Jahreszins für den Kredit oder, wenn dies nicht möglich ist, der für den Kredit zurückzuzahlende Gesamtbetrag mitgeteilt werden. Bis zu einem Beschluß über eine Methode oder Methoden der Gemeinschaft für die Berechnung des Jahreszinses müßten die Mitgliedstaaten bestehende Methoden oder Verfahren zur Berechnung dieses Zinssatzes weiter anwenden können, oder sie müßten – falls dies nicht möglich ist – Bestimmungen über die Angabe der Gesamtkosten des Kredits für den Verbraucher festlegen.

Die vertraglichen Bedingungen können für den Verbraucher nachteilig sein. Ein besserer Schutz des Verbrauchers kann dadurch erreicht werden, daß bestimmte Vorschriften erlassen werden, die für alle Formen des Kredits gelten.

Angesichts der Merkmale bestimmter Kreditverträge oder bestimmter Geschäftsvorgänge sollten diese teilweise oder gänzlich vom Anwendungsbereich dieser Richtlinie ausgeschlossen werden.

Die Mitgliedstaaten sollten im Benehmen mit der Kommission bestimmte nichtkommerzielle und unter besonderen Bedingungen gewährte Kredite von dieser Richtlinie ausgeschlossen werden.

---

4 ABl. Nr. C 92 vom 25. 4. 1975, S. 1, und ABl. Nr. C 133 vom 3. 6. 1981, S. 1.

Die Verfahren, die in einigen Mitgliedstaaten im Zusammenhang mit einem notariell oder gerichtlich beurkundeten Akt angewandt werden, machen die Anwendung einiger Bestimmungen dieser Richtlinie im Falle solcher Akte überflüssig. Die Mitgliedstaaten sollten daher derartige Akte von diesen Bestimmungen ausschließen können.

Kreditverträge über sehr hohe Beträge weichen oft von den üblichen Verbraucherkreditgeschäften ab. Die Anwendung der Bestimmungen dieser Richtlinie auf Verträge über sehr kleine Beträge könnte sowohl für die Verbraucher als auch für die Kreditgeber unnötigen verwaltungsmäßigen Aufwand verursachen. Daher sollten Verträge ab oder unter einer bestimmten finanziellen Grenze von der Richtlinie ausgeschlossen werden.

Angaben über die Kosten in der Werbung und in den Geschäftsräumen des Kreditgebers oder Kreditvermittlers können dem Verbraucher den Vergleich zwischen verschiedenen Angeboten erleichtern.

Der Schutz des Verbrauchers wird ferner erhöht, wenn Kreditverträge schriftlich abgefaßt werden und bestimmte Mindestangaben über die Vertragsbestimmungen enthalten.

Im Falle von Krediten für den Erwerb von Waren sollten die Mitgliedstaaten die Bedingungen festlegen, zu denen Waren zurückgenommen werden können, insbesondere für Fälle, in denen der Verbraucher seine Einwilligung nicht erteilt hat. Dabei sollte die Abrechnung zwischen den Parteien in einer Weise erfolgen, daß die Rücknahme nicht zu einer unberechtigten Bereicherung führt.

Dem Verbraucher sollte gestattet werden, seine Verbindlichkeiten vorzeitig zu erfüllen. In diesem Falle sollte ihm eine angemessene Ermäßigung der Gesamtkosten des Kredits eingeräumt werden.

Bei Abtretung der Rechte des Kreditgebers aus einem Kreditvertrag darf die Rechtsstellung des Verbrauchers nicht verschlechtert werden.

Die Mitgliedstaaten, die dem Verbraucher gestatten, im Zusammenhang mit Kreditverträgen Wechsel, Eigenwechsel oder Schecks zu verwenden, sollten dafür Sorge tragen, daß der Verbraucher hierbei angemessenen Schutz genießt.

Hat der Verbraucher Waren oder Dienstleistungen im Rahmen eines Kreditvertrags erworben, so sollte er zumindest in den nachstehend genannten Fällen Rechte gegenüber dem Kreditgeber geltend machen können, die zusätzlich zu den ihm nach dem Vertrag zustehenden üblichen Rechte gegenüber dem Lieferanten der Waren oder dem Erbringer der Dienstleistungen bestehen; dies gilt in den Fällen, in denen zwischen diesen Personen eine vorherige Abmachung besteht, wonach Kredite an Kunden dieses Lieferanten zum Zwecke des Erwerbs von Waren oder der Inanspruchnahme von Dienstleistungen des betreffenden Lieferanten ausschließlich von dem betreffenden Kreditgeber bereitgestellt werden.

Als ECU gilt die Rechnungseinheit, die durch die Verordnung (EWG) Nr. 3180/78[5], zuletzt geändert durch die Verordnung (EWG) Nr. 2626/84[6] festgelegt worden ist. Den Mitgliedstaaten sollte es im begrenzten Umfang freistehen, die Beträge, die sich bei der Umrechnung der in dieser Richtlinie angegebenen und in ECU ausgedrückten Beträge in Landeswährung ergeben, auf- oder abzurunden. Die Beträge nach der vorliegenden Richtlinie sollten unter Berücksichtigung der wirtschaftlichen und monetären Entwicklung regelmäßig überprüft und gegebenenfalls angepaßt werden.

Die Mitgliedstaaten sollten geeignete Maßnahmen im Hinblick auf die Zulassung von Kreditgebern oder Kreditvermittlern oder die Kontrolle und Überwachung ihrer Tätigkeit ergreifen und es den Verbrauchern ermöglichen, Klage gegen Kreditverträge und Kreditbedingungen zu erheben.

Kreditverträge sollten nicht zum Nachteil des Verbrauchers von den zur Anwendung dieser Richtlinie erlassenen oder dieser Richtlinie entsprechenden Vorschriften abweichen. Diese Vorschriften sollten nicht durch eine besondere Gestaltung der Verträge umgangen werden.

Mit dieser Richtlinie werden zwar die Rechts- und Verwaltungsvorschriften der Mitgliedstaaten über den Verbraucherkredit in gewissem Umfang angeglichen und es wird ein gewisses Maß an Verbraucherschutz erzielt, doch sollte es den Mitgliedstaaten überlassen bleiben, unter Beachtung ihrer Verpflichtungen aus dem Vertrag zwingendere Maßnahmen zum Schutz der Verbraucher zu erlassen.

Spätestens am 1. Januar 1995 sollte die Kommission dem Rat einen Bericht über die Anwendung der Richtlinie vorlegen –

HAT FOLGENDE RICHTLINIE ERLASSEN:

Artikel 1

(1) Diese Richtlinie findet auf Kreditverträge Anwendung.

---

5 ABl. Nr. L 379 vom 30. 12. 1978, S. 1.
6 ABl. Nr. L 247 vom 16. 9. 1984, S. 1.

(2) Im Sinne dieser Richtlinie bedeutet:

a) „Verbraucher" eine natürliche Person, die bei den von dieser Richtlinie erfaßten Geschäften zu einem Zweck handelt, der nicht ihrer beruflichen oder gewerblichen Tätigkeit zugerechnet werden kann;
b) „Kreditgeber" eine natürliche oder juristische Person, die in Ausübung ihrer gewerblichen oder beruflichen Tätigkeit einen Kredit gewährt, oder eine Gruppe solcher Personen;
c) „Kreditvertrag" einen Vertrag, bei dem ein Kreditgeber einem Verbraucher einen Kredit in Form eines Zahlungsaufschubs, eines Darlehens oder einer sonstigen ähnlichen Finanzierungshilfe gewährt oder zu gewähren verspricht.
Verträge über die kontinuierliche Erbringung von Dienstleistungen oder Leistungen von Versorgungsbetrieben, bei denen der Verbraucher berechtigt ist, für die Dauer der Erbringung Teilzahlungen zu leisten, gelten nicht als Kreditverträge im Sinne dieser Richtlinie;
d) „Gesamtkosten des Kredits für den Verbraucher": sämtliche Kosten des Kredits, einschließlich der Zinsen und sonstigen mit dem Kreditvertrag unmittelbar verbundenen Kosten, die nach den in den Mitgliedstaaten angewandten oder ihnen noch festzulegenden Vorschriften oder Verfahren bestimmt werden;
e) „effektiver Jahreszins": die Gesamtkosten des Kredits für den Verbraucher, die als jährlicher Vomhundertsatz des gewährten Kredits ausgedrückt sind und nach den in den Mitgliedstaaten angewandten Methoden ermittelt werden.

Artikel 2

(1) Diese Richtlinie findet keine Anwendung:

a) auf Kreditverträge oder Kreditversprechen, die
   - hauptsächlich zum Erwerb oder zur Beibehaltung von Eigentumsrechten an einem Grundstück oder einem vorhandenen oder noch zu errichtenden Gebäude,
   - zur Renovierung oder Verbesserung eines Gebäudes bestimmt sind;
b) auf Mietverträge, es sei denn, diese sehen vor, daß das Eigentum letzten Endes auf den Mieter übergeht;
c) auf Kredite, die zins- und gebührenfrei gewährt oder zur Verfügung gestellt werden;
d) Kreditverträge, nach denen keine Zinsen in Rechnung gestellt werden, sofern der Verbraucher sich bereit erklärt, den Kredit auf einmal zurückzuzahlen;
e) auf Verträge, aufgrund deren Kredite durch ein Kredit- oder Geldinstitut in Form von Überziehungskrediten auf laufenden Konten gewährt werden, mit Ausnahme der Kreditkartenkonten.

Jedoch ist auf solche Kredite Artikel 6 anwendbar;

f) auf Kreditverträge über weniger als 200 ECU oder mehr als 20 000 ECU;

g) Kreditverträge, aufgrund deren der Verbraucher den Kredit
   - entweder innerhalb eines Zeitraums von höchstens drei Monaten
   - oder innerhalb eines Zeitraums von höchstens zwölf Monaten in nicht mehr als vier Raten zurückzuzahlen hat.

(2) Die Mitgliedstaaten können im Benehmen mit der Kommission Kreditarten vom Anwendungsbereich der Richtlinie ausschließen, die folgende Bedingungen erfüllen:

- sie sind zu Zinssätzen bewilligt worden, die unter den marktüblichen Sätzen liegen und
- sie werden im allgemeinen nicht öffentlich angeboten.

(3) Die Bestimmungen des Artikels 4 und der Artikel 6 bis 12 sind nicht anwendbar auf Kreditverträge oder Kreditversprechen, die durch Grundpfandrechte gesichert sind, soweit diese nicht schon nach Absatz 1 Buchstabe a) des vorliegenden Artikels von der Richtlinie ausgeschlossen sind.

(4) Die Mitgliedstaaten können notariell oder gerichtlich beurkundete Kreditverträge von den Bestimmungen der Artikel 6 bis 12 ausschließen.

Artikel 3

Unbeschadet der Richtlinie 84/450/EWG des Rates vom 10. September 1984 zur Angleichung der Rechts- und Verwaltungsvorschriften der Mitgliedstaaten über irreführende Werbung[7] sowie der allgemeinen Vorschriften und Grundsätze über unlautere Werbung muß in jeder Werbung oder in jedem in Geschäftsräumen ausgehängten Angebot, durch die oder das jemand seine Bereitschaft zur Gewährung eines Kredits oder zur Vermittlung von Kreditverträgen ankündigt und die oder das eine Angabe über den Zinssatz oder andere Zahlen betreffend die Kreditkosten enthält, auch – und zwar notfalls anhand von repräsentativen Beispielen – der effektive Jahreszins angegeben werden.

Artikel 4

(1) Kreditverträge bedürfen der Schriftform. Der Verbraucher erhält eine Ausfertigung des schriftlichen Vertrages.

(2) In der Vertragsurkunde ist folgendes anzugeben:

a) der effektive Jahreszins;

b) die Bedingungen, unter denen der effektive Jahreszins geändert werden kann.

---

7 ABl. Nr. L 250 vom 19. 9. 1984, S. 17.

Falls die Angabe des effektiven Jahreszinses nicht möglich ist, sind dem Verbraucher in der Vertragsurkunde angemessene Informationen zu geben. Diese Angaben müssen mindestens die in Artikel 6 Absatz 1 zweiter Gedankenstrich vorgesehenen Informationen umfassen.

(3) Die Vertragsurkunde soll auch die übrigen wesentlichen Vertragsbestimmungen enthalten.

Im Anhang findet sich als Beispiel eine Liste solcher Angaben, deren Aufnahme in den schriftlichen Vertrag von den Mitgliedstaaten als wesentlich vorgeschrieben werden kann.

Artikel 5

In Abweichung von den Artikeln 3 und 4 Absatz 2 müssen bis zu einem Beschluß über die Einführung einer Methode oder von Methoden der Gemeinschaft für die Berechnung des effektiven Jahreszinses in den Mitgliedstaaten, in denen bei Bekanntgabe der vorliegenden Richtlinie die Angabe des effektiven Jahreszinses nicht erforderlich ist, oder in denen es keine feststehende Methode für dessen Berechnung gibt, zumindest die Gesamtkosten des Kredits für den Verbraucher angegeben werden.

Artikel 6

(1) Unbeschadet der Ausnahmeregelung gemäß Artikel 2 Absatz 1 Buchstabe e) ist der Verbraucher im Falle eines Vertrages zwischen ihm und einem Kredit- oder Finanzinstitut über die Gewährung eines Kredits in Form eines Überziehungskredits auf einem laufenden Konto, außer einem Kreditkartenkonto, vor Vertragsabschluß oder zum Zeitpunkt des Vertragsabschlusses zu informieren:

- über die etwaige Höchstgrenze des Kreditbetrags;
- über den Jahreszins und die bei Abschluß des Vertrages in Rechnung gestellten Kosten sowie darüber, unter welchen Voraussetzungen diese geändert werden können;
- über die Modalitäten einer Beendigung des Vertragsverhältnisses.

Diese Informationen sind schriftlich zu bestätigen.

(2) Ferner ist der Verbraucher während der Laufzeit des Vertrages über jede Änderung des Jahreszinses und der in Rechnung gestellten Kosten im Augenblick ihres Eintretens zu unterrichten. Diese Unterrichtung kann in Form eines Kontoauszuges oder in einer anderen für die Mitgliedstaaten annehmbaren Formen erfolgen.

(3) In Mitgliedstaaten, in denen stillschweigend akzeptierte Kontoüberziehungen zulässig sind, trägt der betreffende Mitgliedstaat dafür Sorge, daß der Ver-

braucher vom Jahreszins und den in Rechnung gestellten Kosten sowie allen diesbezüglichen Änderungen unterrichtet wird, wenn ein Konto länger als drei Monate überzogen wird.

Artikel 7

Die Mitgliedstaaten legen für den Fall des Kredits zum Erwerb einer Ware die Bedingungen fest, unter denen die Ware zurückgenommen werden kann, insbesondere für Fälle, in denen der Verbraucher seine Einwilligung nicht erteilt hat. Sie tragen ferner dafür Sorge, daß in den Fällen, in denen der Kreditgeber die Ware wieder an sich nimmt, die Abrechnung zwischen den Parteien in der Weise erfolgt, daß die Rücknahme nicht zu einer unberechtigten Bereicherung führt.

Artikel 8

Der Verbraucher ist berechtigt, seine Verbindlichkeiten aus einem Kreditvertrag vorzeitig zu erfüllen. In diesem Fall kann der Verbraucher gemäß den von den Mitgliedstaaten festgelegten Regelungen eine angemessene Ermäßigung der Gesamtkosten des Kredits verlangen.

Artikel 9

Werden die Ansprüche des Kreditgebers aus einem Kreditvertrag an einen Dritten abgetreten, so kann der Verbraucher diesen Dritten gegenüber Einreden geltend machen, soweit sie ihm gegen den ursprünglichen Kreditgeber zustanden, und zwar einschließlich der Aufrechnungseinrede, soweit dies in dem betreffenden Mitgliedstaat zulässig ist.

Artikel 10

Die Mitgliedstaaten, die im Zusammenhang mit Kreditverträgen dem Verbraucher gestatten,

a) Zahlungen in Form von Wechseln, einschließlich Eigenwechseln zu leisten,
b) Sicherheit in Form von Wechseln, einschließlich Eigenwechseln und Schecks zu bieten,

tragen dafür Sorge, daß der Verbraucher bei Verwendung dieser Papiere zu den genannten Zwecken angemessenen Schutz genießt.

Artikel 11

(1) Die Mitgliedstaaten tragen dafür Sorge, daß das Bestehen eines Kreditvertrages in keiner Weise die Rechte des Verbrauchers gegenüber dem Lieferanten von Waren bzw. Erbringer von Dienstleistungen beeinträchtigt, falls die betreffenden Waren bzw. Dienstleistungen, die mit Hilfe dieses Kreditvertrages erworben werden, nicht geliefert bzw. erbracht werden oder in anderer Weise nicht vertragsmäßig sind.

(2) Wenn

a) für den Bezug von Waren oder Dienstleistungen ein Kredit mit einer anderen Person als dem Lieferanten vereinbart worden ist und

b) zwischen dem Kreditgeber und dem Lieferanten der Waren oder Dienstleistungen eine vorherige Abmachung besteht, wonach Kredite an Kunden dieses Lieferanten zum Zwecke des Erwerbs von Waren oder der Inanspruchnahme von Dienstleistungen des betreffenden Lieferanten ausschließlich von dem betreffenden Kreditgeber bereitgestellt werden, und

c) der unter Buchstabe a) genannte Verbraucher seinen Kredit im Rahmen dieser vorherigen Abmachung erhält und

d) die unter den Kreditvertrag fallenden Waren oder Dienstleistungen nicht oder nur teilweise geliefert werden oder dem Liefervertrag nicht entsprechen und

d) der Verbraucher seine Rechte gegen den Lieferanten erfolglos geltend gemacht hat,

ist der Verbraucher berechtigt, Rechte gegen den Kreditgeber geltend zu machen. Die Mitgliedstaaten bestimmen, wie weit und unter welchen Bedingungen diese Rechte geltend gemacht werden können.

(3) Absatz 2 gilt nicht, wenn der Betrag des betreffenden Einzelgeschäfts unter einem Gegenwert von 200 ECU liegt.

Artikel 12

(1) Die Mitgliedstaaten

a) stellen sicher, daß Personen, die Kredite anbieten oder bereit sind, Kreditverträge zu vermitteln, hierfür entweder speziell in dieser Eigenschaft oder aber als Lieferanten von Waren bzw. Erbringer von Dienstleistungen einer behördlichen Erlaubnis bedürfen; oder

b) stellen sicher, daß Personen, die Kredite gewähren oder die Gewährung von Krediten vermitteln, hinsichtlich dieser Tätigkeit von einer Einrichtung oder Behörde kontrolliert oder überwacht werden; oder

c) fördern die Schaffung geeigneter Einrichtungen, die Beschwerden über Kreditverträge und Kreditbedingungen entgegennehmen und den Verbrauchern einschlägige Informationen oder Ratschläge erteilen.

(2) Die Mitgliedstaaten können vorsehen, daß die in Absatz 1 Buchstabe a) genannte Erlaubnis entbehrlich ist, wenn Personen, die Kreditverträge abzuschließen oder zu vermitteln bereit sind, der Begriffsbestimmung von Artikel 1 der Ersten Richtlinie des Rates vom 12. Dezember 1977 zur Koordinierung der Rechts- und Verwaltungsvorschriften über die Aufnahme und Ausübung der Tätigkeit der Kreditinstitute[8] entsprechen und eine Erlaubnis gemäß den Bestimmungen dieser Richtlinie innehaben.

---

8 ABl. Nr. L 322 vom 17. 12. 1977, S. 30.

Besitzen Personen, die Kredite gewähren oder vermitteln, sowohl die spezielle Erlaubnis gemäß Absatz 1 Buchstabe a) als auch die Erlaubnis gemäß der genannten Richtlinie, und wird letztere Erlaubnis später entzogen, so wird die Behörde, die für die Erteilung der speziellen Erlaubnis zur Gewährung von Krediten gemäß Absatz 1 Buchstabe a) zuständig ist, unterrichtet, und sie entscheidet, ob die betreffenden Personen weiterhin Kredite gewähren oder vermitteln dürfen oder ob die gemäß Absatz 1 Buchstabe a) erteilte spezielle Erlaubnis entzogen wird.

Artikel 13

(1) Als ECU im Sinne dieser Richtlinie gilt die Rechnungseinheit, die durch die Verordnung (EWG) Nr. 3180/78, in der Fassung der Verordnung (EWG) Nr. 2626/84, festgelegt worden ist. Der Gegenwert in nationaler Währung ist bei der ersten Festsetzung derjenige, welcher am Tag der Annahme dieser Richtlinie gilt.

Die Mitgliedstaaten können die sich bei der Umrechnung der ECU-Beträge ergebenden Beträge in Landeswährung abrunden, wobei die Abrundung 10 ECU nicht übersteigen darf.

(2) Der Rat überprüft auf Vorschlag der Kommission alle fünf Jahre und erstmals im Jahre 1995 die in dieser Richtlinie genannten Beträge unter Berücksichtigung der wirtschaftlichen und monetären Entwicklung in der Gemeinschaft und ändert diese Beträge gegebenenfalls.

Artikel 14

(1) Die Mitgliedstaaten stellen sicher, daß Kreditverträge von den zur Anwendung dieser Richtlinie ergangenen oder dieser Richtlinie entsprechenden innerstaatlichen Vorschriften nicht zum Nachteil des Verbrauchers abweichen.

(2) Die Mitgliedstaaten stellen ferner sicher, daß die Vorschriften, die sie gemäß dieser Richtlinie verabschieden, nicht durch eine besondere Gestaltung der Verträge, insbesondere eine Aufteilung des Kreditbetrags auf mehrere Verträge, umgangen werden.

Artikel 15

Diese Richtlinie hindert die Mitgliedstaaten nicht, in Übereinstimmung mit ihren Verpflichtungen aus dem Vertrag weitergehende Vorschriften zum Schutz der Verbraucher aufrechtzuerhalten oder zu erlassen.

Artikel 16

(1) Die Mitgliedstaaten treffen die erforderlichen Maßnahmen, um dieser Richtlinie spätestens am 1. Januar 1990 nachzukommen. Sie setzen die Kommission unverzüglich davon in Kenntnis.

(2) Die Mitgliedstaaten teilen der Kommission den Wortlaut der wichtigsten innerstaatlichen Rechtsvorschriften mit, die sie auf dem unter diese Richtlinie fallenden Gebiet erlassen.

Artikel 17

Die Kommission legt dem Rat vor dem 1. Januar 1995 einen Bericht über die Anwendung der Richtlinie vor.

Artikel 18

Diese Richtlinie ist an die Mitgliedstaaten gerichtet.

Geschehen zu Brüssel am 22. Dezember 1986.

Im Namen des Rates
Der Präsident
G. SHAW

ANHANG

LISTE DER ANGABEN NACH ARTIKEL 4 ABSATZ 3

1. **Kreditverträge, die die Finanzierung des Erwerbs von bestimmten Waren oder Dienstleistungen betreffen:**

i) Beschreibung der Waren oder Dienstleistungen, die Gegenstand des Vertrags sind;
ii) Barzahlungspreis und Preis, der im Rahmen des Kreditvertrags zu zahlen ist;
iii) Betrag einer etwaigen Anzahlung, Anzahl und Betrag der Teilzahlungen und Termine, zu denen sie fällig werden, oder Verfahren, nach dem sie jeweils festgestellt werden können, falls sie zum Zeitpunkt des Vertragsabschlusses noch nicht bekannt sind;
iv) Hinweis darauf, daß der Verbraucher gemäß Artikel 8 bei vorzeitiger Rückzahlung Anspruch auf eine Ermäßigung hat;
v) Hinweis darauf, wer der Eigentümer der Waren ist (sofern das Eigentumsrecht nicht unmittelbar auf den Verbraucher übertragen wird) und unter welchen Voraussetzungen der Verbraucher Eigentümer der Waren wird;
vi) Einzelheiten über etwaige Sicherheiten;
vii) etwaige Bedenkzeit;
viii) Hinweis auf etwaige erforderliche Versicherung(en) und, wenn die Wahl des Versicherers nicht dem Verbraucher überlassen bleibt, Hinweis auf die Versicherungskosten.

2. **Kreditverträge, die mittels Kreditkarten abgewickelt werden:**

i) etwaige Höchstgrenze des Kredits;
ii) Rückzahlungsbedingungen oder Möglichkeit zur Feststellung dieser Bedingungen;
iii) etwaige Bedenkzeit.

3. **Kontokorrent-Kreditverträge, die nicht von anderen Bestimmungen der Richtlinie erfaßt werden:**

i) etwaige Höchstgrenze des Kredits oder Verfahren zu ihrer Festlegung;
ii) Benutzungs- und Rückzahlungsbedingungen;
iii) etwaige Bedenkzeit.

4. **Andere unter die Richtlinie fallende Kreditverträge:**

i) etwaige Höchstgrenze des Kredits;
ii) Hinweis auf etwaige Sicherheiten;
iii) Rückzahlungsbedingungen;
iv) etwaige Bedenkzeit;
v) Hinweis darauf, daß der Verbraucher gemäß Artikel 8 bei vorzeitiger Rückzahlung Anspruch auf eine Ermäßigung hat.

II.
Gesetz über Verbraucherkredite, zur Änderung der Zivilprozeßordnung und anderer Gesetze

Vom 17. Dezember 1990
BGBl. I, S. 2840–2846 vom 22. Dezember 1990

Der Bundestag hat das folgende Gesetz beschlossen:

Artikel 1
Verbraucherkreditgesetz (VerbrKrG)

Erster Abschnitt
Anwendungsbereich

§ 1
Anwendungsbereich

(1) Dieses Gesetz gilt für Kreditverträge und Kreditvermittlungsverträge zwischen einer Person, die in Ausübung ihrer gewerblichen oder beruflichen Tätigkeit einen Kredit gewährt (Kreditgeber) oder vermittelt oder nachweist (Kreditvermittler), und einer natürlichen Person, es sei denn, daß der Kredit nach dem Inhalt des Vertrages für ihre bereits ausgeübte gewerbliche oder selbständige berufliche Tätigkeit bestimmt ist (Verbraucher).

(2) Kreditvertrag ist ein Vertrag, durch den ein Kreditgeber einem Verbraucher einen entgeltlichen Kredit in Form eines Darlehens, eines Zahlungsaufschubs oder einer sonstigen Finanzierungshilfe gewährt oder zu gewähren verspricht.

(3) Kreditvermittlungsvertrag ist ein Vertrag, nach dem ein Kreditvermittler es unternimmt, einem Verbraucher gegen Entgelt einen Kredit zu vermitteln oder ihm die Gelegenheit zum Abschluß eines Kreditvertrages nachzuweisen.

§ 2
Lieferung in Teilleistungen oder wiederkehrenden Leistungen

Die Vorschriften des § 4 Abs. 1 Satz 1 und Abs. 3, des § 7 Abs. 1, 2 und 4 und des § 8 gelten entsprechend, wenn die Willenserklärung des Verbrauchers auf den Abschluß eines Vertrages gerichtet ist, der

1. die Lieferung mehrerer als zusammengehörend verkaufter Sachen in Teilleistungen zum Gegenstand hat und bei dem das Entgelt für die Gesamtheit der Sachen in Teilleistungen zu entrichten ist;
2. die regelmäßige Lieferung von Sachen gleicher Art zum Gegenstand hat;

3. die Verpflichtung zum wiederkehrenden Erwerb oder Bezug von Sachen zum Gegenstand hat.

§ 3
Ausnahmen

(1) Dieses Gesetz findet keine Anwendung auf Kreditverträge und auf Verträge über die Vermittlung oder den Nachweis von Kreditverträgen,

1. bei denen der auszuzahlende Kreditbetrag (Nettokreditbetrag) oder Barzahlungspreis vierhundert Deutsche Mark nicht übersteigt;
2. wenn der Kredit für die Aufnahme einer gewerblichen oder selbständigen beruflichen Tätigkeit bestimmt ist und der Nettokreditbetrag oder Barzahlungspreis 100 000 Deutsche Mark übersteigt;
3. durch die dem Verbraucher ein Zahlungsaufschub von nicht mehr als drei Monaten eingeräumt wird;
4. die ein Arbeitgeber mit seinem Arbeitnehmer zu Zinsen abschließt, die unter den marktüblichen Sätzen liegen.

(2) Keine Anwendung finden ferner

1. § 4 Abs. 1 Satz 2 und 3, § 6, § 13 Abs. 3 und § 14 auf Finanzierungsleasingverträge;
2. die §§ 7, 9 und 11 bis 13 auf Kreditverträge, nach denen der Kredit von der Sicherung durch ein Grundpfandrecht abhängig gemacht und zu für grundpfandrechtlich abgesicherte Kredite üblichen Bedingungen gewährt wird; der Sicherung durch ein Grundpfandrecht steht es gleich, wenn von einer solchen Sicherung gemäß § 7 Abs. 3 bis 5 des Gesetzes über Bausparkassen abgesehen wird;
3. die §§ 4 bis 7 und 9 Abs. 2 auf Kreditverträge, die in ein nach den Vorschriften der Zivilprozeßordnung errichtetes gerichtliches Protokoll aufgenommen oder notariell beurkundet sind, wenn das Protokoll oder die notarielle Urkunde den Jahreszins, die bei Abschluß des Vertrages in Rechnung gestellten Kosten des Kredits sowie die Voraussetzungen enthält, unter denen der Jahreszins oder die Kosten geändert werden können.

Zweiter Abschnitt

Kreditvertrag

§ 4
Schriftform; erforderliche Angaben

(1) Der Kreditvertrag bedarf der schriftlichen Form. Die Urkunde muß angeben

1. bei Kreditverträgen im allgemeinen
   a) den Nettokreditbetrag, gegebenenfalls die Höchstgrenze des Kredits;
   b) wenn möglich den Gesamtbetrag aller vom Verbraucher zu entrichtenden Teilzahlungen einschließlich Zinsen und sonstiger Kosten;
   c) die Art und Weise der Rückzahlung des Kredits oder, wenn eine Vereinbarung hierüber nicht vorgesehen ist, die Regelung der Vertragsbeendigung;
   d) den Zinssatz und alle sonstigen Kosten des Kredits, die im einzelnen zu bezeichnen sind, einschließlich etwaiger vom Verbraucher zu tragender Vermittlungskosten;
   e) den effektiven Jahreszins oder, wenn eine Änderung des Zinssatzes oder anderer preisbestimmender Faktoren vorbehalten ist, den anfänglichen effektiven Jahreszins; zusammen mit dem anfänglichen effektiven Jahreszins ist auch anzugeben, unter welchen Voraussetzungen preisbestimmende Faktoren geändert werden können und auf welchen Zeitraum Belastungen, die sich aus einer nicht vollständigen Auszahlung oder aus einem Zuschlag zu dem Kreditbetrag ergeben, bei der Berechnung des effektiven Jahreszinses verrechnet werden;
   f) die Kosten einer Restschuld- oder sonstigen Versicherung, die im Zusammenhang mit dem Kreditvertrag abgeschlossen wird;
   g) zu bestellende Sicherheiten;
2. bei Kreditverträgen, die die Lieferung einer bestimmten Sache oder die Erbringung einer bestimmten anderen Leistung gegen Teilzahlungen zum Gegenstand haben,
   a) den Barzahlungspreis;
   b) den Teilzahlungspreis (Gesamtbetrag von Anzahlung und allen vom Verbraucher zu entrichtenden Teilzahlungen einschließlich Zinsen und sonstiger Kosten);
   c) Betrag, Zahl und Fälligkeit der einzelnen Teilzahlungen;
   d) den effektiven Jahreszins;
   e) die Kosten einer Versicherung, die im Zusammenhang mit dem Kreditvertrag abgeschlossen wird;
   f) die Vereinbarung eines Eigentumsvorbehalts oder einer anderen zu bestellenden Sicherheit.

Der Angabe eines Barzahlungspreises und eines effektiven Jahreszinses bedarf es nicht, wenn der Kreditgeber nur gegen Teilzahlungen Sachen liefert oder Leistungen erbringt.

(2) Effektiver Jahreszins ist die in einem Vomhundertsatz des Nettokreditbetrages oder des Barzahlungspreises anzugebende Gesamtbelastung pro Jahr. Die Berechnung des effektiven und des anfänglichen effektiven Jahreszinses richtet sich nach § 4 der Verordnung zur Regelung der Preisangaben.

(3) Der Kreditgeber hat dem Verbraucher eine Abschrift der Urkunde auszuhändigen.

§ 5
Überziehungskredit

(1) Die Bestimmungen des § 4 gelten nicht für Kreditverträge, bei denen ein Kreditinstitut einem Verbraucher das Recht einräumt, sein laufendes Konto in bestimmter Höhe zu überziehen, wenn außer den Zinsen für den in Anspruch genommenen Kredit keine weiteren Kosten in Rechnung gestellt werden und die Zinsen nicht in kürzeren Perioden als drei Monaten belastet werden. Das Kreditinstitut hat den Verbraucher vor der Inanspruchnahme eines solchen Kredits zu unterrichten über

1. die Höchstgrenze des Kredits;
2. den zum Zeitpunkt der Unterrichtung geltenden Jahreszins;
3. die Bedingungen, unter denen der Zinssatz geändert werden kann;
4. die Regelung der Vertragsbeendigung.

Die Vertragsbedingungen der Nummern 1 bis 4 sind dem Verbraucher spätestens nach der ersten Inanspruchnahme des Kredits schriftlich zu bestätigen. Ferner ist der Verbraucher während der Inanspruchnahme des Kredits über jede Änderung des Jahreszinses zu unterrichten. Die Bestätigung nach Satz 3 und die Unterrichtung nach Satz 4 können auch in Form eines Ausdrucks auf einem Kontoauszug erfolgen.

(2) Duldet das Kreditinstitut die Überziehung eines laufenden Kontos und wird das Konto länger als drei Monate überzogen, so hat das Kreditinstitut den Verbraucher über den Jahreszins, die Kosten sowie die diesbezüglichen Änderungen zu unterrichten; dies kann in Form eines Ausdrucks auf einem Kontoauszug erfolgen.

§ 6
Rechtsfolgen von Formmängeln

(1) Der Kreditvertrag ist nichtig, wenn die Schriftform insgesamt nicht eingehalten ist oder wenn eine der in § 4 Abs. 1 Satz 2 Nr. 1 Buchstabe a bis f und Nr. 2 Buchstabe a bis e vorgeschriebenen Angaben fehlt.

(2) Ungeachtet eines Mangels nach Absatz 1 wird der Kreditvertrag in den Fällen des § 4 Abs. 1 Satz 2 Nr. 1 gültig, soweit der Verbraucher das Darlehen empfängt oder den Kredit in Anspruch nimmt. Jedoch ermäßigt sich der dem Kreditvertrag zugrunde gelegte Zinssatz (§ 4 Abs. 1 Satz 2 Nr. 1 Buchstabe d) auf den gesetzlichen Zinssatz, wenn seine Angabe, die Angabe des effektiven

oder anfänglichen effektiven Jahreszinses oder die Angabe des Gesamtbetrages nach Buchstabe b fehlt. Nicht angegebene Kosten werden vom Verbraucher nicht geschuldet. Vereinbarte Teilzahlungen sind unter Berücksichtigung der verminderten Zinsen oder Kosten neu zu berechnen. Ist nicht angegeben, unter welchen Voraussetzungen preisbestimmende Faktoren geändert werden können, so entfällt die Möpglichkeit, diese zum Nachteil des Verbrauchers zu ändern. Sicherheiten können bei fehlenden Angaben hierüber nicht gefordert werden; dies gilt nicht, wenn der Nettokreditbetrag 100 000 Deutsche Mark übersteigt.

(3) Ungeachtet eines Mangels nach Absatz 1 wird der Kreditvertrag in den Fällen des § 4 Abs. 1 Satz 2 Nr. 2 gültig, wenn dem Verbraucher die Sache übergeben oder die Leistung erbracht wird. Jedoch ist der Barzahlungspreis höchstens mit dem gesetzlichen Zinssatz zu verzinsen, wenn die Angabe des Teilzahlungspreises oder des effektiven Jahreszinses fehlt. Ist ein Barzahlungspreis nicht genannt, so gilt im Zweifel der Marktpreis als Barzahlungspreis. Die Bestellung von Sicherheiten kann bei fehlenden Angaben hierüber nicht gefordert werden.

(4) Ist der effektive oder der anfängliche effektive Jahreszins zu niedrig angegeben, so vermindert sich in den Fällen des § 4 Abs. 1 Satz 2 Nr. 1 der dem Kreditvertrag zugrunde gelegte Zinssatz, in den Fällen des § 4 Abs. 1 Satz 2 Nr. 2 der Teilzahlungspreis um den Vomhundertsatz, um den der effektive oder anfängliche effektive Jahreszins zu niedrig angegeben ist.

§ 7
Widerrufsrecht

(1) Die auf den Abschluß eines Kreditvertrages gerichtete Willenserklärung des Verbrauchers wird erst wirksam, wenn der Verbraucher sie nicht binnen einer Frist von einer Woche schriftlich widerruft.

(2) Zur Wahrung der Frist genügt die rechtzeitige Absendung des Widerrufs. Der Lauf der Frist beginnt erst, wenn dem Verbraucher eine drucktechnisch deutlich gestaltete und vom Verbraucher gesondert zu unterschreibende Belehrung über die Bestimmung nach Satz 1, sein Recht zum Widerruf, dessen Wegfall nach Absatz 3 sowie Namen und Anschrift des Widerrufsempfängers ausgehändigt worden ist. Wird der Verbraucher nicht nach Satz 2 belehrt, so erlischt das Widerrufsrecht erst nach beiderseits vollständiger Erbringung der Leistung, spätestens jedoch ein Jahr nach Abgabe der auf den Abschluß des Kreditvertrages gerichteten Willenserklärung des Verbrauchers.

(3) Hat der Verbraucher in den Fällen des § 4 Abs. 1 Satz 2 Nr. 1 das Darlehen empfangen, gilt der Widerruf als nicht erfolgt, wenn er das Darlehen nicht binnen zweier Wochen entweder nach Erklärung des Widerrufs oder nach Auszahlung des Darlehens zurückzahlt.

(4) Auf den Widerruf findet im übrigen § 3 des Gesetzes über den Widerruf von Haustürgeschäften und ähnlichen Geschäften Anwendung.

(5) Die Absätze 1 bis 4 finden keine Anwendung auf die in § 5 Abs. 1 Satz 1 genannten Kreditverträge, wenn der Verbraucher nach dem Kreditvertrag den Kredit jederzeit ohne Einhaltung einer Kündigungsfrist und ohne zusätzliche Kosten zurückzahlen kann.

§ 8
Sondervorschrift für Versandhandel

(1) Hat ein Kreditvertrag die Lieferung einer Sache oder die Erbringung einer anderen Leistung zum Gegenstand und gibt der Verbraucher das auf den Vertragsschluß gerichtete Angebot aufgrund eines Verkaufsprospektes ab, aus dem die in § 4 Abs. 1 Satz 2 Nr. 2 Buchstabe a bis e bezeichneten Angaben mit Ausnahme des Betrages der einzelnen Teilzahlungen ersichtlich sind, so findet § 4 keine Anwendung, wenn der Verbraucher den Verkaufsprospekt in Abwesenheit der anderen Vertragspartei eingehend zur Kenntnis nehmen konnte.

(2) Räumt in den Fällen des Absatzes 1 der Kreditgeber dem Verbraucher das uneingeschränkte Recht ein, die Sache innerhalb einer Woche nach Erhalt zurückzugeben, so entfällt das Widerrufsrecht nach § 7. Das Rückgaberecht wird durch den Verbraucher durch Rücksendung der Sache, bei nicht postpaketversandfähigen Sachen durch schriftliches Rücknahmeverlangen ausgeübt. Rücksendung und Rücknahme erfolgen auf Kosten und Gefahr des Kreditgebers. Zur Wahrung der Frist genügt die rechtzeitige Absendung der Sache oder des Rücknahmeverlangens. Der Lauf der Frist beginnt nur, wenn entweder der Verkaufsprospekt und das Bestellformular oder eine dem Verbraucher ausgehändigte besondere Urkunde eine drucktechnisch deutlich gestaltete Belehrung des Verbrauchers über das Rückgaberecht enthalten. Im übrigen finden § 2 Abs. 1 Satz 4 und § 3 des Gesetzes über den Widerruf von Haustürgeschäften und ähnlichen Geschäften Anwendung.

§ 9
Verbundene Geschäfte

(1) Ein Kaufvertrag bildet ein mit dem Kreditvertrag verbundenes Geschäft, wenn der Kredit der Finanzierung des Kaufpreises dient und beide Verträge als wirtschaftliche Einheit anzusehen sind. Eine wirtschaftliche Einheit ist insbesondere anzunehmen, wenn der Kreditgeber sich bei der Vorbereitung oder dem Abschluß des Kreditvertrages der Mitwirkung des Verkäufers bedient.

(2) Die auf den Abschluß des verbundenen Kaufvertrages gerichtete Willenserklärung des Verbrauchers wird erst wirksam, wenn der Verbraucher seine auf

den Abschluß des Kreditvertrages gerichtete Willenserklärung nicht gemäß § 7 Abs. 1 widerruft. Die nach § 7 Abs. 2 Satz 2 erforderliche Belehrung über das Widerrufsrecht hat den Hinweis zu enthalten, daß im Falle des Widerrufs auch der verbundene Kaufvertrag nicht wirksam zustande kommt. § 7 Abs. 3 findet keine Anwendung. Ist der Nettokreditbetrag dem Verkäufer bereits zugeflossen, so tritt der Kreditgeber im Verhältnis zum Verbraucher hinsichtlich der Rechtsfolgen des Widerrufs (§ 7 Abs. 4) in die Rechte und Pflichten des Verkäufers aus dem Kaufvertrag ein.

(3) Der Verbraucher kann die Rückzahlung des Kredits verweigern, soweit Einwendungen aus dem verbundenen Kaufvertrag ihn gegenüber dem Verkäufer zur Verweigerung seiner Leistung berechtigen würden. Dies gilt nicht, wenn der finanzierte Kaufpreis vierhundert Deutsche Markt nicht überschreitet sowie bei Einwendungen, die auf einer zwischen dem Verkäufer und dem Verbraucher nach Abschluß des Kreditvertrages vereinbarten Vertragsänderung beruhen. Beruht die Einwendung des Verbrauchers auf einem Mangel der gelieferten Sache und verlangt der Verbraucher aufgrund vertraglicher oder gesetzlicher Bestimmungen Nachbesserung oder Ersatzlieferung, so kann er die Rückzahlung des Kredits erst verweigern, wenn die Nachbesserung oder Ersatzlieferung fehlgeschlagen ist.

(4) Die Absätze 1 bis 3 gelten entsprechend für Kredite, die zur Finanzierung des Entgelts für eine andere Leistung als die Lieferung einer Sache gewährt werden.

§ 10
Einwendungsverzicht; Wechsel- und Scheckverbot

(1) Eine Vereinbarung, durch die der Verbraucher auf das Recht verzichtet, Einwendungen, die ihm gegenüber dem Kreditgeber zustehen, gemäß § 404 des Bürgerlichen Gesetzbuchs einem Abtretungsgläubiger entgegenzusetzen oder eine ihm gegen den Kreditgeber zustehende Forderung gemäß § 406 des Bürgerlichen Gesetzbuchs auch dem Abtretungsgläubiger gegenüber aufzurechnen, ist unwirksam.

(2) Der Verbraucher darf nicht verpflichtet werden, für die Ansprüche des Kreditgebers aus dem Kreditvertrag eine Wechselverbindlichkeit einzugehen. Der Kreditgeber darf vom Verbraucher zur Sicherung seiner Ansprüche aus dem Kreditvertrag einen Scheck nicht entgegennehmen. Der Verbraucher kann vom Kreditgeber jederzeit die Herausgabe eines Wechsels oder Schecks, der entgegen Satz 1 oder 2 begeben worden ist, verlangen. Der Kreditgeber haftet für jeden Schaden, der dem Verbraucher aus einer solchen Wechsel- oder Scheckbegebung entsteht.

§ 11
Verzugszinsen; Anrechnung von Teilleistungen

(1) Soweit der Verbraucher mit Zahlungen, die er aufgrund des Kreditvertrages schuldet, in Verzug kommt, ist der geschuldete Betrag mit fünf vom Hundert über dem jeweiligen Diskontsatz der Deutschen Bundesbank zu verzinsen, wenn nicht im Einzelfall der Kreditgeber einen höheren oder der Verbraucher einen niedrigeren Schaden nachweist.
(2) Nach Eintritt des Verzugs anfallende Zinsen sind auf einem gesonderten Konto zu verbuchen und dürfen nicht in ein Kontokorrent mit dem geschuldeten Betrag oder anderen Forderungen des Kreditgebers eingestellt werden. Hinsichtlich dieser Zinsen gilt § 289 Satz 2 des Bürgerlichen Gesetzbuchs mit der Maßgabe, daß der Kreditgeber Schadensersatz nur bis zur Höhe des gesetzlichen Zinssatzes verlangen kann.
(3) Zahlungen des Verbrauchers, die zur Tilgung der gesamten fälligen Schuld nicht ausreichen, werden abweichend von § 367 Abs. 1 des Bürgerlichen Gesetzbuchs zunächst auf die Kosten der Rechtsverfolgung, dann auf den übrigen geschuldeten Betrag (Absatz 1) und zuletzt auf die Zinsen (Absatz 2) angerechnet. Der Kreditgeber darf Teilzahlungen nicht zurückweisen. Auf die Ansprüche auf Zinsen finden die §§ 197 und 218 Abs. 2 des Bürgerlichen Gesetzbuchs keine Anwendung. Die Sätze 1 bis 3 sind nicht anzuwenden, soweit Zahlungen auf Vollstreckungstitel geleistet werden, deren Hauptforderung auf Zinsen lautet.

§ 12
Gesamtfälligstellung bei Teilzahlungskrediten

(1) Der Kreditgeber kann bei einem Kredit, der in Teilzahlungen zu tilgen ist, den Kreditvertrag wegen Zahlungsverzugs des Verbrauchers nur kündigen, wenn
1. der Verbraucher mit mindestens zwei aufeinanderfolgenden Teilzahlungen ganz oder teilweise und mindestens zehn vom Hundert, bei einer Laufzeit des Kreditvertrages über drei Jahre mit fünf vom Hundert des Nennbetrages des Kredits oder des Teilzahlungspreises in Verzug ist und
2. der Kreditgeber dem Verbraucher erfolglos eine zweiwöchige Frist zur Zahlung des rückständigen Betrags mit der Erklärung gesetzt hat, daß er bei Nichtzahlung innerhalb der Frist die gesamte Restschuld verlange.

Der Kreditgeber soll dem Verbraucher spätestens mit der Fristsetzung ein Gespräch über die Möglichkeiten einer einverständlichen Regelung anbieten.

(2) Kündigt der Kreditgeber den Kreditvertrag, so vermindert sich die Restschuld um die Zinsen und sonstigen laufzeitabhängigen Kosten des Kredits, die bei staffelmäßiger Berechnung auf die Zeit nach Wirksamwerden der Kündigung entfallen.

§ 13
Rücktritt des Kreditgebers

(1) Der Kreditgeber kann von einem Kreditvertrag, der die Lieferung einer Sache oder die Erbringung einer anderen Leistung gegen Teilzahlungen zum Gegenstand hat, wegen Zahlungsverzugs des Verbrauchers nur unter den in § 12 Abs. 1 bezeichneten Voraussetzungen zurücktreten.

(2) Auf den Rücktritt finden die für das vertragsmäßige Rücktrittsrecht geltenden Vorschriften der §§ 346 bis 354 und 356 des Bürgerlichen Gesetzbuchs entsprechende Anwendung. Der Verbraucher hat dem Kreditgeber auch die infolge des Vertrages gemachten Aufwendungen zu ersetzen. Bei der Bemessung der Vergütung von Nutzungen einer zurückzugewährenden Sache ist auf die inzwischen eingetretene Wertminderung Rücksicht zu nehmen.

(3) Nimmt der Kreditgeber die aufgrund des Kreditvertrages gelieferte Sache wieder an sich, gilt dies als Ausübung des Rücktrittsrechts, es sei denn, der Kreditgeber einigt sich mit dem Verbraucher, diesem den gewöhnlichen Verkaufswert der Sache im Zeitpunkt der Wegnahme zu vergüten. Satz 1 gilt auch dann, wenn ein Vertrag über die Lieferung einer Sache mit einem Kreditvertrag zu einer wirtschaftlichen Einheit verbunden ist (§ 9 Abs. 1) und der Kreditgeber die Sache an sich nimmt; im Falle des Rücktritts bestimmt sich das Rechtsverhältnis zwischen dem Kreditgeber und dem Verbraucher nach Absatz 2.

§ 14
Vorzeitige Zahlung

Erfüllt der Verbraucher vorzeitig seine Verbindlichkeiten aus einem Kreditvertrag, der die Lieferung einer Sache oder die Erbringung einer anderen Leistung gegen Teilzahlungen zum Gegenstand hat, so vermindert sich der Teilzahlungspreis um die Zinsen und sonstigen laufzeitabhängigen Kosten, die bei staffelmäßiger Berechnung auf die Zeit nach der vorzeitigen Erfüllung entfallen. Ist bei einem Kreditvertrag ein Barzahlungspreis gemäß § 4 Abs. 1 Satz 3 nicht anzugeben, so ist der gesetzliche Zinssatz zugrunde zu legen. Zinsen und sonstige laufzeitabhängige Kosten kann der Kreditgeber jedoch für die ersten neun Monate der ursprünglich vorgesehenen Laufzeit auch dann verlangen, wenn der Verbraucher seine Verbindlichkeiten vor Ablauf dieses Zeitraums erfüllt.

Dritter Abschnitt
Kreditvermittlungsvertrag

§ 15
Schriftform

(1) Der Kreditvermittlungsvertrag bedarf der schriftlichen Form. In der Ver-

tragsurkunde ist insbesondere die Vergütung des Kreditvermittlers in einem Vomhundertsatz des Darlehensbetrags anzugeben; hat der Kreditvermittler auch mit dem Kreditgeber eine Vergütung vereinbart, so ist auch diese anzugeben. Die Vertragsurkunde darf nicht mit dem Antrag auf Hingabe des Darlehens verbunden werden. Der Kreditvermittler hat dem Verbraucher eine Abschrift der Urkunde auszuhändigen.

(2) Ein Kreditvermittlungsvertrag, der den Anforderungen des Absatzes 1 Satz 1 bis 3 nicht genügt, ist nichtig.

§ 16
Vergütung

Der Verbraucher ist zur Zahlung der Vergütung nur verpflichtet, wenn infolge der Vermittlung oder des Nachweises des Kreditvermittlers das Darlehen an den Verbraucher geleistet wird und ein Widerruf des Verbrauchers nach § 7 Abs. 1 nicht mehr möglich ist. Soweit das Darlehen mit Wissen des Kreditvermittlers der vorzeitigen Ablösung eines anderen Kredits (Umschuldung) dient, entsteht ein Anspruch auf die Vergütung nur, wenn sich der effektive Jahreszins oder der anfängliche effektive Jahrezins nicht erhöht: bei der Berechnung des effektiven oder des anfänglichen effektiven Jahreszinses für den abzulösenden Kredit bleiben etwaige Vermittlungskosten außer Betracht.

§ 17
Nebenentgelte

Der Kreditvermittler darf für Leistungen, die mit der Vermittlung des Darlehens oder dem Nachweis der Gelegenheit zum Abschluß eines Darlehensvertrages zusammenhängen, außer der Vergütung nach § 16 Satz 1 ein Entgelt nicht vereinbaren. Jedoch kann vereinbart werden, daß dem Kreditvermittler entstandene, erforderliche Auslagen zu erstatten sind.

Vierter Abschnitt
Allgemeine und Schlußvorschriften

§ 18
Unabdingbarkeit; Umgehungsverbot

Eine von den Vorschriften dieses Gesetzes zum Nachteil des Verbraucher abweichende Vereinbarung ist unwirksam. Dieses Gesetz ist auch anzuwenden, wenn seine Vorschriften durch anderweitige Gestaltungen umgangen werden.

Artikel 2
Änderung des Bürgerlichen Gesetzbuchs

§ 609 a des Bürgerlichen Gesetzbuchs in der im Bundesgesetzblatt Teil III, Gliederungsnummer 400-2, veröffentlichten bereinigten Fassung, das zuletzt durch Artikel 1 des Gesetzes vom 17. Dezember 1990 (BGBl. I S. 2839) geändert worden ist, wird wie folgt geändert:

1. Absatz 3 wird wie folgt gefaßt:
   „(3) Eine Kündigung des Schuldners nach den Absätzen 1 oder 2 gilt als nicht erfolgt, wenn er den geschuldeten Betrag nicht binnen zweier Wochen nach Wirksamwerden der Kündigung zurückzahlt."
2. Der bisherige Absatz 3 wird Absatz 4.

Artikel 3
Änderung des Gesetzes über den Widerruf von Haustürgeschäften und ähnlichen Geschäften

§ 5 des Gesetzes über den Widerruf von Haustürgechäften und ähnlichen Geschäften vom 16. Januar 1986 (BGBl. I. S. 122) wird wie folgt geändert:
1. In Absatz 2 werden die Worte „Gesetz betreffend die Abzahlungsgeschäfte" durch das Wort „Verbraucherkreditgesetz" ersetzt.

2. In Absatz 3 Satz 2 werden die Worte „§ 1 b Abs. 5 des Gesetzes betreffend die Abzahlungsgeschäfte" durch die Worte „§ 8 Abs. 2 Satz 1 bis 5 des Verbraucherkreditgesetzes" ersetzt.

Artikel 4
Änderung des Fernunterrichtsschutzgesetzes

§ 9 des Gesetzes zum Schutz der Teilnehmer am Fernunterricht vom 24. August 1976 (BGBl. I S. 2525), das durch Artikel 9 Nr. 20 des Gesetzes vom 3. Dezember 1976 (BGBl. I S. 3281) geändert worden ist, wird wie folgt gefaßt:

„§ 9
Anwendung des Verbraucherkreditgesetzes

§ 7 des Verbraucherkreditgesetzes findet auf das Rechtsverhältnis zwischen dem Veranstalter und dem Teilnehmer keine Anwendung. Ist das Rechtsverhältnis zwischen dem Veranstalter und dem Teilnehmer ein Kreditvertrag, so beginnt der Lauf der Frist nach § 4 Abs. 2 dieses Gesetzes erst, wenn dem Teilnehmer eine Abschrift ausgehändigt ist, die auch die in § 4 Abs. 1 Satz 2 Nr. 2 des Verbraucherkreditgesetzes genannten Angaben enthält."

Artikel 5
Änderung des Gesetzes gegen den unlauteren Wettbewerb

§ 13 a Abs. 3 Satz 1 des Gesetzes gegen den unlauteren Wettbewerb in der im Bundesgesetzblatt Teil III, Gliederungsnummer 43-1, veröffentlichten bereinigten Fassung, das zuletzt durch Artikel 8 des Gesetzes vom 7. März 1990 (BGBl. I S. 422) geändert worden ist, wird wie folgt gefaßt:

„Die Folgen des Rücktritts bestimmen sich bei beweglichen Sachen nach § 3 Abs. 1, 3 und 4 sowie § 5 Abs. 3 Satz 1 des Gesetzes über den Widerruf von Haustürgeschäften und ähnlichen Geschäften."

Artikel 6
Änderung der Zivilprozeßordnung

Die Zivilprozeßordnung in der im Bundesgesetzblatt Teil III, Gliederungsnummer 310-4, veröffentlichten bereinigten Fassung, zuletzt geändert durch Artikel 3 des Gesetzes vom 17. Dezember 1990 (BGBl. I S. 2809), wird wie folgt geändert:

1. § 688 Abs. 2 wird wie folgt gefaßt:
   „(2) Das Mahnverfahren findet nicht statt:
   1. für Ansprüche des Kreditgebers, wenn der nach dem Verbraucherkreditgesetz anzugebende effektive oder anfängliche effektive Jahreszins den bei Vertragsabschluß geltenden Diskontsatz der Deutschen Bundesbank zuzüglich zwölf vom Hundert übersteigt;
   2. wenn die Geltendmachung des Anspruchs von einer noch nicht erbrachten Gegenleistung abhängig ist;
   3. wenn die Zustellung des Mahnbescheids durch öffentliche Bekanntmachung erfolgen müßte."

2. An § 690 Abs. 1 Nr. 3 wird folgender Halbsatz angefügt:
   „Haupt- und Nebenforderungen sind gesondert und einzeln zu bezeichnen, Ansprüche aus Verträgen, für die das Verbraucherkreditgesetz gilt, auch unter Angabe des Datums des Vertragsabschlusses und des nach dem Verbraucherkreditgesetz anzugebenden effektiven oder anfänglichen effektiven Jahreszinses".

3. § 691 wird wie folgt gefaßt:

   „§ 691

   (1) Der Antrag wird zurückgewiesen:
   1. wenn er den Vorschriften der §§ 688, 689, 690, 703 c Abs. 2 nicht entspricht;

2. wenn der Mahnbescheid nur wegen eines Teiles des Anspruchs nicht erlassen werden kann.

Vor der Zurückweisung ist der Antragsteller zu hören.

(2) Sollte durch die Zustellung des Mahnbescheids eine Frist gewahrt oder die Verjährung unterbrochen werden, so tritt die Wirkung mit der Einreichung oder Anbringung des Antrags auf Erlaß des Mahnbescheids ein, wenn innerhalb eines Monats seit der Zustellung der Zurückweisung des Antrags Klage eingereicht und diese demnächst zugestellt wird.

(3) Gegen die Zurückweisung findet die Beschwerde statt, wenn der Antrag in einer nur maschinell lesbaren Form übermittelt und mit der Begründung zurückgewiesen worden ist, daß diese Form dem Gericht für seine maschinelle Bearbeitung nicht geeignet erscheine. Im übrigen sind die Entscheidungen nach Absatz 1 unanfechtbar."

Artikel 7
Änderung des Gesetzes zur Regelung der Wohnungsvermittlung

§ 5 des Gesetzes zur Regelung der Wohnungsvermittlung vom 4. November 1971 (BGBl. I S. 1745, 1747) wird wie folgt geändert:

a) In Satz 1 wird die Bezeichnung „Abs. 2" durch die Bezeichnung „Satz 2" ersetzt.
b) Satz 2 erhält folgende Fassung:
„Der Anspruch verjährt in vier Jahren von der Leistung an."

Artikel 8
Änderung der Gewerbeordnung

Die Gewerbeordnung in der Fassung der Bekanntmachung vom 1. Januar 1987 (BGBl. I S. 425), zuletzt geändert durch das Gesetz vom 9. November 1990 (BGBl. I S. 2442), wird wie folgt geändert:

§ 56 Abs. 1 Nr. 6 erhält folgende Fassung:

„6. der Abschluß sowie die Vermittlung von Rückkaufgeschäften (§ 34 Abs. 4) und die für den Darlehensnehmer entgeltliche Vermittlung von Darlehensgeschäften."

Artikel 9
Übergangsvorschriften

(1) Auf Kreditverträge, die vor dem Inkrafttreten dieses Gesetzes geschlossen worden sind, ist weiterhin das bisherige Recht mit Ausnahme der §§ 6 a und 6 b

des Gesetzes betreffend die Abzahlungsgeschäfte (ausschließlicher Gerichtsstand) anzuwenden.

(2) Auf Darlehen, die der Schuldner noch vor dem Inkrafttreten dieses Gesetzes gekündigt hat, ist § 609 a des Bürgerlichen Gesetzbuchs in seiner bisherigen Fassung weiterhin anzuwenden.

(3) Für das Mahnverfahren gelten die bisherigen Vorschriften, wenn der Antrag auf Erlaß des Mahnbescheids vor dem Inkrafttreten der Änderung eingereicht worden ist.

Artikel 10
Inkrafttreten; Aufhebung des Abzahlungsgesetzes

(1) Dieses Gesetz tritt mit Ausnahme des Artikels 6 am 1. Januar 1991 in Kraft. Gleichzeitig tritt das Gesetz betreffend die Abzahlungsgeschäfte in der im Bundesgesetzblatt Teil III, Gliederungsnummer 402-2, veröffentlichten bereinigten Fassung, zuletzt geändert durch Artikel 9 Nr. 3 des Gesetzes vom 3. Dezember 1976 (BGBl. I S. 3281), außer Kraft.

(2) Artikel 6 tritt am 1. Januar 1992 in Kraft.

III.
Vorstand und Kuratoriumsmitglieder der Bankrechtlichen Vereinigung

Vorstand

Vorsitzender Richter am Bundesgerichtshof
Karl-Dietrich Bundschuh
Hans-Sachs-Str. 5
7500 Karlsruhe

Professor Dr. Walther Hadding
Haus Recht und Wirtschaft
Universität
Postfach 39 80
6500 Mainz

Professor Dr. Dr. Klaus J. Hopt
Institut für Internationales Recht
Universität
Ludwigstr. 29/III
8000 München 22

Professor Dr. Winfried Werner
Rechtsanwalt
Taunusanlage 12
6000 Frankfurt am Main 1

Kuratorium

IV.
Verzeichnis der Teilnehmer am Bankrechtstag 1990 in Frankfurt am Main

Wenzel *Abs*, Frankfurt a. M.
Dr. Menno *Aden*, Essen
RA Dr. Lutz *Aderhold*, Dortmund
Prof. Dr. Hans-Jürgen *Ahrens*, Osnabrück
Jochen *Appel*, Frankfurt a. M.

Klaus *Bales*, Bad Kreuznach
Ekkehard *Bauer*, Frankfurt a. M.
RA Dr. Peter *Baukelmann*, Ettlingen
Prof. Dr. Theodor *Baums*, Osnabrück
Dr. Walter *Bayer*, Mannheim
Dr. Michael *Beckers*, Bonn
Ralf *Beckmann*, Münster
RA Ulrich *Birkhold*, Stuttgart
Prof. Dr. Uwe *Blaurock*, Göttingen
RA Wolfgang *Böhm*, Heidelberg
Johannes *Böhnel*, Frankfurt a. M.
RA Dr. Achim-Rüdiger *Börner*, Düsseldorf
RA Dr. Valentin *Boll*, Heidelberg
Dr. Jürgen *Bornhövd*, Frankfurt a. M.
Prof. Dr. Eugen *Bucher*, Bern
RA Helmut *Bühl*, Nürnberg
Dr. Erhard *Bungeroth*, Karlsruhe
Prof. Dr. H.-J. *Bunte*, Hamburg

RA Dr. Hans-Peter *Callam*, Zweibrücken
Prof. Dr. Claus-Wilhelm *Canaris*, München
Dr. Ekkehard *Cirpka*,München
Dr. Ekkehard *Cirpka*, Ludwigsburg

Dr. Barbara *Dauner-Lieb*, Köln
RA Dr. Claudius *Dechamps*, Frankfurt a. M.
RA Thomas *Delhey*, Hamburg,
RA Dr. Hennrich *Demuth*, Essen
Andrea *Dewald*, Stuttgart
Achim *Diergarten*, München

Dr. Dietmar *Ehrlich*, Frankfurt a. M.
Dr. Gerd *Eichhorn*, Frankfurt a. M.
Dr. Hans-Georg *Engel*, Frankfurt a. M.
Klaus *Engelbracht*, Bonn

RA Dr. Andreas *Feber*, Karlsruhe
Annette *Fechner*, Frankfurt a. M.
Andreas *Fillmann*, Frankfurt a. M.

RA Michael *Fingerhut*, München
Jutta *Fleck*, Oberursel
Eberhard R. *Framke*, München

Eberhard *Geissert*, Wiesbaden
Dr. Alfons *van Geldern*, Karlsruhe
RA Dr. Axel *Gerth*, Frankfurt a. M.
RA Eberhard *Glauner*, Stuttgart
RA Dr. Günter *Greitemann*, Düsseldorf
Peer *Groeschke*, Hamburg

Dr. Franz *Häuser*, Limburg
Dr. Heinz Christian *Hafke*, Frankfurt a. M.
Dr. Gerhard *Halstenberg*, Karlsruhe
Dr. Horst *Hammen*, Mainz
Notarass. Dr. Heribert *Heckschen*, Dresden
RA Dr. Hendrik *Hefermehl*, Stuttgart
RA Volker *Heidepriem*, Frankfurt a. M.
RA Dr. Albert G. *Helm*, Nürnberg
Dagmar *Hemmer*, Stuttgart
RA Lothar *Henn*, Stuttgart
Dr. Wolfgang *Herrmann*, Essen
Dr. Ekkehardt *von Heymann*, Frankfurt a. M.
Dr. Jörg *Hille*, Düsseldorf
RA Claus *Hochgrebe*, Frankfurt a. M.
Prof. Dr. Günther *Hönn*, Saarbrücken
RA Harald *Hoffmann*, Saarbrücken
Gabriele *Holthaus*, Frankfurt a. M.
RA Thomas *Hopf*, Frankfurt a. M.
Hans-Joachim *Horstkotte*, Frankfurt a. M.
Martin W. *Huff*, Frankfurt a. M.
Dr. Jürgen *Huvendick*, Köln

Dr. Uwe *Jahn*, Frankfurt a. M.
Prof. Dr. J. *Jedzig*, Bielefeld
Dr. *Joeres*, Karlsruhe
RA Dr. Harald *Jung*, Frankfurt a. M.

Dr. Tilo *Keil*, Frankfurt a. M.
RAin Renate *Khanna*, Nürnberg
Hans-Jürgen *Kieback*, Kiel
Marika *Kirchmaier*, Stuttgart
Werner *Klankwarth*, Löhne
RAin Susanne *Klein*, Frankfurt a. M.
RA Chr. Manfred *Klette*, Köln
RAin Angelika G. *Klimpe*, Frankfurt a. M.
RAin Sabine *Klute*, Frankfurt a. M.
Dr. Katherine *Knauth*, Köln
Dr. Klaus-Wilhelm *Knauth*, Köln

Niels *Knees*, Münster
Hartmut *Knobloch*, München
Herbert *Koeppen*, Nürnberg
Dr. Klaus *Kohler*, Frankfurt a. M.
Prof. Dr. H. *Kollhosser*, Münster
Prof. Dr. Horst *Konzen*, Mainz
RA Dr. Axel *Kortüm*, Ettlingen
Prof. Dr. Helmut *Koziol*, Wien
RA Dr. Harro *Kroll*, Reutlingen
Heinz Robert *Kruse*, Frankfurt a. M.
RA Dr. Bruno M. *Kübler*, Köln
RA Prof. Dr. Siegfried *Kümpel*, Frankfurt a. M.
Wilfried *Küttner*, Paderborn

RA Dr. Hans-Peter *Lange*, Celle
RA Gerd *Lawall*, Limburg
Rudolf *Leinweber*, Frankfurt a. M.
Peter *Leopold*, Wiesbaden
RA Dr. Eberhard *Ley*, Bamberg
Anne-Catrien *Pues*, Frankfurt a. M.
RA Klaus-Ulrich *Link*, Stuttgart
Dr. Frank *van Look*, Frankfurt a. M.
RA Hans Jürgen *Lorentz*, Bremen
RA Prof. Dr.Hans-Jürgen *Lwowski*, Hamburg

RA Dr. K. Peter *Mailänder*, Stuttgart
H.-G. *Makatsch*, Frankfurt a. M.
Hans-Volker *Menk*, Hamburg
Dr. *Menzel*, Karlsruhe
RA Dr. Herbert *Messer*, Karlsruhe
Manfred *Milde-Büttcher*, Mannheim
Andreas *Möller*, Göttingen
Ass. Gerd *Mohnhaupt*, München
Gabriele *Mohrmann*, Limburgerhof
RA Felix *Monjoie*, Stuttgart
Marianne *Motherby*, München
Peter *Müller-Linow*, Frankfurt a. M.

Ra Peter *Nägele*, Frankfurt a. M.
RA Dr. Wendt *Nassall*, Freiburg
Gerd *Nobbe*, Karlsruhe
Werner *Nonnenmacher*, Frankfurt a. M.
RA Dr. Ludwig *Ose*, Ludwigshafen
RA Dr. Eilert *Osterloh*, Ettlingen

RA Dr. Joachim E. *von Pander*, München
Reinhard *Parthe*, Düsseldorf
RA Dr. Holger *Peres*, München
RA Dr. Hellmut *Pertenhammer*, München

RA Dr. Wolfgang *Petereit*, Mainz
Dr. Klaus *Peters*, Hannover
Dieter *Pflugrad*, Hannover
RA Dr. Werner *Pues*, Frankfurt a. M.
Prof. Dr. Thomas *Raiser*, Gießen
Helmut *Raßfeld*, Frankfurt a. M.
RA Alexander *von Reden*, Frankfurt a. M.
RA Dr. Dieter *Rehbein*, Köln
DA. Klaus *Reiche*, Bonn
Dr. Richard *Reinfeld*, Reutlingen
RA Dr. Friedrich *Reisser*, Reutlingen
Notar Dr. Christoph *Reithmann*, Wolfratshausen
Dr. Volker *Rieble*, Freiburg
Rudolf *Ringeisen*, München
Peter *Römer*, Koblenz
RA Michael-Christian *Rössner*, München
Dr. Franz *von Rottenburg*, Frankfurt a. M.

Klaus *Saffenreuther*, München
Dr. Carl-Theodor *Samm*, München
RA Dr. Herbert *Sernetz*, München
Cathrin *Siebert-Beck*, Frankfurt a. M.
Dr. Joachim *Siol*, Karlsruhe
Otto *Soergel*, Köln
RAin Birgit *Späth*, Tübingen
Dr. Werner *Sundermann*, Bielefeld
Dr. Frank *Schäfer*, Düsseldorf
C. J. *Schilp*, Köln

RA Dr. Guido *Schleiffer*, Frankfurt a. M.
RA Dr. Bertold *Schlünder*, Hamm
RA Dr. Uwe *Schlüter*, München
Joachim *Schmahl*, Frankfurt a. M.
Dr. Karl-Joachim *Schmelz*, Frankfurt a. M.
Dr. Horst *Schmitz*, Köln
RA Dr. Dr. Werner *Schreiber*, Heidelberg
Detlef *Schroth*, Hamburg
RA Michael *Schwartz*, Essen
Prof. Dr. Hans-Peter *Schwintowski*, Göttingen

Franz *Stabenow*, Frankfurt a. M.
Prof. Dr. Bernd *Stauder*, Genf
Dr. Eduard *Staudt*, Frankfurt a. M.
Wolfgang *Steppeler*, Bonn
Walter *Stimpel*, Karlsruhe
Dr. Rudolf *Stützle*, Düsseldorf

Dr. Jürgen *Than*, Frankfurt a. M.
Dr. Reinhold *Thode*, Karlsruhe

Eckhart *Thomas*, Frankfurt a. M.
RA Hans-Werner *Vehlow*, Düsseldorf
RA Winfried *Vogler*, Augsburg
Dr. Manfred *Volz*, Leonberg

Dr. Karl J. T. *Wach*, München
Peter *Wacket*, Bonn
Prof. Dr. Dr. Herbert *Wagner*, Marburg
Bertold *Wahlig*, Frankfurt a. M.
Ass. Michael *Weideneder*, München
RA Dr. Klaus *Weiser*, Köln
RA Karl-Heinz *Weiß*, Karlsruhe
Dr. Reinhard *Welter*, Mainz
Prof. Dr. Olaf *Werner*, Marburg
Dr. Gabriele *Wiedemann*, Frankfurt a. M.
Prof. Dr. Wolfgang *Wiegand*, Bern
RA Dr. Christian *Willemer*, Frankfurt a. M.
Karl-Peter *Winters*, Köln
Prof. Dr. Claude *Witz*, Saarbrücken
Dr. Eberhard *Wolff*, Köln

RA Sven *Zeller*, Frankfurt a. M.
Britta *Zierau*, Saarbrücken

Kolibri 360 GmbH
Ferdinand-Jühlke-Straße 7
99095 Erfurt, Deutschland
produktsicherheit@kolibri360.de